中国企业行为治理研究丛书

"十二五"国家重

公 司 治 理 卷

中国上市公司控制权私利研究

郝云宏 曲 亮 吴芳颖 著

浙江工商大学出版社
ZHEJIANG GONGSHANG UNIVERSITY PRESS

图书在版编目(CIP)数据

中国上市公司控制权私利研究 / 郝云宏等著. —杭州：
浙江工商大学出版社，2016.6
ISBN 978-7-5178-0776-6

Ⅰ．①中… Ⅱ．①郝… Ⅲ．①上市公司－企业管理－
研究－中国 Ⅳ．①F279.246

中国版本图书馆 CIP 数据核字(2014)第 302990 号

中国上市公司控制权私利研究

郝云宏　曲　亮　吴芳颖　著

责任编辑	郑　建	
封面设计	王妤驰	
责任印制	包建辉	
出版发行	浙江工商大学出版社	
	（杭州市教工路 198 号　邮政编码 310012）	
	（E-mail:zjgsupress@163.com）	
	（网址:http://www.zjgsupress.com）	
	电话:0571－88904980,88831806(传真)	
排　　版	杭州朝曦图文设计有限公司	
印　　刷	杭州恒力通印务有限公司	
开　　本	710mm×1000mm　1/16	
印　　张	18.75	
字　　数	288 千	
版 印 次	2016 年 6 月第 1 版　2016 年 6 月第 1 次印刷	
书　　号	ISBN 978-7-5178-0776-6	
定　　价	39.00 元	

本著作是以下项目资助成果

➢ 国家自然科学基金项目《基于策略互动实验方法的大股东控制权私利形成机理研究:影响因素与伦理决策》(编号 71272143)

➢ 教育部人文社会科学研究项目《基于 S-C-P 框架的控制权私人收益的形成机制及其治理机制研究》(编号 10YJA630053)、《"工作角色嵌入社会网络"视角下独立董事治理效率提升机制研究:理论框架与实证检验》(13YJA630071)

➢ 浙江省哲社重点研究基地项目《工作角色视角下独立董事尽责机制研究:基于浙江企业的实证检验》(编号 13JDZS01YB)

➢ 浙江省高校人文社科重点研究基地(浙江工商大学工商管理)项目《独立董事尽责机制研究:基于浙商的实证检验》(编号 13GSGL05Z)

➢ 浙江省自然科学基金项目《道德解脱对组织伦理决策的影响——行为伦理视角》(编号 LY14G020002)

➢ 浙江省哲学社会科学基金项目《组织伦理决策的影响因素与效应研究》(编号 13ZJQN052YB)

总　　序

　　企业是社会发展的产物，随着社会分工的开展而壮大。作为现代经济中的基本单位，企业行为既是微观经济的产物，又是宏观调控的结果。从某种意义而言，企业行为模式可被看成整个经济体制模式的标志。中国企业经历了改革开放后30多年的高速发展，已然形成自身的行为体系和价值系统，但是面对国际环境的复杂多变及国内改革步入全面深化、攻坚阶段的特殊历史背景，如何形成系统的行为治理框架，将直接决定中国企业可持续发展能力的塑造及核心竞争力的形成。

　　从社会学的研究上来看，人类社会就是一部社会变迁的进步史，社会变迁是一个缓慢的过程，而转型就是社会变迁当中的"惊险一跳"，意味着从原有的发展轨道进入新的发展轨道。30多年来，我们国家对外开放，对内改革，实质上就是一个社会转型的过程。这一时期，从经济主体的构成到整个经济社会的制度环境都发生了巨大的变迁，而国际环境也经历着过山车般的大起大落。"十一五"末期国际金融海啸来袭，经济急速下滑，市场激烈震荡，危机对中国经济、中国企业的影响至今犹存。因此，国家将"十二五"的基调定为社会转型。这无疑给管理学的研究提供了异常丰富的素材，同时也给管理学研究者平添了十足的压力。

　　作为承载管理学教学和科研任务的高校，如何在变革的时代中有效地发挥自身的价值，以知识和人才为途径传递学者对时代呼唤的响应，是一个非常值得思考的论题。这个论题关系到如何把握新经济环境下企业行为的规律，联系产业特征、地域特点，立足当下、着眼未来，为企业运营、政府决策提供有力的支持。

　　在国际化竞争和较量的进程中，中国经济逐渐显现出一种新观念、新技术和新体制相结合的经济转型模式。这种经济转型模式不仅是中国现代经济增长的主要动力,而且还将改变人们的生产方式和生活方式,企业则是这一过程的参与者、推动者和促成者。因此,企业也就成了我们管理学研究者最为关注的焦点。在经济社会重大转型这一背景之下,一方面由于企业内部某种机理的紊乱,转轨时期企业目标的交叉连环性和多元性;另一方面由于外部环境的不合理作用,企业行为纷繁复杂,企业既有能对经济社会产生强劲推动作用的长远眼光,也存在破坏经济社会可持续发展的短视行为。随着经济和社会的进步,企业不仅要对营利负责,而且要对环境负责,并承担相应的社会责任。总体而言,中国企业发展中面临许多新问题、新矛盾,部分企业还出现生产经营困难,这些都是转型升级过程中必然出现的现象。

"转型"大师拉里·博西迪和拉姆·查兰曾言,"到了彻底改变企业思维的时候了,要么转型,要么破产"。企业主动预见未来,实行战略转型,分析、预见和控制转型风险,对于转型能否成功至关重要。如果一个企业想在它的领域中有效地发挥作用,行为治理可以涉及该企业将面临的更多问题;而如果企业想要达到长期目标,行为治理可以为其提供总体方向上的建议。在管理学研究领域,行为治理虽然是一个全新的概念,却提供了一个在新经济环境下基于宏观、中观、微观全视角来研究企业行为的良好开端。

现代公司制度特指市场经济中的企业法人制度,其特点是企业的资产所有权与资产控制权、经营决策权、经济活动的组织管理权相分离。对于公司治理而言,其治理结构、方式等的选择和演化不仅受到自身条件的约束,同时还受到政治、经济、法律和文化等外部制度环境的影响。根据North(1990)的研究,相互依赖的制度会构成制度结构或制度矩阵,这些制度结构具有网络外部性,并产生大量的递增报酬。这使得任何想改善公司治理的努力都会受到其他制度的约束,也使得公司治理产生路径依赖。在这种情况下,要想打破路径依赖,优化治理结构,从制度设计角度出发进行行为治理便是一个很好的思路。

　　此外,十八届四中全会提出"实现立法和改革决策相衔接,做到重大改革于法有据、立法主动适应改革和经济社会发展需要"的精神,而《中华人民共和国促进科技成果转化法修正案(草案)》的通过,则将促进科技创新的制度红利依法得到释放。我国"十二五"科学和技术发展规划中明确指出,要把科研攻关与市场开放紧密结合,推动技术与资本等要素的结合,引导资本市场和社会投资更加重视投向科技成果转化和产业化。新时期科技创新始于技术,成于资本,以产业发展为导向的科技创新需要科技资源、企业资源与金融资源的有机结合,因此,如何通过有效的企业行为治理,将各方资源进行有效整合,则成为促进科学技术向第一生产力转化所面临的新命题。

　　由上述分析可以发现,无论是从制度、科技、创新还是从公司治理、企业转型角度出发,企业的目的都是可持续的生存和发展,而战略则成为企业实现这一目标的有效途径。战略强调企业与环境的互动,如何通过把握新时期、新环境来制定和执行有效的战略决策以获取竞争优势,则成为企业在新经济环境下应担起的艰巨任务。另外,企业制定发展战略的同时,应当寻找能为企业和社会创造共享价值的机会,包括价值链上的创新和竞争环境的投资,即做到企业社会责任支持企业目标。履行战略型企业社会责任不只是做一个良好的企业公民,也不只是减轻价值链活动所造成的不利社会影响,而是要推出一些能产生显著而独特的社会效益和企业效益的重大举措。

　　浙江工商大学工商管理学院(简称管理学院)是浙江工商大学历史最长、规模较大的一个学院。其前身是1978年成立的企业管理系,2001年改设工商管理学院。学院拥有工商管理博士后流动站和工商管理一级学科博士点,其学科基础主要是企业管理。企业管理学1996年成为原国内贸易部重点学科,1999年后一直是浙江省重点学科,2006年被评为浙江省高校人文社科重点研究基地,2012年升级为工商管理一级学科人文社科重点研究基地,该研究基地始终围绕"组织、战略、创新"三个最具企业发展特征的领域加以研究,形成了较为丰硕的成果,本套丛书正是其中的代表。

　　本套丛书以中国企业行为治理机制为核心,分为"公司治理卷""转型升级卷""组织伦理卷""战略联盟卷""社会责任卷""领导行为卷""运营管理卷"7卷,从各个视角详细阐述中国企业行为治理的理论前沿及现实问题,首次对中国企业行为治理的发展做了全面、客观的梳理。丛书在内容上涵盖了中国企业行为的主要领域,其中涉及战略、组织、人力、创新、国际化、转型升级等宏观、中观、微观层次,系统完备;立足学术前沿,所有的分卷都是所属学科的最前沿研究主题,反映了国内外最新的学术发展动态;所有分卷的作者均具有博士学位,是名副其实的博士文集,其中包括该领域国内外知名的专家和学者;所有分卷的内容都是国家自然科学基金、国家社科基金或教育部基金的资助项目,体现了较强的权威性,符合国家科研发展方向。

　　该套丛书既是我们对中国企业行为治理领域相关成果的总结,也是对该领域未来发展方向探索的一次尝试。如果这套丛书能为国内外相关领域理论研究与实践探索的专家和学者提供一些基础性、建设性的建议,就是我们最大的收获。

　　"谦逊而执著,谦恭而无畏"既是第五级管理者的特质,也是我们从事学术研究的座右铭。愿中国企业行为治理研究能够真正实现"顶天立地、福泽万民"!

郝云宏

浙江工商大学工商管理学院院长 教授 博导

2014 年 11 月 15 日于钱塘江畔

前　言

　　大股东控制权私利行为既是全球公认的公司治理难题,也是当前中国公司治理实践的焦点问题。在中国转型经济的特殊治理环境下,市场体制发展并不完善,有关法律法规也不健全,国有控股公司和家族控股公司的大股东凭借其在股东会、董事会、经理层乃至关联公司的控制权,有可能在追求控制权私利的过程中侵害中小股东和公众利益,破坏公司治理环境,导致我国上市公司的控制权私人收益水平较高。事实表明,上市公司的大股东往往利用其较强的控制力,从自身利益出发,左右管理层的决策,采取掏空行为进而侵害中小股东的利益。

　　在以往的主流研究当中,关于大股东或控股股东控制权私利的度量,大股东攫取控制权私利行为对公司价值或绩效的影响方面,国内外学者进行了大量的相关研究。但是,控制权私利对企业绩效具有复杂的影响——"堑壕效应"或"激励效应",委托代理关系复杂性从代理关系角度研究已不能解决问题。而对大股东特征与控制权私利的相关性问题的研究,对反映上市公司真实治理水平的公司治理结构特征的研究,对高管政治关联的研究等成为了解控制权私利影响因素的最直接突破口。但是,仅了解控制权私利的影响因素是不够的,我们必须拓宽已有的分析框架,深入分析控制权私利的形成机理。就当前已有研究而言,立足行为视角解析控制权私利的形成已成为共识,但对影响因素和情境变量的协调关系尚不明晰。控制权私利行为的普遍存在使得全球范围都对其治理机制设计进行了深入的探讨,其基本结论就在于单纯制度层面的监管行为必须立足于对大股东行为的深入认识。另外,鉴于大股东是否掏空(企业)明显是一个伦理决策困境,从伦理决策视角研究是个突破点。

　　早在 2000 年，LLSV[①] 的实证分析就表明高管攫取控制权私利现象的普遍性存在，并且这种现象在市场不发达的国家表现得更为明显。在中国，由于很多高管同时兼任人大代表等职位，具有政治关联这一有价值的关系，能够为公司带来许多显性和隐性的资源，从而使得公司能够获得税收和融资等方面的便利，同时也可以使公司更加容易获得政府的支持。与此同时，高管攫取控制权私利的手段也愈加多样化，关联交易、内幕交易和低价转移资产等行为都会降低公司价值，损害中小股东的利益。综观目前学界关于政治关联的研究，可以总结出关于控制权私利的研究主要是度量方法的研究，加上对企业绩效的影响以及拓展到攫取控制权私利手段的分析，总体来说是识别控制权私利以及判别其对企业的影响是否正面，而对于控制权私利的前置条件，即何种因素会加剧控制权私利的攫取，何种因素又会制约高管攫取私人收益这一黑箱，并没有学者进行深入研究，分析控制权私利水平的促进条件和制约条件，不能从根源上采取措施降低控制权私利的攫取程度。同时，政治关联这一视角已经逐渐被公司治理领域所接纳，有关政治关联的研究从分析政治关联给上市公司带来的影响，发展到解析政治关联从税收、融资、产权保护和政府救助等方面带来的正面影响从而使其能够帮助企业提高绩效，或是使企业承担更多的社会责任和政府政治目标而降低企业绩效。由于政治关联的两面性以及对公司治理领域带来的各方面影响，其必然与控制权私利存在相关性，会从正反两方面对控制权私利水平造成影响，研究的重点在于分析政治关联对控制权私利的推动力与约束力孰强孰弱，从而得出政治关联对之的影响是正相关或是负相关，打开影响控制权私利因素这一黑箱。

----

　　① 拉波塔(La Porta)、洛配兹·西拉内斯(Lopez-De-Silanes)、安德烈·施莱弗(Andrei Shleifer)、罗伯特·维什尼(Robert W. Vishny)四名学者致力于应用金融经济学和计量经济学方法来分析探究法律与金融的关系，法律和法律制度对国家金融体系的形成、金融体系配置资源的效率、公司金融、金融发展以及经济增长的影响，由于他们经常一起署名发表文章，学界简称 LLSV 组合。

基于上述分析,本书将分为机理篇、实证篇、对策篇三大部分,对控制权私利的影响因素、形成机理进行理论论述及实证检验,同时从内部治理视角和外部环境视角对控制权私利对企业绩效的影响进行实证检验,并结合多案例分析对控制权私利的行为模式进行研究,给出了相应的治理对策和建议。

机理分析部分,本书基于"动机—行为—绩效"的整体分析范式,分析控制权私利形成的动态过程、主体行为等微观机理,建立了控制权私利与企业绩效间的联动关联模型。基于控制权私利形成的动态过程分析,本书构建了大股东刚性收益、弹性收益与企业绩效的边界渗透传导模型。基于控制权私利形成的主体行为分析,得出了大股东股权结构、公司治理水平与控制权私利的关系。最后基于控制权私利对企业绩效的影响分析,提出大股东获取控制权私利是凭借其控制权人地位不断挤压控制权共享收益、扩张控制权私利的结果,存在刚性边界和弹性边界,得出控制权私利与企业绩效的 4 种关系。

在实证篇影响因素分析部分,基于内部治理视角,本书以 1999—2006 年沪深两市 A 股市场发生非流通股控股转让与非控股转让的上市公司为样本,测算了我国上市公司控制权私利水平,并对大股东特征、董事会特征与控制权私利的相关性进行研究。研究发现:(1)大股东持股比例与控制权私利呈现一种倒"U"形非线性曲线关系;(2)大股东国有股权性质与控制权私利正相关但不显著;(3)大股东股权制衡度与控制权私利负相关但不显著;(4)两职合一与控制权私利显著性正相关;(5)独立董事比例与控制权私利负相关但不显著。研究结论表明,大股东持股比例、股权性质、受制衡程度以及两职兼任情况决定了大股东攫取控制权私利的能力。

基于政治关联视角,本书拟探究高管政治关联对公司控制权私利水平存在何种影响,并将公司治理水平和激励水平作为中介变量,提出研究假设,企图通过对上述问题的研究进一步说明高管政治关联对控制权私利水平是如何起作用的。本书通过对 2008—2011 年中国 A 股上市民营企业进行筛选,得到 422 家民营上市公司的数据,进行实证分析并得出以下结论:(1)民营企业高管政治信仰对上市公司的控制权私利水平具有显著的正向影响,同时高管政治信仰对控制权私利的影响部分会通过股权集中度和高管薪酬起作用;(2)民营企业高管的人大代表、政协委员身份会与公司的控制权私利水平有显著负相关关系,并且股权结构与高管薪酬的中介效应都显著;(3)民营企业高管政治级别对公司控制权私利水平的影响则并不显著。

基于两权分离视角,本书分析了公司治理结构对大股东掏空行为的影响机理,并进一步探讨了公司制度下的制度约束水平及制度激励水平两方面的中介变量在该影响过程中的作用。研究结果表明:(1)相对于非国有上市公司,国有上市公司的大股东掏空程度相对较低,这种区别部分通过代理成本中介变量作用于大股东掏空行为;(2)大股东掏空程度与终极控股股东持股比例呈"U"型关系,并且在该影响过程中,终极控股比例部分通过体现公司制度约束水平的代理成本作用于大股东的掏空行为;(3)股权集中度与大股东掏空程度呈现负向相关关系;(4)股权制衡度与大股东掏空行为关系不显著,没有起到制约大股东掏空行为的作用;(5)上市公司的独立董事比例与大股东掏空行为存在显著负向相关关系;(6)上市公司的两职合一对大股东掏空行为没有显著影响;(7)上市公司的监事会规模对大股东掏空行为有负向影响,但影响不显著,这可能跟有些监事会成员自身也持有上市公司的股权并且自身就是大股东的身份有关。

从内部治理视角研究控制权私利对企业绩效的影响,本书研究发现:(1)第一大股东的持股比例与控制权私利呈非线性的倒"U"形关系;控制权私利与企业绩效之间呈正"U"形关系;表明在我国上市公司中同时存在"堑壕效应"与"利益协同"效应;(2)由于实证结果与机理分析的相悖,进一步结合公司发展生命周期进行讨论,本书从理论上说明大股东持股比例与控制权私利的关系应为正"U"形与倒"U"形相结合的"S"形曲线;相应地,大股东控制权私利与企业绩效的关系应为倒"U"形与正"U"形相结合的倒"S"形曲线。

从外部环境视角研究控制权私利对企业绩效的影响,本书研究发现:
(1)对所有行业组成的研究样本来说,控制权私利对公司绩效有负面影响,而行业竞争度和金字塔结构层数会对这种影响程度产生影响。行业竞争越大,金字塔结构层数越多,控制权私利对公司绩效的负面影响就越严重。固定资产、无形资产比重越大也会加重控制权私利对公司绩效的负面影响;(2)对终极控制人为政府的企业子样本的回归分析发现,行业竞争度、金字塔结构层数对控制权私利影响公司绩效的过程有加强作用,但是此作用不很明显;(3)对终极控制人为家族的企业子样本进行回归分析时,为了提高自由度,笔者对控制变量进行了删减,只保留了常用的公司规模。回归结果发现,行业竞争度对控制权私利影响公司绩效的过程有加强作用,但金字塔结构层数对其过程的影响不显著。固定资产、无形资产比重越大也会加重控制权私利对公司绩效的负面影响,且无形资产的影响要比固定资产大;(4)对终极控制人为其他类型的企业子样本的回归分析发现,行业竞争度、金字塔结构、金字塔结构层数和无形资产比重对控制权私利影响公司绩效的过程有加强作用。

在对策篇,本书旨在从制度与伦理二维视角动态地识别和分析大股东控制权私利对企业绩效的影响以及控制权私利的行为模式,为设计有效的治理策略、优化董事会、完善其他内部控制制度和市场监管制度提供理论支撑和政策建议。在上述机理和实证研究的基础上归纳出大股东控制权私利行为的 3 种基本模式——违法违规的“闯红灯模式”、可能并不违规(合法但可能不合理)的“擦边球模式”和形式上并不违规(合乎法律规范和公司治理程序但可能有悖社会伦理“不合情”)的“蚕食者模式”,并通过多个案例加以解析。

本书为推进大股东控制权私利行为治理而著,理论研究和实证结果表明,在公司治理的实际操作中,我们应注意大股东控制权私利行为中“法、理、情”的纠结,强化公司治理相关法规的刚性约束,严惩各种违法违规行为;规范相关行为边界,提高大股东伦理决策的道德强度,挤压其机会主义选择的空间;完善公司法人制度,尊重利益相关者合法权益,激励大股东控制权私利与企业绩效的兼容和共享。在此基础上，控制权私利收益水平才能得到较为有效的控制，公司治理的效率才可以得以适当提升，中小股东的利益才能得到应有的保障。

Preface

Private benefits of control, which are the world recognized corporate governance problems, are also the focus of the current Chinese corporate governance practice issues. Under the special governance environment of Economic Transition in China, neither the development of market system nor the relevant laws and regulations are perfect. There is a possibility that, by their control for the shareholders' committee, the board of directors, managers and even affiliated companies, the large shareholders in state-owned holding companies or family holding companies violate the interests of the minority shareholders and the public, destroy the corporate governance environment in their pursuit of private benefits, resulted in higher level of private benefits of control of Chinese listed companies. Facts show that the large shareholders of listed companies tend to use their powerful control for management decisions to tunnel to satisfy their self-interest, which violates the interests of minority shareholders.

In the mainstream of the past studies, scholars at home and abroad have done a large number of researches on the measurement of private benefits of control of the large shareholders or controlling shareholders and the effects of tunneling and private benefits of control on the value or the performance of the company. The private benefits of control have complex effects on corporate performance—the entrenchment effect or incentive effect. Because of their complexity, —they can't be solved from the perspective of principal-agent relationship. Then the most direct breakthrough to understand the factors affecting private benefits of control are studies on correlation of large shareholders' characteristics and private benefits of control, corporate governance structure characteristics which reflect the real level of governance of listed companies, the political connection of top managers, etc. However, only to understand the influence factors of private benefits of control is not enough, we must broaden the existing analysis framework and perform in-depth analysis of the formation mechanism of them. In terms of the current study, it has become a consensus to analyze the formation of private benefits of control based on the perspective of behavior, but the coordinated relationship between influencing factors and situational variables is not yet clear. The existence of private benefits of control attracts worldwide studies about its governance mechanism design, and the basic conclusion is that supervision behavior in purely institutional aspect must be based on the in-depth understanding of large shareholders' behavior. In addition, given that whether large shareholders tunnel or not is clearly an ethical decision dilemma, carrying on researches from the perspective of ethical decisions is a breakthrough.

As early as 2000, the empirical study of LLSV[①] showed that the phenomenon of executives'tunneling private benefits of control

---

① La Porta, Lopez-De-Silanes, Andrei Shleifer, Robert W. Vishny are committed to the application of financial economics and econometric methods to analyze and explore the influence of the relationship between law and finance as well as law and legal system on the formation of country's financial system, the efficiency of the financial system in allocating resources, corporate finance, financial development and economic growth. Since they often work together to publish articles, they are referred as LLSV in the academic field.

universally existed, and this kind of phenomenon is more obvious in the countries whose market is not developed. In China, as many executives hold a concurrent post as deputies to people's congresses, they can use the political connection to bring a lot of explicit and implicit resources for their companies, which allows companies to obtain financing and taxation advantages, and it can also make it easier for companies to obtain government support. At the same time, the means for executives to tunnel private benefits of control are increasingly diverse. Related party transactions, insider trading and other acts of low-cost transfer of assets will reduce company's value and violate the interests of minority shareholders. Looking at the current academic research on political connection, it can be summed up that researches on private benefits of control mainly focus on measurement methods, impact on business performance and analysis of means of tunneling private benefits of control. In general, the studies are to identify private benefits of control and determine whether they have positive impact on the business. However, as for the pre-conditions of them, which is the black box that what factors can exacerbate tunneling private benefits of control and what factors can restrict them, there are a lack of in-depth research. Analyzing the promotion conditions and constraints of private benefits of control can't reduce the extent of tunneling. Meanwhile, the perspective of political connection has gradually been accepted in the field of corporate governance. Researches on political connection develop from analysis of their impact to the listed companies to using them to help improve performance by resolving their positive impacts of taxation, financing, property protection and government aid and so on, or their negative impacts of lowering corporate performance by making enterprises take more social responsibility and government regulation goals. Because of the two sides of the political connection and its various impacts of corporate governance, it definitely relates to private benefits of control, and it influence the level of private benefits of control from both positive and negative aspects. The key of the study is to analyze whether its role of accelerating private benefits of control exceeds that of constraining private benefits of control in order to open the black box of private benefits of control to find out whether the correlation between political connection and private benefits of control is positive or negative.

Based on the analysis above, the book is divided into three sections—the section of mechanism, the section of demonstration and the section of countermeasures—to show theoretical exposition and empirical discussion of the influencing factors and formation mechanism of private benefits of control, empirically test the influence of private benefits of control on business performance from both the perspective of internal governance and that of external environment, study the study on the behavior patterns of private benefits of control by multi-case analysis and give corresponding countermeasures and suggestions.

In the section of mechanism analysis, based on overall analysis paradigm of "motive-conduct-performance", the book analyzes the microscopic mechanism of formation of private benefits of control, such as dynamic processes, subjectival behavior and so on, and forms a joint association model of private benefits of control and corporate performance. Firstly, based on the dynamic process analysis of formation of private benefits of control, we constructed a boundary penetration and conduction model with large shareholder rigid returns, flexible benefits and corporate performance. Secondly, based on the analysis of the subject behavior of formation of private benefits of control, we draw the relationship among large shareholders ownership structure, level of corporate governance and private benefits of control. Finally, based on the analysis of the influence of private benefits of control on business performance, we conclude that large shareholders' private benefits of control are the result of their constant squeezing the sharing benefits of control and expanding their private benefits of control by virtue of their statuss as domination person and there are rigid boundary and elastic boundary. Then we come up with four kinds of relationships between private benefits of control and corporate performance.

In the analysis of influencing factors in the section of empirical, based on internal governance perspective, this book use the sample of the listed companies in which holding transfer and non-holding transfer of non-tradable shares happened in A share market in Shanghai and Shenzhen from 1999 to 2006 to compute the level of private benefits of control of the listed companies in China, and carries out a study on the correlation of large shareholders' characteristics, the board's characteristics and private benefits of control. The study finds that: (1) the relationship between large shareholders' shareholding ratio and private benefits of control is in a inverted U type nonlinear curve. (2) the relationship between large shareholders' state-owned properties and private benefits of control is positive correlation but not significant. (3) the relationship between large shareholders' equity balance degree and private benefits of control is negative correlation but not significant. (4) the relationship between two hats unity and private benefits of control is significantly positive correlation. (5) the relationship between the proportion of independent directors and private benefits of control is negative correlation but not significant. These results indicate that large shareholders' shareholding ratio, equity properties, equity balance degree and duality decides the ability of large shareholders' tunneling.

Based on the perspective of political connection, this book is intended to explore in which way political connection influences private benefits of control, and uses corporate governance and compensation level as intermediary variable, puts forward the hypothesis, then shows the answer of the above question through research. Based on listed companies' data in China from 2008 to 2011, we have 422 private listed companies and 670 state-owned listed companies. The conclusions are: (1) the political belief of executives of private listed companies has positive effect on private benefits of control in a significant way. Meanwhile, the influence of the political belief of executives on private benefits of control partially takes effects through ownership concentration and executive compensation. (2) the correlation between executive identity as NPC or CPPCC representatives and private benefits of control is strongly negative in private listed companies and the ownership structure and executive compensation are strong intermediaries between them. (3) the influence of executive political level on private benefits of control is not outstanding in private listed companies.

Based on the perspective of separation of two rights, the book analyzes the mechanism of corporate governance structure influencing on large shareholders' tunneling, and further explores the role that mediating variables assume in the impact process such as company constraint level and company incentive level. The results show that: (1) Compare with non state-owned listing companies, the degree of large shareholders' tunneling of state-owned listing companies is relatively low. This difference in part is due to mediating variable such as the agency cost making the influence on large shareholders' tunneling, that is, the agency cost of state-owned listing companies is relatively high, therefore, the company binding is relatively strong, which is not conducive to large shareholders' tunneling. (2) A "U" type relationship exists between tunneling and the proportion of ultimate controlling shareholder. And in this process, the proportion of ultimate controlling shareholders exerts the influence on tunneling behavior through reflecting the agency cost of company constraint level, while company incentive level has no effect in this process. (3) It exists a negative correlation between the concentration of ownership and large shareholders' tunneling, that is, the higher the concentration of ownership of listing Corporation, the balance supervise of several big shareholders is more likely to reduce the hitchhiking behavior, which is not conducive to big shareholders' tunneling. The agency cost and the managerial compensation do not play an intermediary role which respectively reflects company constraint level and company incentive level in this influencing process. (4) It doesn't exist significant relation between equity restriction ratio and large shareholders' tunneling behavior, that is, the second to ninth largest shareholder can't effectively balance decision-making behaviors of the first major shareholder and can't restrict controlling shareholders' tunneling behavior. (5) It exists significant negative correlation between the proportion of independent directors of listing companies and large shareholders' tunneling behavior, that is, the higher proportion independent directors in the board of directors of listing companies, the decision-making behavior of large shareholders is more likely to be effectively supervised and the controlling shareholders' tunneling behavior is more likely to be restrained. In addition, the agency cost and managerial compensation make no effect in this process. (6) The duality of listing companies has no significant effect on large shareholders' tunneling behavior. (7) The board of supervisors of listing companies have negative influence on controlling shareholders' tunneling behavior, but the effect is not significant. The members of the board of supervisors of listing companies fail to effectively control the tunneling of major shareholders, this may be due to the reason that some members of the board of supervisors also hold stakes in listed corporation and they are the identity of the major shareholders themselves.

To research for the impact of private benefits of control on firm performance based on the perspective of internal governance, the book found: (1) non-linear inverted U-shaped relationship between the largest shareholder's stake and private benefits of control, and positively U-shaped relationship between private benefits of control and corporate performance, indicating there both exiting entrenchment effect and incentive effect in the listed companies. (2) As empirical results and mechanism analysis contrary, we make a further analysis of company development lifecycle and conclude that the relationship between largest shareholding ratio and private benefits of control should be positive U-shaped and inverted U-shaped combination of S-shaped curve. Accordingly, the relationship between private benefits of control and corporate performance should be inverted U-shaped and U-shaped combination of inverted S-shaped curve.

From the perspective of the external environment research private benefits of control impact on firm performance, the study found: (1) The study sample consisting of all sectors concerned, private benefits of control and business performance have negative influence. The impact on the degree of competition in the industry and the number of layers of the pyramid structure would magnitude of this effect. The greater competition in the industry, the more layers of the pyramid structure. Private benefits of control have more serious negative impact on corporate performance. The proportion of fixed assets and intangible assets will increase the negative impact of private benefits of control on corporate performance; (2) The regression analysis about the ultimate controllers to the government's enterprise subsamples indicates that the degree of industry competition and the layers of pyramid structures have strengthened effect to the process of private benefits of control influence corporate performances, but this effect is not obvious; (3) When it comes to the regression analysis about the ultimate controllers to the families' enterprise subsamples, in order to improve the degree of freedom, we did some deletion to the control variables and only keep the common sizes of companies. The regression analysis indicates that the degree of industry competition has a strengthened effect to the process of private benefits of control influence corporate performances, but the impact of the layers of pyramid structures to this is not significant. The larger proportion of fixed assets, intangible assets can also increase the negative impact of the process of private benefits of control influence corporate performances and the impact from intangible assets is larger than the fixed assets. (4) The regression analysis about the ultimate controllers to the other types of enterprise subsamples indicates that the degree of industry competition, the pyramid structures, the layers of pyramid structures and the proportion of intangible assets have strengthened effect to the process of private benefits of control influence corporate performances.

In the section of countermeasures, this book aims at dynamically identifying and analyzing the behavior pattern of large shareholders' private benefits of control from two-dimension perspective of institutional and ethical, which provides theoretical support and policy recommendations on designing effective governance strategies, optimizing the board of directors, improving internal control systems and market regulatory system. Based on the mechanism and empirical research above and through cross-cases analysis, the book summarizes three basic behavior patterns of large shareholders' private benefits of control including breaking a red light mode which is illegal, edge ball model which is legal but may be unreasonable and nibble mode which is in line with the legal norms and corporate governance procedures but may be contrary to social ethics.

This book is written to improve the governance on large shareholders' private benefits of control. As shown in theoretical and empirical studies, during the actual practice in corporate governance, we should pay attention to the entanglement among law, principle and emotion in large shareholders' private benefits of control, strengthen the rigid boundary of relevant regulations of corporate governance, punish all kinds of illegal activities, standardize the boundary of the relevant acts to improve the moral strength of large shareholders' ethical decision-making, so as to squeeze the space of opportunistic choice. What's more, we should improve the legal system of the company, respect the legitimate rights and interests of stakeholders, and incentive the compatibility and sharing of large shareholders' private benefits of control and corporate performance. On this basis, the level of private benefits of control can be effectively controlled, the efficiency of corporate governance can be appropriately upgraded and the interests of minority shareholders can be properly protected.

目　录

Contents

图目录

LIST OF FIGURE

表目录

LIST OF TABLE

第一章 引言

第一节 研究背景

金融风暴下,公司高管丰厚的私人收益再度成为公司治理的焦点问题。对上市公司高管私人收益的约束,始终是公司治理的焦点和难点。在金融危机冲击下,企业低迷的经营绩效与高管丰厚的私人收益之间形成了巨大反差。颇具讽刺意味的是濒临破产、亟待接受援助的花旗等企业的高管却乘坐昂贵的私人包机参加美国政府听证会。为平息外界对一些金融企业高管"自肥"的愤怒,美国总统奥巴马断然采取限薪举措。无独有偶,我国平安保险的高管年薪也经历了"天价年薪"到"零年薪"的激荡起伏。

如此,对高管"自肥"行为的约束引发了人们对控制权私利形成机理的深入思考。尽管高管私人收益的界定还存在较大的争议,但有效约束高管私利行为已经成为金融危机下企业所有者和政府普遍关注的问题。高管私人收益和企业绩效的严重脱节,引发民众对企业高管违规操作,政府监管不力的诸多猜测。事实上,高管私人收益大多是在规范制度框架下的合法行为,这就更加引发了人们剖析控制权私利形成机理的热情,寻求导致控制权私利形成的"合法但不合理"制度的真正来源。

现实中,控制权私利的激励效应迫使我们重新审视私人收益的"两面性"。事实上,高管控制权私利有可能成为激励其为企业创造更高价值的催化剂,即控制权利益对管理者专用人力资本投资存在正向激励作用。Wu et al. (2005)的研究表明控制权利益有缓解投资不足问题的积极作用,在企业投资低迷时,一定程度的控制权利益可以增加企业价值。这种作用如同在无效的官僚体系下"腐败"对于经济发展的促进作用。控制权私利并不意味必然的所有者"损失",控制权私利存在着"两面性"。

另外,控制权私利的形成机制及其对企业绩效的影响机理亟待深入研究。究其微观机理,在外部环境和企业高管行为的共同作用下,高管的控制权私利和企业绩效作为公司控制权配置形成的两个结果,两者之间是否存在联动或互补的机理对于解释当前企业绩效和高管私人收益的巨大反差就显得极为重要。因为两者的关系将直接决定对高管的控制权私利是杜绝还是纵容,纵容的底线如何确立。而理清控制权私利的形成机制对于我们正确认识私人收益的"两面性",有效引导控制权私利对企业绩效的积极影响至关重要。

因此,控制权市场已经成为公司治理的重要领域。在股权分置改革后,我国上市公司的控制权市场已经初步形成,控制权市场的效率正在制约着公司治理绩效。基于上述问题与背景,本书拟以控制权市场分析为基础,通过对控制权结构和控制权配置方式的研究,解析影响控制权私利的内外部因素,从制约力量和放大力量两个角度说明控制权私利形成机制的合理边界;进而通过分析控制权私利边界的形态和强度的差异,剖析控制权私利对企业绩效以及公司治理绩效的传导机制;并以我国上市公司为主要对象进行实证研究,从而揭示控制权结构、控制权配置与控制权效率(私人收益以及公司治理绩效)的关系。

第二节　研究内容

本书将分为机理篇、实证篇和对策篇 3 部分:机理篇将在提出研究问题、已有研究成果的基础上,对中国上市公司控制权私利的影响因素、形成过程及其对公司绩效的影响进行分析;实证篇将从内部治理视角、政治关联视角和两权分离视角对中国上市公司控制权私利影响因素进行实证分析,从内部治理视角和外部环境视角对中国上市公司控制权私利对企业绩效影响进行实证研究;对策篇将在上述研究的基础上,通过伦理视角,对中国上市公司控制权私利行为模式进行探索,并总结中国上市公司

控制权私利治理机制,提出本研究存在的不足和研究展望。研究的逻辑
图如图 1-1 所示。

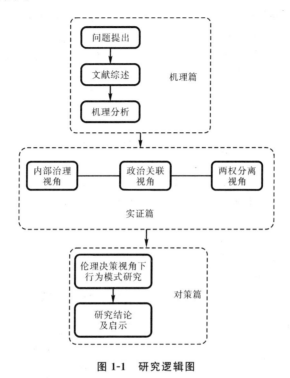

图 1-1 研究逻辑图

第三节 研究方法

在研究方法上,本书注重理论与实证分析相结合,定性与定量分析相
结合。其中理论机理分析为提出研究假设和变量设定提供理论基础;实
证分析则通过上市公司面板数据进行统计分析,对研究假设进行检验,为
得出科学的研究结论提供坚实的依据。本书主要采用文献研究、统计分
析、多案例研究、系统分析等多种方法:

(1)文献研究。对国内外相关研究文献进行整理和综合分析,了解控
制权私利的研究状况,掌握国内外控制权私利的最新前沿动态;

(2)统计分析。基于上市公司数据进行的描述性统计、相关分析、回
归分析等统计分布进行实证检验;

（3）多案例研究方法。在归纳大股东控制权私利行为模式的过程中，本书采用多案例分析进行归纳总结，案例来源于中国上市公司公告信息以及中国证监会、上海证券交易所和深圳证券交易所的违规上市公司通告；

（4）系统分析。在文献研究、理论分析和实证调查的基础上，系统梳理上市公司控制权私利形成的影响。

第四节　研究创新点

本书从制度与伦理二维视角动态地识别和分析了大股东控制权私利的行为模式。制度视角下，从"动机—行为—绩效"对控制权私利进行研究，注意到大股东控制权私利的弹性边界，其行为实际上是主体特征与情境因素动态适配的结果，是典型的伦理决策问题。因此本书将嵌入伦理决策因素，通过多案例分析，厘清大股东控制权私利形成的行为模式，拓宽了大股东控制权私利的分析视野。立足系统的多案例分析，本书提出大股东控制权私利行为模式在兼顾法律、公司制度以及社会伦理多维度视角下，可归纳为"闯红灯模式""擦边球模式"和"蚕食者模式"，从而将大股东控制权私利行为模式立足于更为广阔的分析视野，为有效甄别和规制大股东控制权私利行为提供了坚实的理论支撑。

从理论上系统分析了在终极控制权与现金流权分离情况下，以两权分离度作为大股东掏空程度的计量指标，大股东对上市公司进行的掏空行为的内在形成机理。并以制度约束水平和制度激励水平为中介变量，研究了公司治理结构对大股东掏空的影响作用，为打开该影响机理的黑箱找到了突破口。同时基于非流通股控股转让与非控股转让的视角，对大股东特征与控制权私利相关性进行实证研究，即大股东持股比例与控制权私利的关系、大股东股权属性与控制权私利的关系以及大股东制衡程度与控制权私利的关系，进一步揭示大股东特征与控制权私利的内生性问题，即大股东控制权私利形成的内在机理。

从政治关联的新角度，探究了控制权私人收益的前置影响因素。目前对控制权私人收益的研究主要集中与控制权私利度量方法、产生影响以及采取手段这几个方面,我们选取对控制权私利影响因素这一方向进行研究,是对学术界关于控制权私利研究的有效弥补,也是在公司治理领域有关控制权私利的研究热点的有益探索,拓宽了控制权私利的研究内容。根据政治关联对控制权私利影响的实证结果,也能为如何对控制权私利进行有效抑制和合理利用提供相关政策建议,而不限于探索控制权私利带来的各方面影响。在关于政治关联对控制权私利的影响中,我们还引入了股权集中度、股权制衡度和高管薪酬 3 个中介变量,目的在于明确政治关联作用于控制权私利的影响路径。这是对已经兴起的政治关联研究的一个有益补充。

第二章　文献综述

自 Grossman et al.(1980)提出控制权私利的概念以来,该领域一直是公司治理研究的核心。它是指大股东利用其控制权获取独占且不可转移的收益。Johnson et al.(2000)形象地把控制权私利行为所产生的影响比喻为"隧道效应",即以隐蔽的方式掏空公司。国内学者也已证明在我国上市公司普遍存在大股东控制现象(唐宗明等,2002;李增泉等,2004)。在当今后危机时代,大股东为获取私利把上市公司当成"取款机"和"摇钱树",肆意"掏空"、侵害中小股东利益的行为在我国甚是普遍,被视为我国证券市场的毒瘤。2010 年,熊猫烟花因大股东涉嫌掏空公司成为股市焦点;2011 年金智科技、汉王科技内幕交易连带高管巨额减持获利,使得监管层对大股东私利行为倍加关注。

大股东此类缺乏企业社会责任的掏空行为,引起民众对企业高管违规操作、政府监管不力的诸多猜测。但事实上,大股东控制权私利行为大多是在规范制度框架下的合法行为,而行为的程度差异,既取决于大股东自身的"欲求"水平,也取决于公司所处的管理情境。因此,控制权私利行为面对的不仅仅是社会法律的"底线"约束,还对公司内部制度与社会伦理造成了冲击。例如,欧美大股东为获得私利在企业中设立"合法但不合理"的"金色降落伞条款",无视企业长远发展和中小股东权益;中国不少大股东利用公司控制权采取"合法、合理"但有悖商业伦理"不合情"的企业决策,如无序减持、频繁派发高额的现金红利等,这些势必对企业长远发展带来负面影响。因此大股东控制权私利行为研究引起广大学者的重视,识别、解析与预测控制权私利仍是研究的重点,控制权私利的内在形成机理是亟待打开的黑箱。本书从制度视角、行为视角和伦理决策视角分别对控制权私利研究演进进行脉络梳理与分析,并对控制权私利的测量方法演进进行了梳理,试图通过文献回顾,并结合公司治理实践提出现有研究的不足与未来的研究方向。

第一节　缘起:制度视角对控制权私利的研究

对控制权私利问题的研究,追根溯源,则必须回到以契约理论和交易费用理论为核心的新制度经济学。新制度经济学中不完全契约理论的提出为其后控制权私利概念的提出和其相关研究打下了坚实的理论基础。早在 1937 年,Coase 的《企业的性质》的发表开创了新制度经济学。之后Williamson et al.(1985),Knight et al.(1992)等人在 Coase 的基础上继续研究,通过对交易费用、委托代理、契约、剩余索取权等范畴的学理性讨论,创立了以理论论证为特征的新制度经济学。新制度经济学使用主流经济学的方法对制度问题进行分析,产生了交易费用理论、产权理论、企业理论、制度变迁理论等重要理论,其学派也形成了交易费用经济学、产权经济学、委托代理理论、公共选择理论、新经济史学等重要分支。新制度经济学继承了新古典经济学关于资源稀缺性和竞争性的理论,而对理性人的假说进行了修正,即人们无法对世界做出完全正确的反应,总是表现出有限理性。现实社会信息的不完全使得人们面临搜寻信息成本的考量,搜寻行为的继续与否取决于价值和成本的考虑。人们终究不可能获得全部信息,因而无法做出完全理性的判断,总是基于已掌握的信息做出有限理性的反应。新制度经济学对交易成本的考虑贯穿始末,是其最基本的概念。交易成本研究的发扬光大催生出上述一系列新制度经济学的重要理论,而有限理性的提出带来了制度研究的重要性。由于新制度经济学具有对个体行为解说绩效的普适性,因此以制度分析来研究公司治理问题成为主流(何大安,2010)。但新制度经济学根据契约是否完全的理论假设,分为以委托代理理论为代表的完全契约理论和新产权学派的不完全契约理论,而后者就是控制权私利概念产生的理论根据。基于契约理论的演进历程,基本经历委托代理—不完全契约—信息经济学几个阶段。

一、委托代理问题与两权分离理论

委托代理理论,又称完全契约理论,作为新制度经济学的一个分支,其概念最早由 Berle 和 Means 于 20 世纪 30 年代提出,其初衷是为了鼓励企业所有权和经营权的分离,从而避免所有者身兼经营者之职给企业经营带来负面影响。Berle et al. (1932)在《现代企业与私有产权》一书中首次明确地提出了"所有权与控制权分离"的观点,标志着传统公司治理研究的开始。他们研究发现现代公司的股权结构分散,使股东出现了"搭便车"现象,导致股东无法起到监督的角色。到了 1976 年,Jensen 和 Meckling 探讨了职业经理与分散的股东之间的利益冲突问题,指出由股权分散引起的两权分离属于一般意义上的代理问题,并且将企业置于"委托—代理关系"框架下进行研究在该代理理论的推动下,股东与管理层之间的委托代理关系,即第一类委托代理关系就成了传统公司治理的核心问题。

到 20 世纪末,Shleifer et al.(1997)发现大部分国家(除英美国家外)的公司股权都集中于控股股东手中,并且在这些公司中,最主要的冲突在于控股股东与小股东之间。随后,LLSV(1999)以 27 个发达国家为研究对象,发现大部分国家的公司股权集中度较高,都是国家或家族控制,存在控股股东。只有一些法律制度比较完善,能很好保护小股东利益的国家股权分散。Claessens et al.(2000),Bae et al.(2002)和 Atanasov(2005)等经验证据都支持了 LLSV 的观点,表明第二类委托代理关系越显复杂与突出。

企业所有者由于缺乏经营知识和经验,其管理水平往往逊色于专职的管理人才。根据比较优势理论,所有者何不让权于专业管理者,自身仅保留剩余索取权,这样对企业发展百利无一害。基于此,委托代理理论得以发展起来。委托代理理论建立在非对称信息博弈论的基础之上。非对称信息,简而言之,如其字面含义,即两人所获信息量并不对称。具体来讲,其非对称又可分为发生时间的不对称和信息内容的不对称两种。前者意指不对称性可发生在签约的前后,我们称发生在签约前的博弈为逆向选择问题,而发生在签约后的博弈为道德风险问题。后一种非对称信息的含义意指一些参与者行为或知识的不对称,我们将研究这方面的模型称为隐藏行为模型和隐藏知识模型。委托代理理论的主要研究对象是委托代理关系,即某些行为主体通过明示的或暗示的契约,授予权利于一些雇佣者为其服务,自己成为委托人,而被雇佣者成为代理人。委托人和代理人的关系并不如契约般白纸黑字简单明了,虽然企业的经营目标是股东权益的最大化,但往往职业经理人会利用职务之便为自己谋求私利,从而使得股东的权益受到损害。因此委托代理理论的研究目的就是如何在信息不对和委托代理矛盾的情景下,设计一个最优的契约来激励代理人为委托人服务。Mirrlees et al. (1974)提出并发展了委托代理理论的基本模型,通过引入动态模型,丰富了其理论成果,更得出重复博弈的委托代理模型、代理人市场声誉模型等等。

　　以委托代理理论为基础,结合心理学和行为科学相关知识,逐渐发展出了激励理论。激励是指公司对工作环境和赏罚制度等进行适当设计,通过信息沟通渠道来激发、引导、维持员工的行为,从而实现员工个人目标与公司目标的统一化,最终有利于委托代理矛盾的缓和和股东权益的最大化。起初关于激励理论的研究主要侧重于对"需要"的分析,其中最经典的理论成果莫过于马斯洛于1943年提出的需求层次理论,即人具有以下层次的需要:生理需要、安全需要、归属与爱的需要、尊重需要和自我实现需要。通过了解代理人的需要层次并满足其需求,可以激发经理人的工作积极性和为委托人服务的精神。随后,经过几十年的发展,在多学科知识的融合下,激励理论产生出行为主义激励理论、认知派激励理论和综合型激励理论三大种类。它们各有千秋,侧重不同。行为主义激励理论的指导思想是"刺激—反映",即通过激励手段引起激励对象的相应行为,强调了外在刺激的重要性。而1953年,斯金纳又在其基础上提出了操作性条件反射理论,即不仅要考虑刺激变量,还要考虑人的主观因素对此过程的影响。因为根据新行为主义理论,受刺激者的行为不仅取决于对刺激的感知,还取决于其行为带来的结果。好的结果将强化"刺激—反映"的过程,反之,坏的结果则削弱刺激的激励作用。认知派激励理论着重于对人的内在因素,即需要的内容的研究,并强调通过激励手段使消极行为向积极行为转化的重要性。人的行为是外在客观因素和内在主观因素相结合的结果,对于人类行为的研究不能偏颇一方,要面面俱到,考虑全面。综合型激励理论有效结合了前述两种理论的观点,简言之,笔者认为此理论将激励过程总结为前述理论中分别强调的外在因素和内在因素相互作用、循环向上的过程。勒温于 1917 年提出的场动力理论认为外在刺激是导火索,而内在需求是驱动力,导火索能否激发驱动力取决于两者的关系。1968 年,波特和劳勒从一个新的起点看待激励过程,即绩效—奖励—满足—期望奖励,依据绩效给出的奖励能影响人们的满足感,而满足感的强弱又会影响人们对下一期奖励的期望强度,从而对他们的工作积极性产生激励或抑制。

现代企业制度要求"同股同权,同股同酬",投资者通过投资入股,期望享有对应股权的剩余控制权索取权。但是在公司治理权利配置中,并非是同股同权,显然控股股东与高管拥有实际控制权,而中小股东丧失了其应有的控制权,导致控制权私利问题的产生。因而 Grossman et al. (1980)首次提出了控制权私利的概念。但学术界对控制权私利的内涵界定存在分歧。基于收益的货币—非货币角度,Jensen et al. (1976)将代理成本界定为非货币性收益。而鉴于控制权私利界定的复杂性,Holderness(2003)认为控制权私利既包括控股股东通过隧道行为获取的货币收益,也包括非货币性收益。基于收益的转移性角度,Grossman et al. (1988)认为控制权私利是指控股股东利用其控制权而谋取的不可转移利益。Ehrhardt et al. (2003)则认为控制权私利同时包括可转移收益和不可转移收益,如社会声誉作为控制权私利不能随着控制权的转移而转移。通常情况下,控制权大于所有权,大股东虽然掌握着小股东部分控制权成为风险的制造者,但这部分风险却由小股东承担。大股东采用金字塔结构、交叉持股等方式获取超越其现金流权的控制权,实现以相对较小的股权获取公司的实际控制权。控制权与所有权的分离,为控股股东提供了攫取控制权私利的机会,完全契约理论将解决该问题的期望寄托在完美的契约设计上,力图通过合同的制定来规划两权分离引发的代理成本,但现实生活中完美的合同是难以存在的,第三方不可识别成为完全契约理论难以突破的理论困境。

二、不完全契约理论与剩余控制权

与上述完全契约理论相对应,Coase(1937)在《企业的本质》中开创性地提出了企业契约理论,认为企业是出于交易成本的节约而存在,是一系列契约的组合,契约的构成要素是要约和承诺。而完备的契约包含了预知和不可预知的所有权利义务事项,不存在所有权问题。显然这是不切实际的,现实问题使得契约是不完全的,从而控制权问题难以避免。Coase 指出:"因为预测遭遇障碍,商品和劳务的供给契约其时限愈久,其真正实现的可能性就愈小,故而买者也愈懒得规定卖者该做些什么。"完全契约理论和不完全契约理论的最根本的区别,简而言之就是是否能通过契约事先规定未来所有可能状况下的权责。如前面的委托代理理论和激励理论所述,可以预料到以后的所有可能状态,从而通过契约上的规定来对代理人行为进行激励,将可能不好的行为转化为有利的行为。而不完全契约理论则认为,现实生活中,由于有限理性和"不可描述的不确定性"的存在,很多或然状况是无法提前预料到的,因而仅仅依靠契约的规定无法对所有可能情况的权重进行明确。故而需要在所有自然状态明了之后通过再次谈判解决问题,让契约双方效用都实现帕累托最优。综上,完全契约理论和不完全契约理论两者相比而言,前者的重心就放在了事后监督上,而后者不完全契约理论则侧重于对事先的权利进行制度安排或机制设计。信息的"事先不可描述性"构成了不完全契约的本质特征。

Tirole(1999)认为之所以出现不完全契约的原因,可以简单归结为 3 类成本的存在:一是预见成本,由于有限理性的存在,人们无法完全预知所有可能的状况,故而预见全部可能未来状态是有成本的;二是缔约成本,如何以最无争议的语言将所预见到的所有可能状态写入契约条款中也是成本高昂的,人们很难做到使其毫无争议;三是证实成本,关于契约的一些重要信息有个奇怪的特点,即契约双方可以观察到这些重要信息,而第三方是无法对其进行证实的,因此也无法利用法律手段要求契约强制执行。

不完全契约理论的发展主要是沿着 2 条线:一是治理结构的角度,以 Williamson et al.(1975)为代表的交易费用经济学(Transaction Cost Economics,TCE),又称交易费用学派,认为对于不完全契约问题的解决,应比较各种治理结构将带来的事前和事后交易费用总和的大小,从中选择一个使得交易费用最小的最优治理结构;二是产权角度,以 Grossman et al.(1986)为代表的产权理论(Theory of Property Rights,TPR)则认为应该采取某种机制来维护对事前投资的激励效果。

具体来讲,以 Williamson 为代表的交易费用经济学的基本思想逻辑是:交易就是契约的一种,我们应该视契约所带来的交易费用大小的差异来安排不同的治理结构。一般而言,契约的交易费用的大小是由其交易环境和交易的特征决定的,交易环境意指交易的次数和不确定性,交易特征如资产专用性。该学派认为,契约愈是不完全,则愈是安排激励强度差、适应性低、行政控制和官僚主义越多的治理结构。因为在有限理性的作用下,契约天生就是不完全的,契约双方会在机会主义的驱使下为自己谋取私利,甚至不惜违背契约规定,双方关系的长久性受到威胁。

针对交易费用经济学通过治理结构使契约双方利益一体化,从而达到最小交易费用、杜绝机会主义的思想,以 Hart 为代表的产权理论提出了质疑,Hart 认为交易费用经济学未考虑一体化的成本和收益,在现实生活中此理论显得过于理想化。因为若一体化真能杜绝机会主义,使交易费用最小,那全球企业大可合并成一家,但事实并非如此。

Grossman et al. (1986) 和 Hart et al. (1990) 认为,由于有限理性造成的契约的不完全,契约无法对所有可能的状况的权责进行规定,因此遗留了部分剩余权利。这部分剩余权利是契约条款所未涉及的,如何分配也未做说明,但契约双方是否能获得剩余权利大致与其资产所有权的大小成正比,所有权大者能获得剩余控制权,也就是剩余权利,而所有权小者不能得到。不过这样一来,虽然资产所有权大的一方获得剩余控制权,能激励他更多的投资,但另一方由于未得到剩余控制权,可能抑制其投资的积极性。基于此,Grossman,Hart 和 Moore 创立了 GHM 模型,以资产专用性与交易费用为基本假设发展了不完全契约理论,致力于研究如何分配所有权和剩余控制权使其整体达到最优。

控制权在不完全契约下分为特定控制权和剩余控制权。特定控制权是指在合同中明确规定的权利,而剩余控制权是指在契约中没有明确规定的权利,该权利是被放任的。由于契约的不完全性,新产权理论将企业控制权收益的配置划分为两个阶段:在初始契约条件下,委托人和代理人根据明确的契约描述进行利益划分,代理人获得与自身能力匹配的明确契约收益;但是由于初始契约难以将未来发生的所有事件都包含进去,契约中未尽事项的决策权也就是剩余控制权就将对企业的未来收益进行二次配置。剩余控制权是企业的一种稀缺资源,大小股东与代理人通过外部控制权市场和内部控制权的激烈博弈,形成最终的权利归属,当前实践中大股东往往获得该权利。两权分离为大股东攫取私利提供了机会,完全契约理论将解决该问题的期望寄托于完美契约的设计上,力图通过合同的制定来规划两权分离引发的代理成本,但现实生活中完美合同一般是难以存在的,第三方不可识别成为完全契约理论难以突破的理论困境。GHM 模型还将特定的控制权界定为契约条款中说明的财产所有权,而将条款未涉及的剩余控制权界定为对企业的"所有权",此"所有权"归于企业财产的所有者。也因此,由于企业间的合并带来的所有权专业转移影响到了代理人的积极性,因而企业合并也是有成本的。而对于企业合并成本和收益的衡量和比较会使人们决定是否进行合并,这样一来,GHM 便解释了企业的本质和边界。

三、信息不对称理论

信息经济学研究什么是非对称信息情况下的最优交易契约,又称机制设计理论(张维迎,2011)。信息不对称理论产生于 20 世纪 70 年代,信息的不对称是指在经济活动中,不同交易者对信息的掌握程度不同,了解信息多的一方占有利位置,具有信息优势。在公司中,内部人与外部人之间就存在信息差异。明显,大股东和管理者拥有的信息要比中小股东和债权人要充分、全面。信息不对称的影响主要为逆向选择和道德风险。逆向选择是指具有信息优势的大股东与中小股东签订对大股东自己有利的契约,发生在确立委托代理关系之前。比如,大股东夸大公司运营状况,隐瞒消息,以及在融资过程中,利用外部人对投资项目的盈利与风险水平等信息劣势获取有利融资,这是逆向选择问题。道德风险是事后的信息非对称导致的机会主义行为。比如,大股东为增加自己利益而损害中小股东利益的在职消费行为。大股东利用信息优势,选择对自己有利的过度投资或投资不足,谋取私利,增加公司风险与成本负担。信息不对称为内部人攫取控制权私利提供了方便的途径,掩盖了其行为。信息非对称程度越大,内部人就越容易获取控制权私利。相反,信息非对称性程度越低,内部人就难以获取私利。因此,规范公司信息披露制度,提高信息披露的质量是有效降低大股东掏空的方法。上述理论如图 2-1 所示。

图 2-1　信息不对称结构

公司内部人与外部人存在信息不对称问题,为公司内部人获取控制权收益提供了掩盖屏蔽,促使内部人利用控制权攫取最大化控制权收益。信息非对称性程度越大,就越有利于公司内部人获取控制权收益。由于信息不对称,控股股东与经营者在契约签订与履行过程中所产生的成本,理解为交易过程中的交易费用,学者们常用交易费用理论来解释控制权私利形成的外部条件。

四、控制权私利形成的制度基础

控制权私利的形成是在具体公司治理制度结构下产生的,立足4层委托代理关系的梳理,厘清私利形成的制度背景,将有助于我们动态地了解控制权私利形成逻辑过程的制度基础。控制权私利的本质在于大股东利用剩余控制权获得独享收益,以往研究已经从理论和实证多个视角证明了这种收益存在的普遍性和影响的两面性,由此可见其存在必然存在深刻的制度基础,但是就仅从第二类代理成本的角度而言,仅能说明在监督失灵的情况下个别低素质大股东会采取掏空行为,获取控制权私利,这显然与现实存在巨大出入。事实上,随着资本市场的发展和公司战略环境的变迁,企业内部的治理结构也日趋复杂,第三类和第四类代理成本问题成为真正影响公司治理进程的内在制度基础,如图2-2所示。

经典的公司治理文献主要关注经理人与投资者之间的利益冲突以及相应的治理结构和治理机制,即第一类治理关系 Jensen et al. (1976)。Townsend(1979)则第一次尝试以最优契约的方式解决外部投资者与经理之间的利益冲突。这些早期的工作实际上已经触及公司治理的一个核心问题——管理激励。可以说,早期的控制权私利主要表现为经理人方面所获得的企业控制权收益,对于投资人来说,主要表现为代理成本的一个方面。尽管通过信息经济学对道德风险和逆向选择行为的深入剖析,第一类代理成本已经在很大程度上通过制度设计加以有效限制,但委托代理问题的提出是控制权私利形成的客观基础。伴随着资本市场发展和企业规模的扩大,股份多元化成为现代公司的最基本特征,股东之间也同样存在激励相容问题,大股东对中小股东的侵害开始成为治理研究的新问题,这构成了第二类代理关系。控制性投资者(例如股份公司的大股东等)凭借其实际控制权,以合法或者法庭很难证实的方式,谋取私人利益,

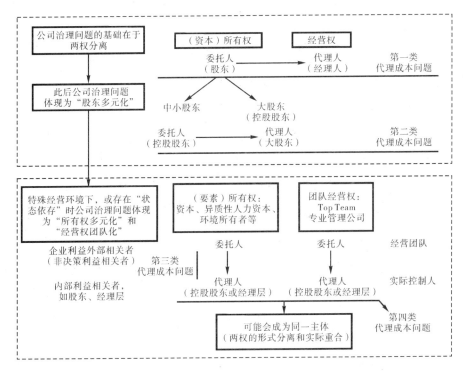

图 2-2　控制权私利形成的制度基础

使分散投资者(小股东)的利益受到损害(Shleifer et al. 1997);Pagano et al.(1998);La Porta et al.(2000),这种大股东侵占现象在市场不发达国家的表现尤为明显,这是控制权私利产生的现实表现。由于企业内部资源与外部环境的结合日益紧密,对企业起到关键作用的已经从股东和经理延伸到广泛的利益相关者群体。立足该角度,以 Blair(1995)为代表的学者认为企业的外部非决策类利益相关者(如政府和债权人、消费者等)与内部的股东和经理层形成一种"隐形"的委托—代理关系,即第三类代理关系。这种关系解读为在一般经营情况下,外部利益相关者通过契约获取收益,并不干预企业的日常经营,因此相当于将企业的经营决策权交给了内部利益相关者,但是当企业的经营状况严重危及外部非决策利益相关者时,将会通过特殊的触发机制结束这种委托代理关系。例如 Dewatripont et al.(1994)指出债务投资者(即债权人)虽然能通过债务重组或破产清算等干预手段来降低现金流风险,从而对管理者产生"硬约束"效应,但是,当企业债务超过一定规模时,债务投资者也不能再实施硬约束（Hart，2001）。事实上，企业对于外部利益相关者所承载的职责，是企业从经营管理向社会责任管理的重大演变，第三类代理问题的产生是社会伦理与社会责任对企业提出的新要求，因此是企业内部控制权私利产生的社会伦理基础。

基于上述三类代理问题，社会伦理和社会责任理论推动了对企业内部利益相关者的再认识，传统的委托人为资本所有者，而事实上企业经历一个从要素所有者转化为内部资本的转换过程，因此企业现有的所有权和经营权表现为货币资本、异质性人力资本和环境所有者在内的要素所有权与 Top Team、专业管理公司等表现形式的经营团队，因此两者之间的委托——代理契约实际上就是双方代表签订的，这样就可能出现双方代表是同一主体的情况，例如控股股东，此时就会出现代理人和代理人之间的串谋行为，即两权的形式分离和实际重合，即第四类代理关系，也就是内部人控制（青木昌彦，1994），此时企业大股东作为企业高管通过控制权攫取私利的手段就更为隐蔽和多元化，也更为合理化。4 类代理关系的存在使得控制权私利的准确界定以及形成机制越加趋于复杂，同时也使得控制权私利越来越难以有效控制。但通过上述分析我们可以发现，第四类代理成本是控制权私利实现的制度基础，其结果可能引发第一类、第二类和第三类代理成本的产生，因此其行为模式就呈现出多元性，而代理问题涌现的差异就是控制权私利行为模式的差异，而具体的行为模式要通过具体情境的案例归纳。

五、评论

从制度视角对控制权私利的提出与实质进行剖析与研究，在理论上主要从 2 种研究路径来展开：一是在特定制度假定下，关注交易费用在何种情况下最小化，认为企业和市场是相互替代的资源配置机制（Coase，1937），企业最终目的是节约交易费用；二是在制度既定条件下，形成以委托代理、契约等制度安排为核心的企业理论（Klien，1999）。但制度视角对控制权私利的研究忽略了控股股东行为主体的能动性，主要从制度构建来探析控制权私利问题。

在公司层面，比如李明辉（2009）实证研究发现股权集中有助于降低股权代理成本；勤勉的监事会，董事会独立性的提高，董事长和总经理两职分离可在一定程度上降低代理成本。构建大股东多元化,股权相互制衡的治理机制有利于解决我国上市公司治理问题(王亮等,2011)。法律制度健全层面,如 LLSV(1997、1998、1999、2000 和 2002)研究表明在法律保护相对完善的国家,大股东侵害问题相对不严重。自 2005 年 4 月我国证监会提出对价并轨的改革方案开始,我国资本市场股权分置改革的全面推行,实现非流通股向流通股的转变。随即国内学者对股改后大股东掏空行为做了一些研究。郝颖等(2009)指出由于我国长期股权二元设置以及股改后非流通股流通的渐进性,客观上导致了股票市场控制权接管功能的缺失。王亮等(2011)研究表明第一大股东在股权分置改革后显著减少对上市公司和中小股东的利益侵占,股权分置改革的效果初步得到体现。

第二节 解析:行为视角对控制权私利的研究

新制度经济学最大贡献在于将大股东对中小股东利益侵占行为界定在控制权的理论范畴内,并通过契约分析方法对控制权私利产生的成因进行了初步的解析。但是过于抽象的经济学分析范式,难以对大股东个体行为的复杂性进行进一步的解析,特别是难以通过科学的方法进行实证检验,因此就需要将微观个体的异质性纳入到控制权私利的具体分析过程中,通过行为视角对控制权的微观机理进行分析。随着行为科学、博弈论等理论的兴起,对控制权私利的研究越来越重视主体行为的研究。学术界展开了较为深入的研究,也取得了许多有价值的研究成果。概括起来主要可以归纳为"行为—绩效"模型和行为博弈两个主要的视角。

一、基于"行为—绩效"模型研究

"行为—绩效"模型是立足制度分析框架将实证方法引入公司治理范畴的基本分析框架,通过对控制权私利表现形式的描述,立足效率视角对具体行为的绩效进行验证。

(一)控制权私利的表现形式

在中国转型经济背景下,我国上市公司股权结构高度集中。唐宗明等(2002)、李增泉等(2004)研究证实我国上市公司普遍存在"一股独大"现象。近年来,对控制权私利的研究呈现微观化,逐渐转向大股东掏空的具体行为。例如,大股东在定向增发中存在利益输送行为(王志强等,2010);控股股东通过盈余管理掩盖资金占用(高雷等,2009;林大庞等,2011);通过关联交易进行掏空(李姝等,2009);通过操控重大信息披露、披露虚假信息或操纵财务掏空中小股东利益(吴育辉等,2010);非公开发行资产注入行为存在将"支撑行为"成为变相"隧道挖掘"行为的可能(尹筑嘉等,2010)。

(二)控制权私利行为的效率

控制权私利行为日趋多样化与微观化,大股东控制中小股东会对企业产生两种效应:"堑壕效应"和"激励效应"(Shleifer et al. 1997)、(Dyck at al. 2004a)、(Claessens et al. 2000),即控制权私利对企业绩效存在着"两面性"。与之对应,大股东控制权收益可以分为私有收益和共享收益两部分(Grossman et al. 1988)。其中私有收益是控股股东或内部管理者对中小投资者和外部债权人等其他利益主体的利益侵占,共享收益是所有利益相关者都能获得的效用提升,也即控股股东控制权作用下的企业绩效。

1. "堑壕效应"

"堑壕效应"是大股东控制的负作用,即控制权私有收益,是大股东利用控制权通过定向增发、盈余管理等行为获取隐形收益,侵害中小股东的利益。国内学者已通过实证分析证实了上市公司掏空行为的存在。唐宗明等(2002)指出,我国上市公司普遍存在控股股东侵占小股东的"掏空"现象,并且侵占程度远远高于其他发达国家。李姝等(2010)通过实证说明我国上市公司在重大资产收购关联交易中存在大股东"掏空"行为,并且这种"掏空"行为与股权集中度存在"U"形关系。控制股东的控制权相对于现金流量权越大,其对中小股东的利益侵占欲望更强。终极股东采用不同的方式(直接控制、金字塔控股、交叉持股和多重持股)进行两权分离,并且终极股东采用某种隐蔽手段通过较少的所有权掌握较多的控制权,从而更容易发生各种侵占中小股东利益的行为(马磊等,2010)。在法律制度不完善、缺乏外部监管的情况下,控股股东更可能侵害其他股东的利益以追求自身利益。

2.“激励效应”

控制权私利有可能成为高管为企业创造更高价值的催化剂(郝云宏等,2012)。Shleifer et al. (1986)证明了控制权私利的正面作用,即存在共享收益,并指出一定的股权集中度是必要的,大股东控股并参与公司治理能克服股权高度分散下的“搭便车”问题,缓解股东与管理层之间的信息不对称。大股东不只是单单攫取公司利益,为获得长期稳定收益,在必要时大股东也会表现出积极的支撑行为,依靠其私人资源和能力支持企业发展(Friedman et al. 2003;张光荣等,2006)。Wu et al. (2005)的研究表明控制权收益能够缓解投资不足问题,在企业投资低迷时,一定程度的控制权收益可以增加企业价值。因此,控制权利益并不意味着一定是所有者的损失。

另外,唐跃军等(2009)依据中国公司治理指数(CCGI[NK])对大股东治理机制的选择偏好研究发现,为加强自身对上市公司的控制,第一大股东利用公司治理机制提高公司业绩与价值,从而得到更大份额的好处。同时第一大股东可能在一定程度上改善公司的治理机制,以获得良好的声誉。石水平(2010)对上市公司控制权转移后的超控制权与大股东利益侵占之间的关系研究表明,大股东现金流权的增加将加强大股东与小股东之间利益的一致性,促进控制权共享收益或激励效应的产生。连燕玲等(2012)通过研究大股东的“管家角色”与企业绩效,表明危机冲击下的大股东具有强烈的管家意识而不是对企业进行掏空。此时,大股东的持股比例越高,其管家角色发挥的作用将越大,绩效改善的程度也越高。因此,控制权私利对企业绩效具有激励作用,大股东以追求公司价值最大化的方式获得自身利益最大化,并且对公司管理层施以足够的监督。

二、博弈视角研究

博弈是多决策主体在一定环境条件与规则之下,同时或先后,一次或多次,根据所掌握的信息以及对自身能力的认知,做出利己决策的过程

(张维迎,2011)。博弈论是研究互动策略的理论,关注理性人之间行为的相互影响与决策均衡问题。竞争与合作是博弈论思想的精髓。博弈的类型可以分为合作博弈与非合作博弈,完全信息博弈与非完全信息博弈,静态博弈与动态博弈等。在研究控制权私利时,学术界充分运用了各种博弈方法,研究大股东之间合作与竞争博弈,大股东与中小股东、证监会、经营权的博弈以及大股东影响企业具体决策行为的博弈等。

Gomes et al.(2002)认为多个大股东共同分享控制权是一种新的治理机制,并且由此组成的控制性集团通过事后的讨价还价,能够减少损害中小股东利益的决策行为的发生。为了公司的共同利益和大股东私利,大股东之间的关系为合作与竞争的关系。根据博弈理论,持股比例较大的股东往往实施对公司的监督,而持股比例相对较小的股东采取搭便车行为。在决定一项公司决策时,若不存在中小股东的联合,就需要大股东的合作,若有一方不合作,则项目就不能进行。博弈分析表明,对最大化私利的大股东而言,对长期收益和控制权潜在收益考虑得越大,则大股东之间越可能进行合作,同时相互竞争的可能性越小。由于股东间的信息非对称,股东们的行动存在先后次序,后行动者通过观察先行动者的行动获得信息,从而证实与修正判断。因此,章新蓉等(2009)通过构建不完全信息动态博弈模型,探讨了多个大股东分享控制权条件下的最优股权结构,分析得出只有当各个股东的持股比例比较接近时,他们会倾向于执行监督的职能。王维钢等(2010)构建了大股东控制权争夺的博弈模型,认为企业经营者从公司内部进行控制的利益随着股东拥有的股份增加而增强,股东趋向于提高本身拥有的股份份额,从而适度规避风险。

另一方面,大股东在进行企业决策行为时,面临是否要进行掏空、何时进行掏空以及掏空多少等决策。佟岩(2010)通过控股股东与监管机构之间的静态博弈分析发现,当控股股东没有实现对企业的完全控制时,监管机构的均衡监督概率较大,控股股东倾向于更多选择不公平的关联交易;当控股股东掌握绝对控制权时,控股股东更多选择公平的关联交易。何苦等(2011)基于二元动态博弈分析了国有企业中的隧道效应,认为大股东的掏空行为与中小股东的监督成本呈正比,与法律的惩罚力度成反比。冯根福等(2012)从合作博弈角度出发,引入内生化的讨价还价力,构建了内生化的 Nash 讨价还价模型,分析了管理者年薪、股权极酬与在职消费间的关系。实证检验表明,管理者持股比例增加,能有效抑制其在职消费,从而有利于公司绩效。

三、评论

"行为—绩效"是解析大股东掏空微观机理的分析范式,但现有研究没有确立大股东控制权私利对企业绩效的影响,控制权私利两面性的特征日益凸显。同时,控制权私利的获取是一个动态博弈的结果,是内外部因素共同作用的结果。立足行为视角解析大股东控制权私利行为已达成共识,但基于主体行为视角必须涉及复杂主体特征与环境变量协调适配关系,主体的复杂性与环境的复杂性使得两者之间的关系难以归纳和概括。行为视角研究仍难以解释与解决现有公司普遍存在的大股东利用"合法但不合理、不合情"的手段侵占中小股东的困境。

第三节 提升:伦理决策视角对控制权私利的研究

立足制度和行为视角的控制权私利研究往往是归结为法与经济学之间的价值判断,对于很多大股东掏空行为而言,都并没有突破法律的底线,但是对于资本市场的运作和企业经营而言无疑又存在负面效应。随着社会发展,组织诚信与社会责任越来越受到大众的关注,与企业伦理决策相关的问题研究逐渐成为管理研究的热点与重点。当前企业普遍性的败德行为已经严重危害经济的健康发展与市场的有序进行(吴红梅,2011),中国政府、企业、公众都认识到了商业伦理的重要性。随着发达国家逐渐重视企业道德问题而步入企业伦理时代,我国政府、企业和学术界也已开始关注企业伦理问题。因此,立足社会伦理的更为一般视角,探讨大股东的控制权私利问题无疑将其提升到一个更高的层面加以论证。但由于起步较晚,目前我国对企业伦理的探讨尚处于思辨阶段,立足伦理视角探讨控制权私利问题往往难以从现实绩效的角度加以论证,因为伦理是很难衡量的,因此伦理决策过程就成为有效的切入点。大股东控制权私利行为遵循一般的决策过程,是否掏空对于大股东而言是一个明确的伦理决策困境。控制权私利形成的程度差异,既取决于大股东自身的"欲求"水平,也取决于公司所处的管理情境,因此,这种私利行为不仅受社会法律的"底线"约束,同时对公司的内部制度与社会伦理造成了冲击。大股东在面临伦理困境时如何进行决策并选择行为呢?

首先,伦理决策是多阶段的。Rest(1986)提出了伦理决策的 4 阶段理论,分别为:识别伦理两难困境;做出伦理判断;确定伦理行为意图,即决定以伦理还是非伦理行为做出反应;最后实施具体的伦理行为。根据 Rest 的模型,伦理决策是涉及问题感知、伦理判断、行为倾向和伦理行为的过程,但他的模型中并没有考虑情境与社会变量。为弥补 Rest 4 阶段伦理决策模型的不足,Trevino(1986)提出了人—境互动模型。她认为伦理决策始于伦理两难困境,进而在认知道德发展水平影响下产生伦理认知和进行伦理判断,伦理判断又会受个体和情境因素缓冲。个体因素包括控制源、场依赖等,情境因素包括工作背景、组织文化等,而伦理判断会导致伦理或非伦理行为(Loe et al. 2000)。

Jones(1991)对以往伦理决策模型进行了总结与归纳,认为应该综合考虑决策过程和一些缓冲变量,并提出了问题—权变模型来解释伦理决策的多阶段过程,如图 2-3 所示。问题—权变模型在 Rest 伦理决策模型基础上,综合考虑了环境因素对伦理认知和决策过程的影响,分析了个体、情景、群体和机会等因素在伦理决策过程中的缓冲作用。同时强调了伦理问题本身特征,特别是伦理问题所蕴含的道德强度对伦理决策过程的影响。道德强度是指伦理情景中所隐含的道德问题的严重程度,包括伦理问题中体现伦理决策可能导致的后果严重性、社会一致性、发生可能性、影响及时性、影响密切性、影响集中性[①](Jones,1991)。Jones 等学者认为,伦理决策问题的道德强度会影响伦理决策的各个阶段。问题—权变模型吸收了多阶段伦理决策观点,综合考虑了个体、群体、情景和社会环境因素对伦理决策的影响,提出了伦理决策问题本身的特征、个体因素与情境变量共同决定和影响伦理决策过程的思路。

---

① 后果严重性是指伦理决策行为可能导致的结果大小。社会一致性指社会上对该行为是道德的还是不道德的认同一致性程度。发生可能性指该行为实际上会造成伤害或益处的可能性。影响及时性,即该行为与行为结果之间的时间跨度。影响密切性指决策者与行为对象在社会、文化、心理上的亲密度。影响集中性指伦理行为结果所涉及的影响人群数量。

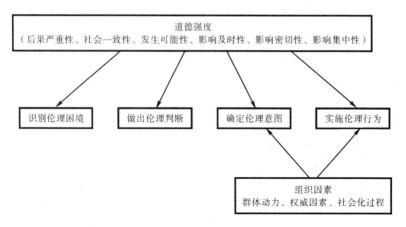

图 2-3 问题—权变模型①

控制权私利背后的大股东行为动机和决策过程是打开其内在形成机理之"黑箱"的关键，基于伦理决策过程视角，大股东控制权私利形成不仅涉及影响因素与情境变量相互适配，同时经历大股东伦理决策的心理过程，这一过程的核心在与伦理因素对大股东个体特征和行为方式的影响，最终形成伦理决策视角下的大股东控制权私利行为模式。

第四节 控制权私利测量方法的演进

大股东的掏空行为即攫取控制权私利，是指控股股东通过其所掌握控制权而能够获取的额外的不为其他股东所共享的收益，包括货币性收益和非货币性收益。但由于大股东掏空行为的难以识别性，攫取控制权私利的隐蔽性，尤其是获取非货币收益的隐蔽（吴冬梅等，2010），对控制权私利运用直接测量的方法是非常困难的。Dyck et al. (2004b)认为只有当控股股东攫取公司资源来获得个人收益的行为非常困难或者不可能时，控制性股东才会这么做。如果控制权私利很容易度量，那么这些收益

① 问题权变模型来源于 JONES T M. 1991. Ethical decision making by individuals in organizations：an Issue-contingent model［J］. Academy of Management Review，(16)：366—395.

就不是私人的,因为外部股东可以通过法律来要求补偿这部分损失。因而,当前大股东掏空行为度量的研究大都是利用间接的方法对其进行度量。

一、大宗股权转让溢价法及其修正

(一)基本方法

大宗股权转让溢价法最早由 Barclay et al. (1989)提出,后来大部分学者的研究也是基于这一方法的修正模型。Barclay et al. (1989)的研究建立在大宗股份的持有者发生变更的基础上,他们认为同股同权且在同一时间内不同数量股票的转让价格应该一致,如果存在不一致的转让价格则说明存在其他影响股票价格的因素,即是否拥有控制权而带来的影响。因此在发生大宗股权转让的情况下,通过估算受让方为控制权支付的每股价格与宣布控制权转移后的第一个交易日的收盘价之差及控制权溢价就可以度量出控制权私利,具体方法是用大股东控制的大宗股份的转让价格 P_t 减去一个基准的价格 P_m,并以股权转让当天的股票价格作为这一基准价格,得出控制权私利。

(二)国内研究发展

唐宗明等(2002)首先用每股净资产代替股权转让当天股票价格,对大宗股权转让溢价法进行了修正。唐宗明等(2005)又考虑到上市公司流通股与非流通股之间的数量关系,将转让溢价水平定义为总的溢价除以被转让公司的市值,而总的溢价则等于每股溢价(具有控制权的股票转让的每股交易价格 P_a 与被转让股份的每股净资产 P_b 之差)乘以转让股数 n,被转让公司的市值等于流通股数 n_1 乘以每股市价 P_m 再加上非流通股数 n_2 乘以每股净资产值 P_b。

邓建平等(2004)通过考虑控制权转移差异会导致股权转让交易出现溢价的情况,提出了一个更为具体的度量模型:$PBC = \dfrac{P_c - NA_c(1+AROE_c)}{NA_c(1+AROE_c)} - \dfrac{P-NA(1+AROE)}{NA(1+AROE)}$,其中 P_c 为控股股权转让时的每股交易价格,NA_c 为控股股权转让时的每股净资产,$AROE_c$ 为控制股权转让的前 3 年平均净资产收益率,P、NA 和 AROE 则分别代表非控股股权的转让价格、非控股股权的当期净资产和发生非控股股权转让交易的样本的前 3 年平均净资产收益率。

韩德宗等(2004)在以控制性股权所占比例 ω 乘以之前公式,即受让方为控制权支付的每股价格 P 与宣布控制权转移后的第一个交易日的收盘价之差的基础上,以每股净资产 A 代替股权转让后的股票价值。

马磊等(2007)则在唐宗明测量模型的基础上,剔除了股份增持方对目标企业增长率的合理预期,再对控制权私利的溢价率进行衡量,并将投资者对目标企业增长率的合理预期定义为上市公司控制权转移前 3 年的平均净资产收益率,得出对控制权私有收益的测度模型为利用交易的股份数占公司普通股总数的比率 SP 乘以剔除增长率预期的转让股价(即以转让时的股票市价 P 减去每股净资产 NP 和股份持有者根据所持股份比例可以获得的预期的正常现金流 CF)与被转让股权的每股净资产之比。

罗进辉等(2011)继承了马磊、徐向艺用每股净资产来代替非流通股市场价格,并扣除了大宗股权交易时对目标企业增长率的合理预期的思路,对增长率的预期采用目标公司前 3 年的平均净资产收益率来代替,用交易的非流通股数占公司普通股总数的比例 α 乘以大宗非流通股的交易溢价(即大宗非流通股的交易价格 P 减去转让股权的每股净资产 NP 与每股净资产之比)与被转让股权的目标公司前 3 年的平均净资产收益率 AROE 之差来计算控制权私利。

二、投票权溢价法

(一)基本方法

Zingales (1995)认为企业的控制权与投票权是相互联系的,如果通过控制权可以获得攫取私人收益,那么包含投票权的普通股股权和不包含投票权的优先股股权就应该存在价格差异。因此,通过比较具有相同现金流量权但是具有不同投票权的股票价格,即衡量具有不同投票权的股票交易价格的差价,可以很好地判断控制权私利水平的高低(贾明等,2007)。Nenova (2003)和 Doidge(2004)将这一方法扩展到多国间控制权私利的研究中,具体方法是利用具有较高投票权的股票的市场价格 P_h 与具有较低投票权的股票的市场价格 P_l 之差比上具有较低投票权的股票的市场价格与企业低投票权股票和高投票权股票的相对数量 $\omega(0,1)$ 乘以具有较高投票权的股票的市场价格之差。

(二)国内研究发展

对于投票权溢价法,国内学者并未展开研究,主要原因是我国国内证券市场并未发行具有不同投票权的股票,所以无法通过计算具有不同投票权的股票指教交易的差价来测度控制权私有收益。

三、大小宗股权配对交易差异法及其修正

(一)基本方法

Hanouna et al.(2001)提出,用控制权交易价格和小额股权交易价格的差额来衡量控制权的价值,并以此度量控制权私利。具体做法是将交易前后都不足 30% 的投票权交易界定为小额股权交易,投票权在交易前少于 30% 而交易后多于 50% 的交易界定为控制权交易,则控制权交易与小额股权交易的价格差额就是控制权私利,即以单宗控制权每股价格与标的公司每股资产的比率的平均值 $\overline{(P/B)}_c$ 与单宗小额股权每股交易价格与标的公司每股净资产的比率的平均值 $\overline{(P/B)}_m$ 之差比上 $\overline{(P/B)}_m$。

(二)国内研究发展

施东晖(2003)沿袭并改进了这一方法,选取一年内同时发生控制权交易和小额股权交易的上市公司,以小额股权交易价格为基准价格,在"一一配对"的基础上直接计算单个公司的控制权价值,利用单个公司控制权交易的每股价格 P_c 与小额股权交易的每股价格 P_m 的差价除以 P_m。吴冬梅等(2010)继承了这一思路,提出采用配对样本的方法即利用在一年内既发生控制权转移又发生非控制权转移的公司转让溢价差额来衡量控制权私利。

四、对我国大股东掏空度量方法的比较分析

(一)大宗股权转让溢价法

唐宗明等(2002)选取了1999—2001年间发生的90项大宗股权转让作为样本数据,并且由于当时我国上市公司的国有股与法人股不能流通,而交易所的股票交易价格仅仅反映了中小股东的支付意愿,并不包括获取控制权的相关收益。因此,他们利用每股净资产代替股权转让当天股票价格,对我国上市公司大股东掏空行为进行度量,发现我国上市公司控制权溢价,即控制权转让价格高出公司每股净资产价值平均水平达到27.9%,用大宗股权所含股份比例乘以转让溢价得出的控制权私利水平为6%。唐宗明等(2005)仍然通过对上市公司大宗股权转让的样本数据进行分析,测算出的上市公司控制权溢价比例为25.08%,控制权溢价水平平均为3%。虽然唐宗明等首先把Barclay et al.(1989)的方法引入国内,但他们没有考虑大宗股权的转让是否伴随着第一大股东的变更。其选取样本中股权转让比例最小的只有1%,只有一般的股权转让涉及控股股东的变更,如果股权转让比例较小,受让方不一定能够获得公司的实际控制权,其转让价格中就不一定包含了控制权私利,因此很可能存在对控制权私有收益的低估。再者,他们没有在控制权私利的度量中剔除其共有收益的部分又可能导致结果被高估,以净资产来衡量企业的现有价值也有些不妥。

邓建平等(2004)指出每股净资产只反映了股票的账面价值而不能反映其内在价值,即企业的盈利能力和发展前景,唐宗明等利用每股净资产作为股权价值评估存在一定缺陷,通过度量大宗股权转让溢价来测量掏空程度也不甚恰当。因此他们将控股股权转让定义为第一大股东变更的股权转让,通过度量非流通股协议转让交易中控股股权和非控股股权转让的差价来度量控制权私人利益,利用非流通股协议转让交易中控股股权和非控股股权转让的溢价之差来度量控制权私人利益,发现我国的控制权私人利益大约为17%,高于国际平均水平。但他们的度量方法并没有考虑到有时虽然由于股权转让导致了第一大股东的变更,也可能存在股权转让比例过低而使得实际控制权并未发生转移,其所测量的控制权

私利存在一定程度的高估。

韩德宗等(2004)认为唐宗明等研究的是大宗股权转让行为而非控制权转移行为,存在对我国上市公司掏空水平的低估,因此他们通过对发生了实际控制权转移的上市公司的样本数据进行分析,发现我国控制权收益为14.1%。但他们仍然沿用了以当期每股净资产替代正常现金流,这样就剔除了预期的未来现金流,也导致了控制权私利被高估。

马磊等(2007)指出,每股净资产不能完全反映对上市公司未来现金流的预期,而只反映了转让时的资产剩余价值,那么对预期经营业绩较好的公司可能会存在对控制权私有收益的高估,而对预期经营业绩较差的公司则可能会存在对其控制权私有收益的低估。因此,他们在唐宗明的测度模型的基础上,扣除了受让方对公司增长率的合理预期,并将其定义为上市公司控制权转移前3年的平均净资产收益率,以上市公司涉及国有股协议转让的股权交易为样本,对中国上市公司控股股东利用控制权攫取私有收益的行为进行了实证分析,得出的结果表明我国上市公司控制性股东的控制权私有收益规模较大,平均占每股净资产的比率达到7.5%。这一度量方法的主要缺点在于,没有区分导致控制权转移的股权交易与小额股权交易,导致其最终测量出的掏空水平被低估。

罗进辉等(2011)则选取了我国A股市场发生了大额非流通股协议转让交易的上市公司作为样本数据,对马磊和徐向艺的方法进行改进,沿用其扣除大宗股权交易时对目标企业增长率的合理预期的思路,对增长率的预期采用目标公司前3年的平均净资产收益率来代替,发现我国上市公司控股股东的控制权私利率平均达到了10.66%,是目前进行掏空程度的度量较为可取的方法。大股东掏空行为的度量方法及掏空程度比较如表2-1所示。

表 2-1　大股东掏空行为的度量及程度比较

测量方法	代表人物	测度方法	测量的掏空程度
大宗股权转让溢价法	Barclay，Holderness（1989）	$PBC = \dfrac{P_t - P_m}{P_t}$	20.4%
	唐宗明和蒋位（2002）	$PBC = \dfrac{P_a - P_b}{P_b}$	6%
	唐宗明等（2005）	$PBC = \dfrac{n(P_a - P_b)}{n_1 P_m + n_2 P_n}$	3%
	邓建平和曾勇（2004）	$PBC = \dfrac{P_c - NA_c(1 + AROE_c)}{NA_c(1 + AROE_c)}$ $- \dfrac{P - NA(1 + AROE)}{NA(1 + AROE)}$	17%
	韩德宗和叶春华（2004）	$PBC = \omega(P - A)/A$	14.1%
	马磊和徐向艺（2007）	$PBC = \dfrac{(P - NP - CF)}{NP} \times SP$	7.5%
	罗进辉、万迪昉（2011）	$PBC = \alpha\left(\dfrac{P - NP}{NP} - AROE\right)$	10.66%
投票权溢价法	Nenova（2003），Doidge（2004）	$PBC = \dfrac{P_h - P_t}{P_t - \omega P_h}$	29.2%
配对样本法	Hanouna，Sarin，Shapiro（2001）	$V_T = \left[\overline{(P/B)}_c - \overline{(P/B)}_m\right]/\overline{(P/B)}_m$ $V_P = (P_c - P_m)/P_m$	18%
	施东晖（2003）	$V = \dfrac{P_c - P_m}{P_m}$	22.6%

　　总体来说，大宗股权交易溢价法对样本的选取有着较高的要求，并且由于我国上市公司拥有控制权的股东持有的股份往往是非流通股，市场分割导致流通股与非流通股之间存在巨大的价格差异，使得这一方法度量存在一定偏差。

（二）大小宗股权配对交易差异法

　　施东晖（2003）认为大宗股权转让溢价法没有考虑非控股股权交易存在的正常溢价，使之不能准确反映控股股东对其他股东利益的侵占程度，每股净资产也不能反映股票的未来的发展前景。因此，他构造了两个研究样本集，以发生了控制权交易和小额股权交易的上市公司为独立样本集，再从中筛选出一年内同时发生控制权交易和小额股权交易的上市公司作为配对样本集，通过计算控制权交易和小额股权交易的价格差额来估算我国上市公司控制权价值,发现我国上市公司的控制权价值平均为22.6%。但由于我国上市公司在同一时间段同时发生控制权交易和小额股权交易的样本极少,施东晖的样本中也只有35家这样的上市公司,可能会造成对掏空水平度量的高估,不具有代表我国上市公司掏空水平的普遍性。

第五节 控制权私利的影响因素

影响控制权私利水平的因素主要有制度层面、产业层面和公司层面等方面的因素。

一、制度层面

La Porta et al.(1998)对49个国家保护投资者利益的法律法规进行了研究,结果表明英美系对投资者的利益保护强度最大,德国和斯堪的纳维亚国其次,保护最弱的是法国。通过进一步比较,他们发现法律对投资者利益保护较强的国家,其大股东对小股东利益侵害的程度较低。反之法律保护强度越弱,这种侵害行为越严重。Nenova(2003)以投票权交易超过半数的企业为样本,研究了法规、公司规模和交易量对控制权私利大小的影响,他对1997年18个国家661家具有双层投票权的公司进行了实证研究,发现法制环境、执法力度、投资者保护、收购法规和权力集中的公司章程规定解释了国家间具有控制权的投票权价值差异的68%。Dyck et al.(2004b)对39个国家的控制权私利水平进行了分析和比较,理论表明更高的控制权私利水平都与欠发达的资本市场、更集中的所有权、更私下的协商私有化相关。同时,他们还发现法律和额外的法律机制都是遏制控制权私利的重要因素。但是,在多变量分析中,媒体的压力和税收执法似乎是占主导地位的因素。

二、产业层面

Dyck et al.(2004b)对39个国家的跨国研究还发现,固定资产比重低的行业，如金融、运输、公共服务业等行业，其控制权私利大小比固定资产比重高的行业，如传统制造业来得高。林朝南等（2006）对我国上市公司控制权私利水平的行业特征的实证研究发现，我国上市公司的控制权私利水平行业差异明显，行业差距越大，控制权私利水平就差距越大。排除其他因素的影响，行业特征能解释控制权私利大小差别的17.2%。

三、公司层面

Barclay et al. (1989)对1978—1982年期间在纽约证券交易所和美国证券交易所上发生的至少5%股权交易的63例大宗股权交易的研究表明，规模大的企业，控制权私利水平普遍也大；公司净收益好的企业，其控制权私利水平也高；公司债务对控制权私利水平的影响不确定。Nicodano at al. (2004)研究发现公司规模与控制权私利呈正相关，财务杠杆与控制权私利的关系不显著，公司所有权越集中，投票权溢价越小。邓德强等（2007），使用其修正Barclay Holderness计算方法后的模型对我国1995—2004年期间上市公司231起控制权转移的大宗股权交易进行了研究，发现控制股东持股比例与控制权私利水平同向变化，公司规模、财务状况同控制权私利水平反向变化。刘亚莉等（2010）对我国A股市场大小非解禁后大股东减持转让股权的溢价及其影响因素进行了分析和研究，发现解禁后大股东皆通过减持股权获得转让溢价，但控股股东比非控股股东获利更多，因此减持成为获取控制权私利的一个新的方法。同时，实证结果表明，股权转让溢价与控股股东的控制权大小正相关，与股权制衡度、经营绩效负相关。

四、控制权私利对其他方面影响的研究

角雪岭（2007）对2004—2005年期间1 779家上市公司的数据进行了分析，发现在终极控制人对股东大会具有超额控制权的国有上市公司中，公司绩效受到了显著的负面影响。而在不具有超额控制的国有上市公司及私有上市公司中，则存在明显的"利益趋同"效应。黄木花（2009）对2007沪深两市442家上市的民营公司进行了研究，发现在我国民营上市公司，金字塔持股结构普遍存在，并造成了控制权和现金流权的分离。

且分离度高的公司和分离度低的公司,其公司绩效存在显著差异,分离度越高,公司绩效越差。俞红海等(2010)根据 La Porta et al.(1999a)的终极控制权理论,研究了我国上市公司 2006—2007 年的终极控股股东数据,发现控制权水平对过度投资有明显的正向影响,其结论证明了终极控股股东利用掌握的控制权侵害投资者利益的事实。彭白颖(2011)对2004—2008 年期间沪深两市的 492 家民营公司进行了研究,发现公司价值与最终控制人的现金流权呈正相关,而与控制权和现金流权的两权分离度呈负相关。曹裕等(2010)根据现金流组合对 2005—2008 年期间我国 752 家上市公司的生命周期进行了划分,研究了不同类型最终控制人的控制权、现金流权和两权分离度对公司价值的影响。结果发现,公司价值与最终控制人控制权和现金流权都呈负相关,而两权分离度会对处于成长期和成熟期的公司其价值造成负面影响,国家最终控制的企业尤甚,反之对处于衰退期的公司其价值造成正面影响。刘星等(2010)根据企业内部资本配置理论构建了一个企业价值期权模型,研究了控股股东的现金流权及两权分离度对资本配置决策和企业价值的影响。结果表明企业资本配置效率和企业价值皆与现金流权正相关,企业资本配置效率和企业价值皆与两权分离度负相关。李延坤(2011)对 2003—2010 年期间沪深两市上市公司控制权和现金流权两权分离度影响公司价值的程度进行了分析,结果表明公司价值同终极控股股东现金流权正相关,同两权分离度的关系呈倒“U”形。国家最终控制的上市公司比其他上市公司,其公司价值受两权分离度的负向影响更大。

综上研究成果,各学者对控制权私利度量方法和影响因素方面的研究成果丰富,但在控制权私利对其他方面的影响的研究尚待丰富。在对控制权私利影响公司绩效的研究中,考虑的变量都还主要是公司规模、财务杠杆之类,有待考虑更多变量的影响。

第六节　文献述评

尽管控制权私利在公司治理研究中得到了广泛关注,特别是随着不完全契约理论、公司治理理论和控制权理论的兴起,国内学者从不同的角度对控制权私利展开了深入讨论,也取得了许多有价值的研究成果,但综观现有研究,对伦理决策视角研究尚处于思辨阶段,仍有诸多不足,有待完善。通过对现有文献梳理,本书认为以下几个方面是进一步研究的方向。

首先,委托代理关系的日趋复杂,要求进一步探讨控制权私利的形成机制。已有研究从代理关系的角度得出控制权私利的"侵害"本质,认为大股东对公司财产的侵占是对中小股东利益的侵占。但是,覃家琦(2010)基于法人独立视角研究指出,这种观点忽略了法人价值的中介地位。事实上,大股东的掏空行为直接侵占的是公司法人的价值;公司法人利益的受损导致中小股东利益的受损。因此,Jensen et al.(1976)指出的代理问题将不仅表现在股东与管理者、债权人与管理者、股东与债权人之间,而且表现为股东与公司法人之间。另外,现有的代理框架难以解释控制权私利的"激励"本质。所以,必须拓展已有的代理分析框架,深入分析控制权私利的复杂形成机制。

其次,控制权私利行为的复杂性要求从制度、行为与伦理决策视角相结合的整合性框架进行研究,如图2-4所示,立足行为博弈的实验经济学识别控制权私利成为公司治理的新工具。研究控制权私利行为时,对控制权私利的度量是关键。现有研究大都采用间接的方法对其进行度量,使得控制权私利与企业绩效的关系比较模糊。而实验经济学是检验行为经济学理论的重要手段之一,也是公司治理研究领域的新工具。基于博弈论的实验则是沟通微观与宏观的桥梁,它主要研究少数人之间的议价(金煜等,2003)。对大股东控制权私利行为进行实验研究,实际上就是对大股东这样的小团体交互行为的研究。实验的证据是无可辩驳的,但重要的是解释影响行为的要素。引入策略互动的实验经济学方法,基于最后通牒博弈实验、独裁者博弈实验和第三方惩罚博弈实验设计,嵌入中国本土管理情境,必将推动控制权私利的相关研究。

最后,立足高管战略决策过程,将伦理因素涉入决策过程是打开大股东控制权私利行为之"黑箱"的新方向。大股东控制权私利的形成过程不仅是个人的主观行为,还是立足高管群体的战略决策过程。当前大股东控制权私利与企业绩效之间的复杂关系,很大程度上是由于控制权私利行为可能介于"法—理—情"之间,因此立足伦理视角能够更为明晰地解析控制权私利行为,揭开控制权私利形成的核心机理,如图 2-4 所示。大股东获取控制权私利行为根据程度不同大致可以分为 3 类:(1)"闯红灯",通过非法手段获取利益,是程度最为恶劣的控制权私利模式;(2)"擦边球模式",没有触犯法律但有违公司规章制度,或者钻公司制度漏洞的控制权私利模式;(3)"蚕食者模式",没有触犯法律,也没有违背公司的规章制度,但是作为游戏规则的制定者,大股东可以通过控制权建立自己的帝国,建立完全体现自己利益的公司治理,通过合理合法手段"掏空"企业。如图 2-5 所示。

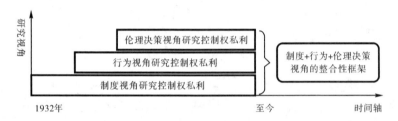

图 2-4　控制权私利研究:一个整合性框架

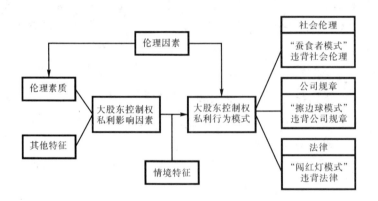

图 2-5　控制权私利行为的决策过程分析

第三章 中国上市公司控制权私利形成机理分析

第一节 控制权私利形成的动态过程分析

一、大股东控制私利形成的制度基础

在新古典理论看来,控制权市场具有促进资源配置和解决公司代理问题的功能,而这些功能的发挥需要完全契约支持下的产品市场、经理市场和股票市场等条件。早期公司治理的研究主要集中于股东与经理人之间的利益冲突,在崇尚股东利益至上的理念下,寻找一套制度来约束和激励经理人忠诚于股东。其中一个完美理想的办法就是在股东与经理人之间建立完全契约,规定经理人在所有可能情况下的行为。但完全契约包含了预知和不可预知的所有权利义务事项,不存在所有权问题。显然这是不切实际的,现实问题使得契约是不完备的。伴随着不完全契约理论的发展,若仅从现金流角度分析主体间的利益分配与激励问题,显得有点不尽人意。因此学者们引入了控制权配置进行分析,认为必须通过一定的控制权配置来引导管理者的积极行为,从而弱化公司内部的利益冲突。同时新产权理论将企业控制权收益的配置划分为两个阶段:在初始契约条件下,委托人和代理人根据明确的契约描述进行利益划分,代理人获得与自身能力匹配的明确契约收益;但是由于初始契约难以将未来发生的所有事件都包含进去,契约中未尽事项的决策权也就是剩余控制权就将对企业的未来收益进行二次配置。因此,剩余控制权是企业的一种稀缺资源,是大小股东与代理人通过外部控制权市场和内部控制权的激烈博

弈,形成最终的权利归属;当前实践中大股东往往获得该权利。掌握控制权的一方通过自身的使用,产生了控制权的共享收益和控制权的私人收益(Grossman et al. 1988)。其中共享收益是所有利益相关者都能获得的效用提升,往往和企业绩效过度一致;而私人收益则是掌握控制权的控股股东或内部管理者对中小投资者和外部债权人等其他利益主体的利益侵占,也就是控制权私利。

对中小股东来讲,大股东参与公司经营,能够积极监督经理人的行为,并且利用投票权对经理人施加压力,可以有效缓解股东与经营者之间的矛盾,降低第一类代理成本,从而为创造更多的公司价值做贡献。大股东从中可以获得应有的部分收益,同时中小股东不花费任何成本就可以"搭便车",得到共享收益,但该行为会降低大股东的积极性。因此,在这种情况下,大股东就会采取行动。另外,在控制权配置的过程中,如果大股东凭借其资本结构的股份优势以及经营过程中的信息优势获得了剩余控制权,那么,他的最终收益就包括了初始契约界定的明确收益以及控制权私人收益,而其他利益相关者获得的是控制权共享收益。一旦大股东与其他利益相关者,特别是中小股东之间的收益失衡,就会导致大股东"掏空"企业、中小股东"用脚投票"的不利局面。如何有效控制大股东收益与其他利益相关者收益之间的平衡,就需要对控制权控制形成收益的微观过程进行进一步的解析。

二、大股东获取控制权私利的动机

尽管大股东控制权收益可以表现为共享收益和私人收益两个方面,但是两者之间的边界界定并不容易。大股东控制权私利行为首先是基于大股东的控制权人地位以及追求自身利益的冲动,这是大股东控制权私利的内在机理力量,决定它的刚性边界。这可以从大股东基于代理人身份的薪酬契约以及基于股东身份的现金流权益两个方面表现出来。在一般情况下,为降低"第一类代理成本",企业所有者通过与代理人签订薪酬契约对企业的剩余进行分配。扣除了股息、房租、工资与利息后的企业剩余,往往是企业控制权配置后由于代理人的异质性人力资本投入所产生的收益总和。在代理人的薪酬契约中,委托代理双方通过博弈形成控制权共享收益与私人收益之间的划分,这个私人收益中特别包括了代理人薪酬这个刚性的部分。代理人利用权力可以影响自身的薪酬契约,使得薪酬具有向上和向下的刚性;而薪酬业绩敏感性存在非对称现象,即企业绩效提高时,薪酬的增加幅度显著高于企业绩效下降时薪酬的减少幅度,说明其有谋取私利的动机(刘星等,2012)。另一方面,无论是经理人还是大股东获得了控制权,在企业的经营活动中都投入了自身的异质性人力资本,薪酬收入就是经理人或大股东自我价值的体现,这部分收益往往是具有下限约束的。当大股东获得了企业的实际控制权,但是在薪酬契约制订时因为受到企业其他股东的制约,将这部分刚性收益界定在低于大股东自身价值的水平时,大股东就会通过自身拥有的控制权,获取额外的控制权私利来实现自身的价值,此时控制权私利获取的动机就会萌发。控制权大于现金流权时,大股东利用其控制权对中小股东进行掠夺,导致公司造成较大的利益或声誉损失,但此时大股东得到的私人收益远大于其因公司整体价值减少而失去的份额或共享收益。正如刘少波(2007)指出:基于利己本性,大股东有可能在获取合理控制权收益外,谋取更多的私利,而这部分收益就是超控制权收益。与此相反,如果大股东获得薪酬契约收益是符合自身价值预期的,在不考虑大股东个人伦理道德水平时,其攫取控制权私利的动机就会降低。

委托代理双方初次契约的制订结果,在大股东治理模式下,将直接影响大股东控制权私利边界确定的复杂性。大股东控制权私利行为首先是基于大股东的控制权人地位以及追求自身利益的冲动,这是大股东控制权私利的内在激励力量。大股东追求与其控制权人地位相适应的正常权益(主要是薪酬收益)构成了大股东控制权私利的基础与刚性边界。而大股东行为与企业绩效关系的复杂性则决定了大股东控制权私利行为的共享收益边界的模糊性。当控制权配置形成的收益分配边界位置过于挤压大股东的收益时,就使得大股东凭借其控制权人地位扩张控制权私利边界成为可能。此时初始控制权配置形成的私人收益与共享收益的界定状态就不再处于均衡的稳定状态,而是由大股东刚性收益形成了向外扩张的压力,这就使大股东控制权私利的边界具有了弹性。一方面,大股东追求自身利益的冲动会激励他们不断地探索和冲击道德伦理的限制,甚至突破法律法规的底线;另一方面,日益复杂的委托代理关系以及公司治理环境对大股东追求其他利益相关者不能获得的独享收益或者控制权私利产生制约力量的同时也可能伴随了许多的漏洞,给了他们追求控制权私利的行为空间,使得大股东控制权私利的边界有了一定的弹性。此时,私人收益与共享收益之间划分的边界位置就不再是焦点,更为关键的这个边界的形态特征,因为它将决定大股东通过什么样的策略来获取额外的控制权私利。

三、大股东获取控制权私利的方式

大股东控制权私利的获取及其边界的确定实际上是一个动态博弈的过程,也是大股东凭借其控制权人地位不断挤压控制权共享收益边界、扩张控制权私利的结果。根据大股东控制权收益的来源和表现方式不同,我们将其分为两类:刚性收益和弹性收益。刚性收益体现为控制权人自身管理能力的定价(特别是经理控制的情况下),表现为底薪和必需的在职消费和工作条件等,由于这个部分是控制权人工作的保障,具有刚性。弹性收益是与企业绩效相关的另一部分收益,表现为控制权人通过掌控控制权获得其他利益相关者不能获得的独享收益,如较高的在职消费和其他隐性收入,具有弹性,因而对控制权人的激励效应明显。因此控制权私利的形成主要体现在其边界的确立上。控制权私利具有两面性,在一定程度上的确对大股东有激励效应,但过度的控制权私利势必将不利于企业的长远发展。控制权人在攫取高额私利时,也承担了额外风险,如果掏空过度,会让企业绩效迅速下滑,导致出现“杀鸡取卵”的严重后果,同时其自身在资本市场的声誉也将下滑。相反,若一味地追求企业绩效,会使控制权人激励不足,不利于企业发展。因此,问题的关键在于把握控制权私利与企业绩效间的传动机理,即控制权私利的形成边界。立足前期的研究,本书构建了大股东刚性收益、弹性收益与企业绩效的边界渗透传导模型,如图 3-1 所示。

具体而言,在实践中,大股东控制权私利的刚性边界具有单向的渗透性和扩张性,而弹性边界具有不同的形态。在弹性边界清晰,且具有一定强度时,大股东想提升自身私利水平,就需要更多地兼顾其他利益相关者或者企业发展,在扩张私利弹性的同时带动企业绩效的增长,形成同步扩张。甚至当外部环境影响企业绩效下降时,大股东有可能降低私利弹性,与企业绩效弹性边界共同收缩。而在弹性边界模糊或缺乏强度时,大股东追求控制权私利的内在冲动就会使大股东控制权私利的边界渗透和扩张到企业绩效中,蚕食共享收益,形成掏空或自肥现象。这在外部环境有利、企业绩效扩张的情况下可能还并不明显,而在外界环境变化使得企业绩效收缩时,由于控制权私利的弹性边界,大股东控制权私利并不一定会随之收缩,可能会出现企业绩效骤减但大股东控制权私利依然很高的情况。

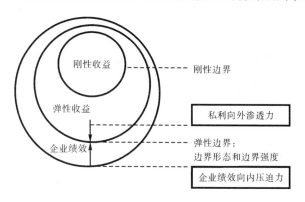

图 3-1　控制权私利二次配置的动态博弈

第二节　控制权私利形成中的主体行为分析

上述从制度—大股东掏空—企业绩效的思路对大股东获取控制权私利的动态过程进行了分析,制度影响大股东的掏空行为,而掏空行为必然会影响企业绩效。为进一步建立模型和阐明假说,本书对控制权私利形成中的主体行为进行效用分析,在 LLSV(2000)模型的基础上做了一定改进。假设公司仅有一位大股东,其持股比例为 $\alpha(0 \leqslant \alpha \leqslant 1)$,公司将资金 I 投入于收益率为 R 的项目,且假设公司的一般经营成本固定为 0,则盈利为 IR,公司将所有的盈利分配给股东。而大股东利用其控制权对公司进行掏空,假定掏空程度与大股东持股比例 α,以及公司治理水平 $k(k>0)$ 有关。掏空使股东共享收益减少了 $C\left(\dfrac{\alpha}{1-\alpha}, k\right)$,其中 $\dfrac{\alpha}{1-\alpha}$ 表示大股东与中小股东持股比例之比。而大股东真正能获得多少控制权私利还与其转化能力有关,本书将转化能力设为 r。设定该转化能力与企业制度相关,若中小股东对大股东进行监督并发现,则 $r=0$,此时大股东不能获得控制权私利;否则 $r=1$。

此外,大股东持股比例与企业共享收益有着较高的关联度,当大股东持股比例增加时,其与企业共享收益的关联度增大,从而影响大股东的行为。因此引入函数 $\lambda(\alpha)$,且假设,表示大股东持股比例越大,其与企业共享收益关联度越高,会抑制大股东的掏空行为。

$$U_L = \lambda(\alpha)\alpha\left[IR - C\left(\frac{\alpha}{1-\alpha}, k\right)\right] + rC\left(\frac{\alpha}{1-\alpha}, k\right) \qquad (3-1)$$

因此,大股东利用控制权进行掏空之后,大股东获得的收益如下:

$$\begin{cases} \lambda(\alpha)\alpha\left[IR - C\left(\frac{\alpha}{1-\alpha}, k\right)\right] + C\left(\frac{\alpha}{1-\alpha}, k\right) \\ \lambda(\alpha)\alpha\left[IR - C\left(\frac{\alpha}{1-\alpha}, k\right)\right] \end{cases} \quad (\text{监督不发现})$$

$$(3-2)$$

由于大股东持股比例与公司治理水平相对独立,所以:

$$C\left(\frac{\alpha}{1-\alpha}, k\right) = C\left(\frac{\alpha}{1-\alpha}\right) + C(k) + C\left(\frac{\alpha}{1-\alpha} * k\right) \qquad (3-3)$$

从 $\dfrac{C\left(\frac{\alpha}{1-\alpha}, k\right)}{\partial \alpha} = C_\alpha = \dfrac{1}{(1-\alpha)^2} + kC\alpha\dfrac{1}{(1-\alpha)^2} = \dfrac{(1+k)1}{(1-\alpha)^2}C\alpha$ 而式(3-3)

在式(3-1)情况下,对 α 求偏导,并令之为 0,简化得:

$$\frac{\partial U_L}{\partial \alpha} - [\lambda(\alpha)\alpha + \lambda(\alpha)]\left[IR - C\left(\frac{\alpha}{1-\alpha}\right), k\right] + [1 - \alpha\lambda(\alpha)]\frac{\partial C\left(\frac{\alpha}{1-\alpha}, k\right)}{\partial \alpha}$$

$$(3-4)$$

结合式(3-3)和(3-4)移项得:

$$C_\alpha = \frac{IR - C\left(\frac{\alpha}{1-\alpha}, k\right)}{[1-\alpha\lambda(\alpha)](1+k)}(1-\alpha)^2\left[-\lambda(\alpha)\alpha - \lambda(\alpha)\right] \qquad (3-5)$$

由于,$0 \leqslant \alpha \leqslant 1$,当 $\alpha \to 1$ 时,$\lambda'(\alpha)\alpha \to -1$,$\lambda(\alpha) \to 0$,则 $C_\alpha' > 0$;而当 $\alpha \to 0^+$ 时,$\lambda'(\alpha)\alpha \to 0$,$\lambda(\alpha) \to 1$,则 $C_\alpha' < 0$。所以 α 与 C_α 呈现一种非线性关系,即提出本书的派生假设 1。

派生 H_{3-1}:大股东持股比例与控制权私利呈非线性的"U"形关系,也即股权集中度与控制权私利呈"U"形关系。

另一方面:

$$\frac{\partial U_L}{\partial k} = [1 - \lambda(\alpha)\alpha] \frac{1}{1-\alpha} C_k \qquad (3\text{-}6)$$

由于公司治理水平越高,越不利于大股东掏空,所以 $C_k < 0$,从而 $\frac{\partial U_L}{\partial k} < 0$,即提出本书的派生假设 2。

派生 $H_{3\text{-}2}$:公司治理水平的提高能够在一定程度上制约大股东的掏空行为,减少控制权私利。

另外股东之间相互监督还会达到股东制衡的效果,因此股权制衡度越高,大股东的侵害能力就越弱。本书将股权集中度和股权制衡度一起来表示股权结构。股权制衡主要由第二至第五大股东及第二至第十大股东的股权制衡度进行衡量。而针对公司治理水平,本书主要考察董事会及独立董事制度。董事会制度主要用董事会持股数进行表示。另外,由于大股东具有信息优势,在缺乏监督与约束的情况下,其经济人本性决定了他有尽自己最大努力,追求自身利益最大化的倾向,从而忽视或牺牲了中小股东的利益。基于该判断,独立董事制度应运而生。独立董事制度的目的在于保护中小股东的合法权益,维护公司整体利益,完善了董事会制度。独立董事制度主要用独立董事比例来表示,当独立董事比例高时,董事会的独立性就越高,对大股东的监督力就越高,越有利于制约大股东的掏空行为。因为进一步提出以下假设:

$H_{3\text{-}2a}$:独立董事比例越大,董事会独立性就越高,越能监督和制约大股东的掏空行为,减少控制权私利。

$H_{3\text{-}2b}$:董事会持股数越多,董事会独立性就越高,越能监督和制约大股东的掏空行为,减少控制权私利。

第三节　中国上市公司控制权私利绩效影响分析

一、内部治理视角

控制权私利行为日趋多样化与微观化,大股东控制中小股东会对企业产生两种效应:"堑壕效应"和"激励效应"(Shleifer et al. 1997;Dyck et al. 2004；Claessens et al. 2000)，即控制权私利对企业绩效存在着"两面性"。根据文献综述及控制权私利形成的动态过程分析，我们晓得并非所有的控制权私利都会导致效率缺失，但很多学者还是从效率、成本视角来研究。由于控制权私利影响公司价值的同时，也侵害了中小股东的利益，导致大股东与中小股东之间的利益分配不匀，所以 Hyun(2004)提出控制权私利具有价值转移效应和效率成本效应。另外，现有的主流研究多将控制权私利定义为对公司整体价值的侵害，Johnson et al. (2000)研究指出控股股东具有强烈谋取私人收益的倾向，并且其有能力获得其他股东都没法获取的收益。唐宗明等(2002)直接将控制权私利定义为控股股东侵害度。施东晖(2003)实证检验得，在控制权交易中并不存在控制权的共有收益，新进入者获取控制权的主要动机就是为了掏空上市公司，获取控制权私利。李姝等(2010)通过实证说明我国上市公司在重大资产收购关联交易中存在大股东"掏空"行为，并且这种"掏空"行为与股权集中度存在"U"形关系。

但也有一部分学者研究指出，控制权私利具有正面价值。Wu et al. (2005)的研究表明控制权收益能够缓解投资不足问题，在企业投资低迷时，一定程度的控制权收益可以增加企业价值。因此控制权利益并不意味着一定是所有者的损失。刘少波(2007)从控制权私利的定义、表现、来源进行分析，指出若将控制权收益定性为侵害，有可能扭曲了控制权私利的实质，抹杀了控制权配置对高管的激励效应，同时也忽视了大股东控制权私利的提升带动企业绩效上涨的情况，会出现一系列无法解释的与现实不符的悖论，并不能真正反映其全部内涵。控制权私利可以在均衡状态下长期存在的理由何在呢？因此，刘少波(2007)和徐细雄等(2008)对控制权收益与大股东侵害理论做了一定的修正，提出了超控制权收益的概念。

因此，就现有研究而言，学术界对大股东控制权私利对企业绩效的影响没有达成一致的意见，存在掏空或支持之说。唐宗明等(2002)、李姝等(2010)、马磊等(2007)等学者认为大股东利用控制权采取具体行为对公司进行掏空，获取隐形收益，造成公司资源的转移，直接或间接地影响了公司的现金流，影响企业的正常运转，损害中小股东的利益，不利于企业业绩。另一方面，Friedman et al. (2003)，张光荣等(2006)，唐跃军等

(2009),连燕玲等(2012)等学者指出控制权私利的正面价值,尤其在公司面临危机时,大股东会表现出积极的支持行为,利用其自有资源来支撑公司发展。因此,理性的中小股东在大股东治理公司的利与弊之间权衡与博弈。基于上述分析,我们可知大股东控制权私利的获取是大股东凭借其控制权人地位不断挤压控制权共享收益、扩张控制权私利的结果,存在刚性边界和弹性边界,最终控制权私利与企业绩效之间可能会出现 4 种情况:高控制权私利,高绩效、低控制权私利,高绩效、低控制权私利,低绩效和高控制权私利,低绩效。本书分别把这 4 种情况定义为:携手并进型、奉献型、风雨同舟型和掏空型。相关情况如图 3-2 所示。

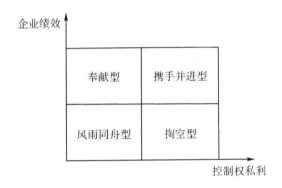

图 3-2　控制权私利影响企业绩效的矩阵分析

所以,合理的控制权私利对于企业的可持续发展是有利的,大股东会很有积极性去监督、管理公司,控制权私利与企业绩效的发展会达到携手并进型,即高绩效,高控制权私利。但研究结论的不一致,使得我们不禁提问:(1)大股东控制权私利是否存在一个区间,在这一区间内,大股东控制权私利越高,越有利于大股东获得合理的控制权收益,从而越有利于公司发展;(2)是否还存在另外的区间,在这一区间内,大股东控制权私利越高,获取了太多的私利,从而影响了企业绩效。徐菁等(2009)研究指出,大股东分享的控制权共享收益是具有一定底线的,是大股东为完善公司治理、提升公司价值而付出的成本,包含取得成本、执行成本和维持成本。当大股东控制权收益不超过该底线时,大股东对公司的侵害就可以忽略,反而能促进公司发展,因为此时大股东获得了其应有的成果,会更加努力积极经营,达到激励效果最优。所以本书大胆提出探索性的假设:

　　H_{3-3}:大股东控制权私利与企业绩效之间呈现负向的反"S"形相关关

系(如图 3-3 所示),即为倒"U"形曲线和"U"形曲线的组合。

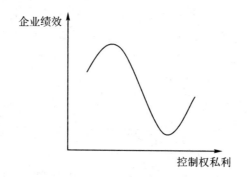

图 3-3　控制权私利与企业绩效的关系

另一方面,Jensen et al.(1976),徐向艺等(2008)等学者的研究结果及本章控制权私利形成的动态过程分析均显示,当大股东持股比例在较低水平时,大股东侵占中小股东利益的动机随着持股比例的增加而提高,从而侵害程度提高,企业绩效减少;当大股东持股比例达到一定程度后,大股东的利益达到最大,侵害程度减少,与企业绩效出现利益协同效应。因此,本书提出假设:

H_{3-4a}:股权集中度与公司绩效呈非线性的正"U"形关系。

H_{3-4b}:股权制衡度越高,越有利于企业绩效的提升。

同理,股权制衡、董事会制度及独立董事制度有助于改善公司治理,降低控制权私利,能够提高企业绩效。因此,本书提出类似假设:

H_{3-5}:公司治理水平的提高在一定程度上能够提升企业绩效。

H_{3-5a}:独立董事比例越大,越有利于企业绩效的提升。

H_{3-5b}:董事会持股数越多,越有利于企业绩效的提升。

综上所述,本书从控制权私利形成的动态过程分析到该过程期间的主体行为效用结构,再到分析控制权私利行为对企业绩效的影响,按控制权配置—控制权私利—企业绩效的思路,我们可得企业绩效是一个关于控制权私利和公司内部治理各变量的函数,根据假设,得企业绩效＝f｛股权集中度,股权制衡度,董事会制度,独立董事制度,控制权私利｝。其中股权集中度、股权制衡度、董事会制度与独立董事制度是调节变量,对控制权私利和企业绩效都会产生影响,企业绩效与控制权私利的关系受到这些调节变量的影响。因此控制权私利影响企业绩效的机理模型如图

3-4 所示。

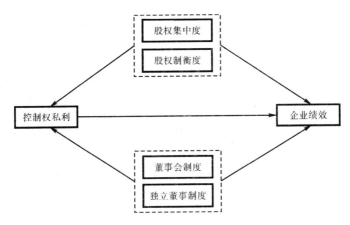

图 3-4　控制权私利影响企业绩效的机理模型

二、外部环境视角

林朝南等(2006)使用赫芬因德指数反映行业竞争强度,研究了行业特征对控制权私利大小的影响,并发现我国上市控制权私利的行业差别很大,竞争度越强的行业,控制权私利越小。同样,早在 1997 年,Nicke 在对英国 580 家企业的生产率增长率与行业竞争度间的关系进行研究时发现,行业竞争度与公司控制权间有相互替代的作用。Dyck et al. (2004b)的研究也表明行业竞争度与控制权私利大小呈反向关联。但本书认为,行业竞争度不仅影响控制权私利的大小,而且影响控制权私利影响公司绩效的过程。试想,对于一个企业而言,控制权私利就如同企业资金的一个漏损。对于面临着较强行业竞争的企业,每一分漏损可能导致企业在竞争中处于失败的境地,从而给公司绩效带来严重负面影响。而对于面临的行业竞争较小的企业,其由于漏损在竞争中的失败带来的影响就小一些。所以,基于两种情形的比较,我们认为行业竞争度对控制权私利影响公司绩效的过程有调节作用。

H_{3-6}:行业竞争度越强,控制权私利对公司绩效的影响越大;反之,行业竞争度越低,控制权私利对公司绩效的影响越小。

角雪岭(2007)在分析 2004—2005 年期间 1 779 家上市公司的数据时,发现金字塔结构普遍导致两权分离,且出现超额控制权的国有上市公司的绩效受到了显著的负面影响。本书在此基础上认为,金字塔结构的层数对控制权私利影响公司绩效的过程也有影响。金字塔层数越多,最终控制人获得每一分私利所经过的途径(漏损途径)就越长、越隐蔽。考虑前面提到的"私利回流(tunnel back)"行为(本书认为实际控制人不是短视的,维持公司的持续经营才能使得实际控制人获得长久私利),Bai et al.(2002)认为 ST 公司的实际控制人会为了防止公司失去上市公司资格,通过"隧道"转回之前获取的控制权私利。若公司漏损的途径过长,即金字塔层数过多,其"私利回流(tunnel back)"的途径也过长,在面临危机(不仅指 ST 危机,这里将危机的概念放大)时势必影响私利的回流,从而影响公司绩效的恢复。相比那些金字塔层数少的企业,其回流迅速,可以很快拯救公司绩效。

所以,本章提出 H_{3-7}:金字塔层数越多的企业,其控制权私利对公司绩效的影响程度越大。

郝颖等(2009)根据国内外现有理论研究成果分析了不同形态投资对获取控制权私利的影响机制和差别。实际控制人通过无形资产之类的投资可以更隐蔽地攫取控制权私利,影响控制权私利的大小。而我们认为,实际控制人的投资形态(用各种形态的资产占比表示)还能影响控制权私利影响公司绩效的过程。因为控制权私利作为公司资金的一个漏损,其影响公司的绩效过程势必会经过公司各种资产的运营。不同形态的资产、不同的资产结构会对此过程产生不同的影响,故而我们认为公司的资产结构会调节控制权私利影响公司绩效的过程。

第四章 内部治理与控制权私利:理论分析与实证检验

第一节 引言

相对于英美发达国家,我国上市公司存在股权结构高度集中、内部人控制问题严重等现象,外部法律与证券市场监管体系还不完善。在这种制度背景下,掌握企业控制权的创始大股东(控股股东)或内部经理人通过多种"隧道"攫取控制权私利,严重侵蚀着中小股东和外部债权人等利益主体的利益。

自 Grossman et al.(1980)提出控制权概念以来,控制权私利就成为现代公司治理研究的核心问题。关于大股东或控股股东控制权的度量、影响因素及大股东攫取控制权行为对公司价值或绩效的影响方面,国内外学者进行了大量的相关研究。在已有的研究文献中,大股东特征及其治理的相关研究主要集中在上市公司大股东控制与公司价值或绩效的相关研究,对于大股东控制与控制权私利方面的研究不够系统,忽视了大股东特征与控制权私利的内生性问题,即大股东特征与控制权私利的相关性问题研究。本书将基于非流通股控股转让与非控股转让的视角对大股东特征与控制权私利相关性进行实证研究,即大股东持股比例与控制权私利的关系、大股东股权属性与控制权私利的关系以及大股东制衡程度与控制权私利的关系。

第二节　文献回顾与研究假设

　　Grossman et al. (1988)在研究公司投票权和现金流权利的最优分配时,将公司的价值分为两个部分:一部分是股东所得到的股息流量的现值,即控制权的共享收益;另一部分是经营者所享有的私人利益,即控制权私利。并指出,当控制权私利存在并可以攫取时,控股股东(大股东)倾向于通过各种手段侵害中小股东的利益。国外学者并对控制权私利度量展开了大量的实证研究,从现有研究文献来看,控制权私利度量主要包括3种度量方法:如 Barclay et al. (1989)开创了大宗股权溢价法,通过对纽约证券交易所 1978—1982 年上市公司 63 项私下协议大宗股权交易价格进行实证研究分析,发现该交易价格明显高于转让公告宣告后的市场价格;Lease et al. (1983)提出投票权溢价法,利用具有相同分红权、不同投票权的股票的价差(即投票权溢价)估算控制权私利,并通过对美国1940—1978 年发行双层级股票的 26 家上市公司进行实证研究,研究发现,管理者私有收益是投票权价值的重要来源;Hanouna et al. (2002)提出配对样本法,以控制权交易价格和小额股权交易价格的差额度量控制权私利,并通过西方 7 国 1986—2000 年发生的 9 566 宗收购案例研究,研究发现,控制权交易价格平均比小额股权交易价格高出 18% 左右。国内学者对大股东或控股股东控制权私有收益进行了大量的相关的实证研究。唐宗明等(2002)以上市公司大宗股权转让数据为样本,实证分析了我国上市公司大股东利用控制权侵害中小股东的程度;叶康涛(2003)以我国非流通股权转让事件样本对公司控制权的隐形收益进行实证研究,研究发现,控股股东一般会利用控制权获取隐形收益。马磊等(2007)以上市公司国有股协议转让股权交易为样本,对我国上市公司控股股东利用控制权攫取私有收益的行为进行了实证研究。然而,把控制权私利定性为侵害,有可能扭曲控制权私利的实质,并不能真正反映其内涵。这种对控制权私利的价值判断抹杀了控制权私利对控股股东或内部管理者的激励效应。

　　关于大股东或控股股东控制权私利的影响因素及大股东攫取控制权

私利行为对公司价值或绩效的影响方面,国内外学者进行了大量的实证研究。

一、大股东持股比例与控制权私利相关性假设

LLSV(2002)通过模型实证分析了掏空、法律保护和控股大股东现金流权对公司价值的影响,研究表明,控股大股东持股比例越高,其掏空就越少,公司的价值就越高。Morck et al.(1988)认为,大股东持股比例与掏空行为并不是一种简单的线性关系,大股东的存在对于公司价值具有双向效应。谢军(2007)以上海证券交易所 A 股上市公司 2003—2004 年横截面数据为样本,统计计量了大股东持股比例与公司价值之间的关系,研究发现,第一大股东持股比例与公司价值之间呈现倒 N 型三次非线性曲线关系。饶育蕾等(2008)通过建立大股东持股比例与掏空程度的分段函数模型,实证研究发现,当大股东持股比例低于 60% 时,大股东存在通过上市公司对子公司担保的方式掏空上市公司的现象;当大股东持股比例高于 60% 时,则产生了显著的利益协调效应,能有效抑制大股东掏空。罗进辉等(2010)以我国沪深两市 A 股非金融类上市公司 2001—2005 年大样本数据为基础,实证分析了大股东持股比例对公司价值影响的区间特征,研究结果表明,大股东持股比例对公司价值的影响具有区间特征,呈现出一种 N 型三次曲线关系。张学洪等(2011)以沪市民营上市公司 2007—2009 年关联交易数据为样本对大股东持股比例与掏空行为的关系进行了实证分析,研究结果表明,第一大股东持股比例与掏空行为呈现出典型的倒"U"形曲线关系,且占优控股型大股东掏空行为更为严重。

上述文献研究表明大股东持股比例与掏空行为呈现倒"U"形曲线关系,与公司价值呈现倒 N 型三次曲线关系,但大股东持股比例与控制权私利关系如何有待实证检验。

基于上述分析,本章提出如下假设:

H_{4-1}:大股东持股比例与控制权私利呈现一种倒"U"形非线性曲线关系。

二、大股东股权性质与控制权私利相关性假设

我国上市公司大部分是原国有企业经过改制、资产重组之后上市,具

有国有股份高度集中的特点。国有企业由政府控制,实际控制人是政府官员,而掌握实际控制权的政府官员却几乎不持有任何股份。在这种特殊的现实背景下,掌握实际控制权的政府官员很有可能利用其掌握的控制权去追求私人收益,并导致了严重的"内部人控制"现象(Shleifer et al. 1994;陈冬华等,2005)。国内学者相关的实证研究也验证了这一点,饶育蕾等(2008)通过建立大股东持股比例与掏空程度的分段函数模型,实证研究发现,国有性质的上市公司被控股股东掏空程度更高,这可能是因为我国国有上市公司在改组上市之前母公司及其下属企业之间存在很大的关联交易关系。吴冬梅等(2010)以 2001—2006 年沪深两市 A 股市场 94 家上市公司股权转让事件对股权集中度、股权制衡度、股权性质与控制权私人收益的关系进行实证研究,研究发现,国有法人控制权私人收益最高,私人控股控制权私人收益次之。叶会等(2011)以 2006—2010 年大宗股权交易数据对大股东获取控制权私利行为进行实证分析,结果表明,与非国有股东相比,国有性质的股东更倾向于以私有收益的方式实现控制权私利。田立军等(2011)研究发现,国有企业大股东与中小股东的代理冲突与企业投资显著正相关,民营企业上市公司大股东与中小股东的代理冲突与企业投资负相关但不显著。曹国华等(2012)认为掏空是大股东减持的重要原因,并通过以 2007—2010 年深市 199 家上市公司 753 个减持样本数据进行了实证检验,研究发现,大股东持股比例及国有背景对大股东减持产生显著的正向影响,股权制衡程度对大股东减持产生负向影响。

上述文献研究表明大股东股权国有性质与掏空行为正相关,但大股东股权国有性质与控制权私利关系如何有待实证检验。

基于上述分析,提出如下假设:

H_{4-2}:大股东国有股权性质与控制权私利正相关。

三、大股东股权制衡程度与控制权私利的关系假设

Shleifer et al. (1986)指出股权集中度使大股东能有效地激励和监督管理层,从而减弱中小股东相互搭便车的问题。较高的股权集中度会增加接管的可能性,从而有效抑制大股东或控股股东攫取私人收益。实证研究方面,徐莉萍等(2006)在对大股东的股权性质做出清晰界定的基础

上,通过实证研究了股权集中度和股权制衡对公司经营绩效的影响,结果表明,经营绩效和股权集中度之间呈现显著的正向线性关系,而且这种线性关系在不同股权性质的控股股东中都是明显存在的。同时发现,过高的股权制衡程度对公司的经营绩效有负面影响。吴冬梅等(2010)以2001—2006年沪深两市A股市场94家上市公司股权转让事件对股权集中度、股权制衡度、股权性质与控制权私人收益的关系进行实证研究,研究发现,股权集中度、股权制衡度、国有股比例对控制权私人收益具有一定的抑制作用。在私人股份中,股权集中度、股权制衡度与控制权私人收益成反比但作用有限。吴红军等(2009)以1998—2003年我国A股市场168家上市公司的并购事件对股权制衡、大股东掏空与企业价值进行实证研究,发现随着其他大股东的制衡能力的增强,第一大股东的掏空程度呈现先升后降的倒"U"形形态,企业价值呈现先降后升的"U"形形态。黄本多等(2009)以2005—2007年沪深两市A股制造类上市公司样本数据对股权制衡、自由现金流量与过度投资进行研究,研究发现,高自由现金流量的公司倾向于进行过度投资,具有较大相对控股股东及其他大股东的股权结构的上市公司过度投资的程度较轻,第一、二大股东分属不同性质对过度投资具有抑制作用。高楠等(2011)以2007—2009年1 422个民营上市公司样本数据对股权制衡、两权特征与公司价值进行了实证研究,结果表明,现金流权、控制权与公司价值负相关,股权制衡可以弱化两权特征对公司价值的不利影响。陈红等(2012)以2004—2010年我国上市公司样本对金字塔结构、股权制衡与终极股东利益侵占的关系进行了实证分析,研究发现,金字塔结构形态特征与大股东利益侵占正相关,金字塔结构的层层控制链为终极控制股东身份的隐藏提供了天然屏障,而其带来的现金流权和控制权分离更能够发挥控制权杠杆效应,降低终极控股股东侵害成本。股权制衡机制可能由于金字塔内部不同的直接控股股东隶属于同一终极股东而形成一致行动而完全失效,无法发挥权力牵制的作用,反而为终极股东侵占行为提供更多的便利,激发更强的隧道效应。李传宪等(2012)以我国2008—2009年上市公司定向增发的187个数据样本对大股东制衡机制与定向增发的隧道行为进行了实证研究,研究发现,大股东之间确实存在着互相监督和制衡,第二至第五大股东的持股比例和制衡度会在一定程度上抑制大股东的隧道行为。

上述文献研究表明大股东股权制衡程度与公司经营绩效、企业价值正相关,对大股东掏空、控制权私人收益具有一定的抑制作用,但大股东股权制衡程度与控制权私利关系如何有待实证检验。

基于上述分析,提出如下假设:

H_{4-3}:大股东股权制衡程度与控制权私利负相关。

四、董事会特征与控制权私利的关系假设

大股东或控股股东攫取控制权私利行为决策还须通过董事会表决通过,董事会决定公司实际控制权。根据上市公司委托代理理论,公司董事会任命总经理,并对总经理加以监督和提供顾问服务,如果董事长和总经理两职合一,上述委托代理机制将会失效,从而降低董事会的独立性及其监督功能,董事会成了大股东或控股股东攫取控制权私利的傀儡。与代理理论不同,管家理论认为董事长与总经理两职合一有利于提高公司绩效。所以本章在大股东或控股股东董事长和总经理两职是否合一条件下,验证大股东特征与控制权私利的关系。基于此,提出如下假设:

H_{4-4}:两职合一与控制权私利正相关。

董事会的独立性是董事会有效履行监督职能的前提,董事会的独立性水平越高,董事会对经理层的监督越有效。董事会的独立性水平依赖于外部独立董事的比例和履行监督职能的专业技能。基于此,提出如下假设:

H_{4-5}:独立董事比例与控制权私利负相关。

第三节 研究设计

一、变量定义

(一)因变量——控制权私利的度量

在已有研究文献中,国内外学者主要采用间接的方法度量控制权私利。国外学者对控制权私利的度量主要有 3 种:大宗股权溢价法,

Barclay et al. (1989)、投票权溢价法,Lease et al. (1983,1984)、配对样本法(Hanouna et al. 2002)。国内学者对控制权私利的度量主要采用修正后的大宗股权溢价法,即用大宗股权转让价格与每股净资产的溢价度量控制权私利。但这种方法没有考虑非控股股权交易的溢价,可能高估了控制权私利,不能正确反映控股股东对其他股东利益的侵占程度,且每股净资产只是反映股票的账目价值而不能反映股票的市场价值。施东晖(2003)采用大小宗股权交易价差法对控制权私利进行度量,设控制权交易每股价格为 P_c,小额股权交易每股价格为 P_m,则控制权私利为 $PBC = \dfrac{P_c - P_m}{P_m} \times 100\%$。吴冬梅等(2008)采用同样的方法度量控制权私利,计算公式 $PBC = \dfrac{P_1 - P_2}{P_2}$, P_1、P_2 分别为非流通股中控股转让每股平均交易价格和非控股转让每股平均交易价格。本章研究控制权私利的度量采取这种方法。

(二)自变量

本章主要的自变量(解释变量)有大股东特征(大股东持股比例、大股东股权性质、大股东股权制衡程度),董事会结构(两职兼任情况、独立董事比例)。

(三)控制变量

已有文献研究表明行业特征对控制权私有收益具有影响效应,固定资产比例高的产业会提高内部人转移资产的难度,因此控制权私有收益相对较低;相反,新兴服务行业控制权私利则普遍较高(Dyck et al. 2004b;林朝南等,2006)。我国上市公司控制权私有收益的实证研究结果表明,公司规模和资产负债率会显著影响控制权私利(唐宗明等,2002;余明桂等,2006)。

因此,本章主要的控制变量选取公司规模、负债水平、固定资产比例。

上述变量的定义和计量方法如表4-1所示。

表 4-1　内部治理与控制权私利：研究变量一览表

变量类别	变量名称	变量符号	变量定义及计量方法
因变量	控制权私利	PBC	$PBC = \dfrac{P_1 - P_2}{P_2}$，$P_1$、$P_2$ 分别为非流通股中控股转让每股平均交易价格和非控股转让每股平均交易价格
自变量	大股东持股比例	Share	（第一大股东持有公司股票数/公司股票总数）×100%
	大股东股权性质	Propty	若大股东股权性质为国有，则取值为1，否则为0
	大股东股权制衡程度	H_{2-5}	第二至第五大股东持股比例/第一大股东持股比例
	两职兼任情况	CEO	若公司董事长与总经理为同一人，则取值为1，否则为0
	独立董事比例	Dir	（独立董事人数/董事会人数）×100%
控制变量	公司规模	Size	公司总资产的自然对数值
	负债水平	Debt	资产负债率＝（负债总额/资产总额）×100%
	固定资产比例	Tangle	（固定资产总额/资产总额）×100%

二、回归模型

本章构建如下回归模型。

（1）为了考察大股东特征与控制权私利的相关性，建立模型1：

$$PBC = \alpha + \beta_1 Share + \beta_2 Share^2 + \beta_3 Propty + \beta_4 H_{2-5} + \beta_5 Size + \beta_6 Debt + \beta_7 Tangle + \varepsilon \tag{4-1}$$

（2）为了考察董事会特征与控制权私利的相关性，建立模型2：

$$PBC = \alpha + \beta_1 CEO + \beta_2 Dir + \beta_3 Size + \beta_4 Debt + \beta_5 Tangle + \varepsilon \tag{4-2}$$

上述模型中，α 为常数项，β_i 为系数，ε 为残差项。

三、样本选取

根据研究需要，本章选取 1999—2006 年沪深两市 A 股市场发生股权转让的上市公司为样本，数据主要来源于北京大学中国经济研究中心

(China Center for Economic Research,CCER)和深圳国泰安信息技术有限公司(GTA)中国上市公司数据库。选取样本按以下标准[①]:(1)股权转让是市场行为,不包括无偿转让和被法院强制转让的样本;(2)股权转让是非流通股的转让,不包括流通股股权转让,并且是同一年发生非流通控股转让和非控股转让;(3)公告披露不属于关联交易;(4)公告披露转让交易价格;(5)股权转让得到财政部门批准;(6)剔除非现金交易和被中止的交易;(7)剔除资料不可获得、无法判断股权结构和财务数据不全的公司;(8)剔除被 ST、*ST 和 PT 处理的公司;(9)考虑到金融行业的特殊性,剔除金融类和包含金融类经营单元的上市公司。经过筛选最终得到有效样本共有 88 家上市公司、99 个观测值、289 笔交易。

第四节　实证结果及分析

一、描述性统计

样本数据的描述性统计如表 4-2 所示。可以看出,相对于英美发达国家,我国上市公司股权集中度较高,第一大股东持股比例平均值达到28.82％,最高值达到 66.4％;第一大股东受制衡程度不高,制衡程度平均值为 1.219,最大值为 3.135,最小值为 0.023 2;第一大股东董事长、总经理两职兼任比例为 12.1％,独立董事比例为 19.6％,这说明我国上市公司治理结构中,两职兼任情况并不严重,独立董事比例较为合理。

表 4-2　内部治理与控制权私利:样本数据的描述性统计

变量符号	观察值	平均值	标准差	min	max
Share	99	0.282	0.110	0.106	0.664
Propty	99	0.505	0.503	0	1
$H_{2\text{-}5}$	99	1.219	0.638	0.023 2	3.135

[①] 样本数据具体筛选标准以及如何判断非流通控股转让和非控股转让,如有需要,可以向作者索取。

变量符号	观察值	平均值	标准差	min	max
CEO	99	0.121	0.328	0	1
Dir	99	0.196	0.160	0	0.444
Size	99	20.38	1.028	14.06	22.27
Debt	99	0.470	0.174	0.100	0.943
Tangle	99	0.343	0.215	0.00242	0.882

　　大股东控制权私利的分类度量如表4-3所示。表4-3分别从第一大股东股权国有性质、非国有性质对大股东控制权私利进行度量。结果显示,大股东股权为国有性质时,其控制权私利平均水平为0.127 556;大股东股权为非国有性质时,其控制权私利平均水平为0.097 502;可以看出,国有性质的大股东更倾向于利用掌握控制权谋取私利,这点也正好与假设2相吻合。从样本数据总体来看,大股东控制权私利的平均水平为0.112 681,最高控制权私利水平为2.073 913,最低控制权私利水平为-0.557 14。

表4-3　内部治理与控制权私利:大股东控制权私利的分类度量

Propty	变量符号	观察值	平均值	标准差	min	max	p50
0	PBC	49	0.097 502	0.339 584	-0.55 714	1.459 77	0
1	PBC	50	0.127 556	0.429 823	-0.5	2.073 913	0
Total	PBC	99	0.112 681	0.386 114	-0.55 714	2.073 913	0

　　从国内外控制权私利水平的比较来看,由于各国在公司治理模式、治理结构以及法律对投资者的保护程度、信息披露制度、资本市场发达程度等方面的差异,使得各国上市公司大股东对中小股东的侵害程度有所不同(Dyck et al. 2004b)。如在投资者保护较好、信息披露制度严格、资本市场发达的英美等国家,大股东控制权私利水平不足0.05;而在一些南美洲和亚洲国家,由于资本市场不发达、缺乏投资者保护的法律条款、信息披露制度的不严格以及上市公司股权的高度集中,其各国上市公司大股东控制权私利水平为0.13左右。我们研究测算出的大股东控制权私利的平均水平为0.112 681,与一些南美洲和亚洲国家上市公司大股东控

制权私利水平基本持平,但远高于英美等资本市场发达国家。

二、回归分析

运用 Stata10.0"vif"命令对模型 1 进行多重共线性的检验[①],发现自变量之间存在严重的多重共线性问题,而把模型 1 中自变量"$Share^2$"去掉,则不存在多重共线性问题,主要是因为模型 1 中同时使用同一个变量"Share"的一次项和二次项做自变量产生的。而模型 1 中加入"Share"的二次项是为了研究假设 1 的需要,并且可以得到更好的预测模型。对模型 2 进行多重共线性的检验,结果表明模型 2 自变量之间不存在多重共线性问题。

运用 Stata10.0"ovtest"命令分别对模型 1 和模型 2 进行内生性的检验[②],结果表明模型 1 和模型 2 都不存在内生性问题。

运用 Stata10.0"hettest"命令分别对模型 1 和模型 2 进行异方差的检验[③],结果表明模型 1 存在异方差问题,模型 2 不存在异方差问题。对于模型 1 存在异方差的问题,采用"robust"命令对其进行修正,从而得到稳健的方差。

模型回归结果如表 4-4 所示。

表 4-4　内部治理与控制权私利:模型回归结果

自变量	模型 1		模型 2	
	B	Robust Std. Err	B	Std. Err
Constant	0.094 3	0.638	0.133	0.782
Share	2.301	1.506		
$Share^2$	-3.458^*	1.859		
Propty	0.019 4	0.080 1		
H_{2-5}	$-0.003\ 04$	0.073 4		
CEO			0.275^{**}	0.125
Dir			-0.198	0.250

①②③　限于篇幅,多重共线性的检验表格略去。如有需要,可向作者索取。

自变量	模型 1		模型 2	
	B	Robust Std. Err	B	Std. Err
Size	−0.008 24	0.033 2	0.008 43	0.038 8
Debt	−0.464*	0.234	−0.577**	0.226
Tangle	0.192	0.158	0.245	0.179
R-squared	0.085		0.107	

（一）大股东特征对控制权私利的影响

从模型 1 回归结果可以分析出，大股东持股比例与控制权私利呈现一种倒"U"形非线性曲线关系（$Share^2$ 的系数在 10% 水平下显著为负），这说明随着第一大股东持股比例的增加，控制权私利呈现先升后降的趋势，假设 H_{4-1} 得到验证。

大股东股权性质（Propty）的系数为正，没有通过显著性检验，这说明大股东国有股权性质与控制权私利正相关但不显著。假设 H_{4-2} 没有通过显著性检验，这可能是因为掌握实际控制权的政府官员一方面利用其掌握的控制权去追求私人收益，而另一方面出于自身政治前途的顾虑，倾向于采取必要的措施抑制控制权私利的攫取（吴冬梅等，2008）。

大股东股权制衡程度（H_{2-5}）的系数为负，没有通过显著性检验，这说明大股东股权制衡度与控制权私利负相关但不显著。假设 H_{4-3} 没有通过显著性检验，这可能是因为上市非国有公司通过派驻家族成员担任董事长、CEO 或董事等方式加强对上市公司的控制，从而使得股权制衡效应失效（吴冬梅等，2008），也有可能是由于上市公司大股东之间相互勾结共同攫取控制权私利（杨淑娥等，2008）。

（二）董事会特征对控制权私利的影响

从模型 2 回归结果可以分析出，上市公司董事长、总经理两职合一与控制权私利显著性正相关（Ceo 的系数在 5% 水平下显著为正），假设 H_{4-4} 得到验证。

独立董事比例（Dir）系数为负，没有通过显著性检验，这说明独立董事比例与控制权私利负相关但不显著。假设 H$_{4-5}$没有通过显著性检验,可能是由于大股东通过选择自己的亲信占据董事会的多数席位,或者选择跟自己有一定潜在关联的人选担任公司独立董事,使得董事会的决议体现大股东的意志,从而使得外部独立董事制度失效(杨淑娥等,2008)。

(三)控制变量的影响

模型 1 回归结果中,公司规模(Size)系数为负,没有通过显著性检验,这说明公司规模与控制权私利负相关但不显著;模型 2 回归结果中,公司规模(Size)系数为正,没有通过显著性检验,这说明公司规模与控制权私利正相关但不显著。造成上述结果的可能原因是一方面公司规模为大股东攫取控制权私利提供了更大的空间,但另一方面,大公司更容易受到外界的关注,从而阻碍了大股东攫取控制权私利行为。

负债水平(Debt)系数在模型 1、模型 2 回归结果中都显著为负,这个结果与唐宗明等(2002),余明桂等(2006)研究结果一致。这说明上市公司负债水平越高,大股东攫取控制权私利水平越低,这从某种意义上说明上市公司外部债权人在一定程度上能够监督和约束大股东谋取控制权私利行为。

固定资产比例(Tangle)系数在模型 1、模型 2 回归结果中都为正,但没有通过显著性检验,这说明固定资产比例与控制权私利正相关但不显著。这也正说明了固定资产比例高的产业会提高内部人转移资产的难度(林朝南等,2006)。

第五节　结论及启示

本章以 1999—2006 年沪深两市 A 股市场发生非流通股控股转让与非控股转让的上市公司为样本,对大股东特征与控制权私利相关性进行研究。通过实证研究测算出我国上市公司控制权私利平均水平为0.112 681,与一些南美洲和亚洲国家上市公司大股东控制权私利水平基本持平,但远高于英美等资本市场发达国家。主要研究结论如下:(1)大股东持股比例与控制权私利呈现一种倒"U"形非线性曲线关系,即随着第一大股东持股比例的增加,控制权私利呈现先升后降的趋势;(2)大股东国有股权性质与控制权私利正相关但不显著;(3)大股东股权制衡度与控制权私利负相关但不显著;(4)董事长、总经理两职合一与控制权私利显著性正相关;(5)独立董事比例与控制权私利负相关但不显著。

研究结论表明,大股东持股比例、股权性质、受制衡程度以及两职兼任情况决定了大股东攫取控制权私利的能力。本章研究结论的启示是:第一,通过引进机构投资者和法人股东,优化股权结构安排,充分发挥大股东之间的相互制衡效应,弱化第一大股东的控制权;第二,加大对国有控股上市公司的监察力度,抑制大股东的"隧道"行为,以保障中小股东的利益;第三,合理安排公司治理结构,避免两职合一;第四,完善上市公司独立董事制度,真正发挥其监督治理作用。

第五章 政治关联与控制权私利:理论 分析与实证检验

第一节 引言

高管通过手中掌握的公司控制权而形成的排他性收益就是控制权私利。为了获取这种利益,高管会以自身的利益为基点,而忽略企业利益最大化的目标,采用会使公司运行效率降低、公司股东利益遭受损害的方式对公司进行"掏空"。上市公司高管攫取私利的问题,始终是公司治理领域的焦点和难点。从 2006 年明星电力的大股东周益明成为中国证券市场上第一个被以合同诈骗罪追究其掏空上市公司行为,并被判处无期徒刑的上市公司高管以来,高管利用对公司的控制权攫取私利的事件层出不穷。高管的"掏空"行为必然会影响公司的治理效率,降低公司价值,损害投资者的利益,是我国证券市场健康发展的一大隐患。在转型经济环境的大背景下,我国对于公司治理方面的法律保护和制度体系还不是很完善,并且当前上市公司的高管用以攫取私人收益的行为大多是在当前法律体制下的合法行为,这就需要我们依靠加深对控制权私利的研究,探究各方面的因素对之的影响,进而从源头上对高管的自利行为进行有效的约束。

Fisman(2001)将公司高管的政治关联定义为一种有价值的关系,这一关系能够为公司带来许多显性和隐性的资源,从而使得公司能够获得税收和融资等方面的便利,同时也可以使公司更加容易获得政府的支持。回顾计划经济时代,国有企业改制前,国有企业的经营者基本上都具有国家干部身份,享受等同于政府官员的行政晋升激励和其他制度化收益。

在改革开放后的国有企业市场化改革中,才逐步取消了国企经营者的行政级别待遇,但企业经营者的政治关联仍在起作用,不论是公司高管曾经任职于政府部门所保留的政治影响,或是其政治信仰都会对公司治理的各方面产生影响。纵观目前学界关于政治关联的研究,主要集中在高管政治关联对企业绩效或是公司价值的影响这一公司治理的细分领域,得出的研究结论包括政治关联对企业绩效产生的影响有两方面,一是正面影响如给企业带来的税收优惠、融资便利、政府救助以及产权保护等,一是负面影响如让企业承担社会责任、帮助政府实现政治目标等。

第二节 文献回顾与研究假设

一、政治关联——公司治理领域的新视角

利益相关者这一概念最早由斯坦福研究院(Stanford Research Institute,SRI)在 1963 年提出,但这一问题在当时并未受到重视。随着企业和社会伦理观的发展,利益相关者问题才在 20 世纪 80 年代初重新开始受到重视。Freeman(1984)进一步将企业、政府、社区以及环境保护组织等主体也纳入到利益相关者范畴里,将利益相关者的内涵进行了大范围的扩展。介于企业目标的实现与其利益相关者密切相关,正确地处理好与利益相关者的关系就成为企业持续发展过程中需要解决的重要问题。

在企业的委托代理理论中,如前所述包含了高管与股东之间的委托代理关系、大股东与小股东之间的委托代理关系以及控股股东与高管合谋形成的内部控制人代理关系,在引入利益相关者理论后可以发现,还存在一个隐形的委托代理关系,即企业外部的利益相关者(包括政府、债权人等)与内部利益相关者(股东、高管)之间的关系(Blair,1995)。近年来,随着我国经济体制改革的逐步发展,市场相对以前更为开放的同时政府干预也在逐步减少,但是由于国家制定的一些法律法规和基本政策还不足以同市场经济的发展形成配套,自然就造成了国家的宏观调控覆盖面广这一事实,上市公司的运行与其所在的环境和政府的关系依旧密切相

关。政府作为企业的利益相关者之一，对公司治理乃至是高管攫取控制权私利都会产生重要影响。本研究在控股股东与高管形成合谋的基础上，进一步将高管与外部利益相关者——政府的关系结合起来，将高管看作内部控制人与外部利益相关者两种身份的重合，在以往对控股股东、高管的自利行为进行研究的基础上，将高管的政治关联这一观念引入，进一步分析高管的政治关联特征会对公司控制权私利的水平产生何种影响。如图 5-1 所示。

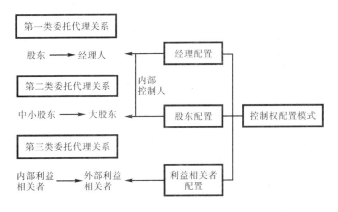

图 5-1　公司治理中的委托代理关系与控制权配置

政治关联指的是公司与拥有政治权力的主体产生某种联系而形成的隐性的政治关系，这一关系能够为公司带来许多便利资源，但同时也会使得公司负担一定的社会成本。在以往对高管拥有的政治关联对企业绩效影响的研究中，支持政治关联会带来积极影响或是效益影响的学者皆有之，笔者认为政治关联是把双刃剑，最终对企业绩效产生何种效果要取决于其给企业带来积极影响的力量与给企业带来社会成本的力量孰强孰弱。潘红波等（2010）在对政治关系与控股股东利益输送的相关性问题进行研究时，主要利用资金占用和关联交易等方式来度量控股股东利益输送的情况，最后得出结论：相对其他公司而言政治关联程度越高的公司其控股股东的利益输送程度也更高，同时这一作用还受到各地区市场化程度的影响。本书根据对利益相关者理论分析以及潘红波等的研究，提出如下假设：

H_{5-1}：高管的政治关联会对公司控制权私利水平产生显著影响。

Li et al.（2007）在对中国民营企业家的政治关联的研究中，主要从企业管理者的中共党员身份有利于为其与政府官员建立联系、获得更高政治地位这一角度进行分析。罗党论等(2008)也指出自十六大修改党章允许民营企业家入党以来,民营企业参与政治的途径包含了入党。因此,本章将高管的政治信仰即是否加入共产党或民主党派作为说明高管政治关联的一方面,基于 H_{5-1} 提出如下假设:

H_{5-1a}:高管拥有政治信仰主要带来的影响是使其掌握更多的资源,从而带来公司控制权私利水平增加。

同时,学界对于国企拥有获取资源的天然优势的分析结论,使得近年来越来越多的民营企业家对参与政治表现出更高的热情,都积极争取成为人大代表、政协委员,以为企业发展创造更好的生存环境。罗党论等(2008,2009),邓建平等(2009)以及李维安等(2012)对民营企业政治关联与企业价值关系的研究中,就通过高管是否是人大代表、政协委员来说明高管的政治关联。因此人大代表、政协委员身份作为高管政治关联的一方面,可以基于 H_{5-1a} 提出如下假设:

H_{5-1b}:高管的人大代表、政协委员身份更多的是加强社会对其的监督,进而约束高管攫取控制权私利。

胡永平等(2009),曲亮等(2012)的研究则将高管政治关联定义为其曾任或现任政府官员的行政级别;罗党论等(2008,2009),邓建平等(2009)以及李维安等(2012)对民营企业政治关联与企业价值关系的研究则不仅通过高管是否是人大代表、政协委员来说明高管的政治关联,还进一步通过高管在政府的任职经历作为政治关联的一方面进行研究。基于上述学者的研究,本章将高管的政治级别作为说明政治关联的第三个方面,在 H_{5-1} 的基础上提出如下假设:

H_{5-1c}:高管的政治级别越高,公司控制权私利水平也就越高。

二、政治关联对控制权私利影响路径的剖析

以往对政治关联的有关研究大都集中于其对企业绩效的影响,在潘红波等(2010)首次将政治关联引入控制权私人收益的研究领域后,从政治关联这一新角度来拓宽对控制权私利的影响、度量以及手段基本成熟完善的现有研究是必然趋势。但前者的研究略有欠缺,其并没有对政治关系与控股股东利益输送相关性的回归分析,也没有清晰地揭示出政治

关系通过何种因素而作用于控制权私利。基于上述理论分析，本章选择
将剖析高管政治关联对控制权私利程度的真实影响路径作为一个突破
点，拟以民营企业上市公司为样本，在探究高管政治关联对控制权私利水
平影响的基础上，分析在这一路径中各中介变量的作用，提出能够降低控
制权私利水平的建议，减少高管对投资者利益的侵害。本章构建的机理
模型如图 5-2 所示，引入了股权结构和公司激励水平作为中介变量，并在
下文对中介变量的引入进行了分析。

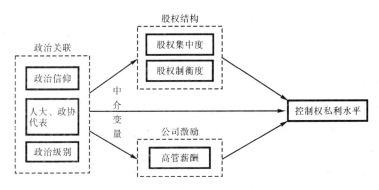

图 5-2　高管政治关联对控制权私利水平影响的机理模型

(一)政治关联与股权结构

本章探究高管政治关联对公司控制权私利水平的影响路径将建立在
前述理论的基础上，将高管建立企业作为一种初始契约，再通过将产权让
渡给投资者为企业融资。在前文对高管政治关联对企业绩效影响的文献
进行梳理的过程中，可以发现政治关联为企业带来的便利包括融资便利、
税收优惠和产权保护等，其中融资环节即是企业运作发展的基础，高管政
治关联能够为企业带来额外的资源，如企业声誉、政府支持等，这会成为
吸引外部投资者的融资契约的一部分，而融资结构的不同又决定了企业
的股权结构和治理情况的不同。在企业处于初成立融资的阶段或是再融
资阶段(即企业经营者让渡产权的过程)，高管所拥有的政治关联都会影
响投资者是否对企业投资以及投资多少的决策(即融资契约的吸引力)，
譬如政治信誉较好的企业能够获得更多中小投资者的青睐，而拥有较强
政治关系意味着更多的资源，就能够吸引更多更大的投资者投入资金，在
此基础上企业所形成的股权结构就必然不同，由此造成的公司内部治理

状况也就不同。因此,本章提出如下假设:

H₅₋₂:当高管的政治关联程度越高时,公司的股权会越集中。

(二)控制权私利与股权结构

另一方面,股权结构决定了公司的治理结构与运行机制,这些因素对高管的自利行为都有着至关重要的影响,当股权结构较为合理,股权集中但前十大股东的制衡度较强,股东之间、股东与董事会之间就会形成较强的监督与制衡机制,在这种情况下高管攫取私人收益的成本就会增加,高管的自利行为就能够得到有效的抑制,曹廷求(2009)的研究结论就说明不同股权结构下控制权私利水平会有显著的不同。股权结构的不同会影响到股东与经理层之间的制衡力度,决定其是否合谋而成为内部人。权小峰等(2010)对管理层权力和私有收益相关性的研究指出,国有企业高管的权力越大,其获取的私有收益越高;冯根福等(2012)的研究发现在职消费对公司绩效的提高存在消极影响,管理者持股比例的增加则能够在一定程度上降低其在职消费水平。因此,上市公司的股权结构必然会影响高管控制权私利水平。综上所述,我们认为股权结构会从股权集中度和股权制衡度两个方面来影响控制权私人收益,起到推动力的作用,当股权集中度过高、股权制衡度低时控制权私利水平则会提高,而股权集中度适中、股权制衡度较强,既有利于提高治理效率,又能在公司内部形成有效的治理机制,以约束高管的自利行为。因此,可以将前面提出的 H₅₋₂ 完善为:

H₅₋₂:政治关联会对股权结构产生影响,进而影响控制权私利水平。高的政治关联程度还使得公司股权越集中,由此带来的控制权私利水平也就越高。

如前所述,本章通过高管的政治信仰、代表身份以及政治级别 3 个方面对高管政治关联进行说明,那么在 H₅₋₂ 的基础上又可以提出如下 3 个假设。

H_{5-2a}:高管政治信仰得分较高的公司会更多地呈现一股独大的态势,股权集中度高而制衡度低,从而带来较高的控制权私利水平。

H_{5-2b}:高管的人大代表、政协委员身份则会使公司的股权制衡度增强,约束控制权私利水平。

H_{5-2c}:高管的政治级别越高,公司的股权越集中,控制权私利水平也就越高。

(三)政治关联与高管薪酬

从有关政治关联的文献回顾中可以看到,政治关联是一种有价值的关系,不仅能为企业带来融资便利、税收优惠以及产权保护等各方面的便利,还能够为高管自身获得利益。刘慧龙等(2010)发现,政治关联企业与非关联企业相比,高管薪酬对业绩的敏感性较低,影响高管薪酬的主要方面在于其所拥有的政治关联程度,并指出对拥有政治关联的高管的薪酬契约如何对发挥其政治关联作用十分重要。郭剑花(2012)在此基础上对薪酬安排进行研究,其结论说明当高管薪酬越高时,越能发挥其拥有的政治关联对企业的作用,但同时也会引发特殊利益集团即股东与高管的寻租活动来谋取自身利益。梁莱歆等(2010)以民营企业为样本的研究指出,具有政治关联的民营企业相对非关联企业需要付出的薪酬成本更高,而导致雇佣成本高体现在两个方面,一是雇员规模较大,二是对拥有政治关联的高管需要付出更多的薪酬。因此,提出如下假设:

H_{5-3}:当高管的政治关联程度越高时,拥有的资源越多,为自身赢得的薪酬也就越高。

第三节　研究设计

一、研究模型的构建

(一)对高管政治信仰的分析

为了检验 H_{5-1a},H_{5-2a},H_{5-3a},本章提出模型1。

模型1:

$$PBC_t = c_1 Party_t + \alpha Size_t + \beta Debt_t + e \tag{5-1}$$

$$Govern_t = a_1 Party_t + \alpha Size_t + \beta Debt_t + e \tag{5-2}$$

$$PBC_t = d_1 Party_t + b_1 Govern_t + \alpha Size_t + \beta Debt_t + e \tag{5-3}$$

$$Pay_t = a'_1 Party_t + \alpha Size_t + \beta Debt_t + e \tag{5-4}$$

$$PBC_t = d'_1 Party_t + b'_1 Pay_t + \alpha Size_t + \beta Debt_t + e \qquad (5-5)$$

首先利用式(5-1)检验高管政治信仰对控制权私利的影响,在两者之间关系显著的前提下,再利用式(5-2)与式(5-3)检验股权结构的中介效应是否显著,而式(5-4)与式(5-5)则用于检验公司激励水平这一中介效应。其中 PBC_t 表示上市公司第 t 期的控制权私利水平,$Party_t$ 指代第 t 期高管的政治信仰,$Govern_t$ 和 Pay_t 分别表示第 t 期的股权结构与公司激励水平,$Size_t$ 为上市公司第 t 期的公司规模,而 $Debt_t$ 是公司的负债,e 则指各测量值的标准误。

(二)对高管人大代表、政协委员身份的分析

本章提出模型 2,用于检验 H_{5-1a},H_{5-2b},H_{5-3b}。

模型 2:
$$PBC_t = c_1 Mem_t + \alpha Size_t + \beta Debt_t + e \qquad (5-6)$$
$$Govern_t = a_1 Mem_t + \alpha Size_t + \beta Debt_t + e \qquad (5-7)$$
$$PBC_t = d_1 Mem_t + b_1 Govern_t + \alpha Size_t + \beta Debt_t + e \qquad (5-8)$$
$$Pay_t = a'_1 Mem_t + \alpha Size_t + \beta Debt_t + e \qquad (5-9)$$
$$PBC_t = d'_1 Mem_t + b'_1 Pay_t + \alpha Size_t + \beta Debt_t + e \qquad (5-10)$$

同样地,首先利用式(5-6)验证高管人大代表、政协委员身份是否会对控制权私利产生影响,当两者之间关系显著时,才能进行中介效应是否显著的分析,利用式(5-7)与式(5-8)检验股权结构的中介变量,而式(5-9)与式(5-10)则用于检验公司激励水平这一中介变量。其中 Mem_t 表示第 t 期高管的人大代表、政协委员身份,其他变量的指代含义同模型 1。

(三)对高管政治级别的分析

模型 3 的提出则是为了检验 H_{5-1c},H_{5-2c},H_{5-3c}。

模型 3:
$$PBC_t = c_1 Politi_t + \alpha Size_t + \beta Debt_t + e \qquad (5-11)$$
$$Govern_t = a_1 Politi_t + \alpha Size_t + \beta Debt_t + e \qquad (5-12)$$
$$PBC_t = d_1 Politi_t + b_1 Govern_t + \alpha Size_t + \beta Debt_t + e \qquad (5-13)$$
$$Pay_t = a'_1 Politi_t + \alpha Size_t + \beta Debt_t + e \qquad (5-14)$$
$$PBC_t = d'_1 Politi_t + b'_1 Pay_t + \alpha Size_t + \beta Debt_t + e \qquad (5-15)$$

同样利用式(5-11)检验高管的政治级别将对控制权私利产生何种影响,若高管政治级别的影响较为显著,则进一步进行中介效应分析,利用

式(5-12)、式(5-13)和式(5-14)、式(5-15)分别检验股权结构和公司激励水平的中介效应是否显著。其中 PBC_t,$Govern_t$ 和 Pay_t 的含义与模型 1 相同,分别表示第 t 期的公司治理水平与激励水平。

二、样本数据的选择

本章选取中国 A 股上市公司作为研究样本,收集了这些上市公司在 2008—2011 年 4 年的数据,这些数据主要来源于国泰安 CSMSR 数据库和 CCER 数据库,而两权分离度的收集则主要从上市公司年报中摘录,并运用 Stata10.0 对数据进行了描述性统计分析、相关性分析、回归分析以及中介效应分析。

为减少研究误差,保证实证结果的准确性,对初始样本做了如下处理:(1)由于发行 H 股或是 B 股的上市公司其财务审核办法与发行 A 股有所差异,所以本研究剔除同时发行 A 股和 H 股、B 股的上市公司;(2)剔除在 2009—2011 年间有关数据缺失的上市公司;(3)剔除被特别处理的上市公司;(4)本章拟对民营企业与国有企业的数据分别进行面板数据分析,因此剔除了 4 年间实际控制人发生变化的上市公司。最后,得到 422 家民营上市公司、1 688 个观测值的研究样本。

三、研究变量的设计

(一)因变量

本章主要研究高管政治关联对控制权私利水平的影响,控制权私利水平为因变量(PBC),并采取计算上市公司的两权分离度的方法来对其进行间接测量,即利用现金流权与控制权的比值来反映控制权私人收益,在这里要稍做说明的是本研究利用的是两者的比值而非两者的差来度量的,两权分离度值都将小于1,且比值越接近1说明现金流权与控制权的偏离程度越小,即两权偏离度比值越大控制权私立水平越低。具体计算方法已经在本章第一部分的控制权私利度量做了说明。

(二)自变量

本章的自变量是高管的政治关联,并从政治信仰,人大代表、政协委员身份以及政治级别 3 个方面对政治关联进行了定义,为了更好地说明高管政治关联会产生的作用,又将高管细分为董事长和总经理。因此,本章所指的高管政治关联包含了 3 个方面 9 个变量,即政治信仰的衡量包括董事长的政治信仰评分,总经理的政治信仰评分,董事长与总经理的政治信仰评分和,评分规则为当高管为非党员时记分为 0,当高管是中国共产党时为 1,当高管所属的党派为民主党派时为 2,进行如上分值设置主要是考虑到党员身份能够帮助高管获得更多的资源,而目前我国国内中国共产党党员居多,民主党派成员的身份能够为其带来更大的利益;人大代表、政协委员身份的衡量包括董事长的人大代表、政协委员身份评分,总经理的人大代表、政协委员身份评分,董事长与总经理的人大代表、政协委员身份评分和(TMem),总经理的计分规则为非人大代表、政协委员 = 0,县级人大代表、政协委员 = 1,市级人大代表、政协委员 = 2,省级人大代表、政协委员 = 3,全国人大代表、政协委员 = 4,董事长的得分则在上述各项分值上再加 1,非人大代表、政协委员的得分仍为 0,对代表身份如此赋值的原因主要是考虑到不同级别的人大代表、政协委员带给上市公司的影响也有所不同;政治级别的衡量又包括董事长的政治级别评分,总经理的政治级别评分,董事长与总经理的政治级别评分和,对政治级别的赋值如下,依旧以总经理的得分进行说明,无政治级别 = 0,科员 = 1,科级 = 2,处级 = 3,厅局级 = 4,省部级及以上 = 5,董事长的分值为上述各项加 1,无政治级别的得分仍为 0,由于高管拥有政治级别能够为上市公司带来的资源明显要多于高管的人大代表、政协委员身份,所以我们对高管的政治级别赋值比重大于上一变量。我们对董事长和总经理在人大代表、政协委员身份,政治级别两个变量分别赋值的原因是对于上市公司而言董事长的影响相对较大,有区别的赋值能够更好地验证董事长与总经理的政治关联对上市公司控制权私利水平的影响。

(三)中介变量

基于上述的理论分析,本章引入了两个中介变量,即股权结构和公司激励水平。公司治理水平通过股权结构即股权集中度与股权制衡度来说明,股权集中度定义为上市公司前五大股东持股比例和,股权制衡度则利用上市公司第一大股东持股比例与上市公司第二大股东到第十大股东持股比例和的比值来衡量。

(四)控制变量

本章设置控制变量主要是为了控制公司特征和其他相关因素对自变量作用于因变量产生的影响。考虑到在不同的企业规模与公司负债情况下,高管的政治关联对上市公司控制权私利水平产生的影响也不同,我们将这两个变量作为控制变量。企业规模用总资产的对数来测量,而公司负债则为企业的总资产与总负债的比值。

研究变量一览表如表 5-1 所示。

表 5-1　政治关联与控制权私利:研究变量一览表

变量类型	变量		代码	变量含义
因变量	控制权私利水平		PBC	利用两权分离度间接测量
自变量	高管政治关联	政治信仰 Party	PParty	董事长的政治信仰评分
			MParty	总经理的政治信仰评分
			TParty	董事长与总经理的政治信仰评分和
		人大代表、政协委员 Mem	PMem	董事长的人大代表、政协委员身份评分
			MMem	总经理的人大代表、政协委员身份评分
			TMem	董事长与总经理的人大代表、政协委员身份评分和
		政治级别 Politi	PPoliti	董事长的政治级别评分
			MPoliti	总经理的政治级别评分
			TPoliti	董事长与总经理的政治级别评分和
中介变量	公司激励水平		Pay	董事长与总经理的薪酬和
	股权结构 Govern		Concentr	股权集中度
			Restrain	股权制衡度
控制变量	公司规模		Size	Log(上市公司的总资产)
	公司负债		Debt	上市公司的总资产/总负债

第四节 实证结果及分析

一、描述性统计分析

本章首先利用 Stata10.0 对民营企业的研究变量进行描述性统计分析,结果如表 5-2 所示。从表 5-2 中可以看到,这一部分的研究包含了 422 家民营上市公司、1 688 个观测值。用于衡量控制权私人收益的两权分离度中值为 68.19%,比值分布于 0.95% 至 1 之间,可见我国民营企业的两权偏离度较高、控制权私利水平较高。高管的政治信仰包含了非党员、共产党员与民主党派人士,但民营企业的高管中有政治信仰的人并不占多数;而参选人大代表、政协委员的热情较高,大多数高管都倾向于通过参加人大、政协会议来提高自己的政治地位,从而为企业获取更多的资源;高管中董事长最高的政治级别为处级,总经理的最高政治级别为厅局级,相对较高,但政治级别的平均值较低,说明民营企业中高管曾任或现任官员的较少。同时,我国上市民营公司股权集中度较高、股权较分散、高管薪酬水平普遍较高。

表 5-2 政治关联与控制权私利:上市民营企业数据的描述性统计

变量符号	观测值	平均值	标准差	min	max
Size	1 688	21.210 07	1.117 409	15.456 2	24.599 9
Debt	1 688	0.462 577	0.182 560 4	0.007 1	0.917 3
Concentr	1 688	0.480 075 4	0.152 235 3	0.101 7	0.912 8
Restrain	1 688	1.225 3	1.113 089	0.022 9	7.977 7
PBC	1 688	0.681 865 5	0.270 481 9	0.009 5	1
PParty	1 688	0.218 009 5	0.429 894	0	2
MParty	1 688	0.161 729 9	0.376 273	0	2
TParty	1 688	0.379 739 3	0.678 917 5	0	4
PMem	1 688	1.078 791	2.102 377	0	9

续　表

变量符号	观测值	平均值	标准差	min	max
MMem	1 688	0.318 128	1.086 143	0	7
TMem	1 688	1.396 919	2.757 333	0	14
PPoliti	1 688	0.171 208 5	0.724 505 7	0	4
MPoliti	1 688	0.152 843 6	0.619 083 2	0	4
TPoliti	1 688	0.324 052 1	1.119 886	0	8
Pay	1 688	1 003 443	1 062 136	0	1.24e+07

二、相关性分析

为了进一步确定在上述所构建的模型如何进行实际运用,在对民营企业的数据进行回归分析之前,我们利用 Pearson 相关分析来检测 3 个模型内的各变量是否具有较高的多重共线性并判断模型的构建是否合理,以防止实证结果失真,并确定自变量的具体测量变量如何嵌入模型。

(一)高管政治信仰的相关性分析

通过对模型 1 中民营企业数据的各个变量进行相关性分析,得到 Pearson 相关系数矩制表。由表 5-3 可知,模型 1 中控制变量企业规模与公司负债的 Pearson 相关系数为 0.5,在进行回归分析时可以选择一个作为控制变量或者两者同时作为控制变量。同时,除去高管政治信仰的 3 个测量变量,其他变量之间的相关系数都小于 0.5,模型构建中变量的设计没有问题。但因变量中董事长的政治信仰得分与高管总政治信仰得分、总经理的政治信仰得分与高管总政治信仰得分之间的 Pearson 相关系数比 0.5(在双尾 t 检验的 1% 水平上显著,即数据有较大差异时才拒绝原假设)大得多,所以在回归分析中,我们将会分别对高管政治信仰的 3 个测量变量进行回归分析。

表 5-3　政治关联与控制权私利:民营企业研究模型 1 的 Pearson 分析

	Size	Debt	PBC	Concentr	Restrain	Pay	PParty	MParty	TParty
Size	1.000 0								
Debt	0.504 9	1.000 0							

续 表

	Size	Debt	PBC	Concentr	Restrain	Pay	PParty	MParty	TParty
PBC	−0.158 4	−0.112 9	1.000 0						
Concentr	0.075 7	−0.013 8	0.122 1	1.000 0					
Restrain	−0.222 1	−0.112 4	0.193 8	−0.115 5	1.000 0				
Pay	0.301 6	0.043 1	−0.000 1	0.052 0	0.109 9	1.000 0			
PParty	0.060 6	0.069 7	−0.080 9	−0.067 1	−0.048 5	−0.030 8	1.000 0		
MParty	0.023 5	−0.007 8	−0.067 1	−0.082 3	0.011 3	−0.015 9	0.415 9	1.000 0	
TParty	0.051 4	0.039 8	−0.088 4	−0.088 1	−0.024 5	−0.028 3	0.863 7	0.817 6	1.000 0

(二)高管人大代表、政协委员身份的相关性分析

同样,对模型 2 中各研究变量的民营企业数据进行相关性分析,得到 Pearson 相关系数矩阵如表 5-4 所示。由表 5-4 可知,对模型 2 中的控制变量、中介变量以及因变量进行相关分析所得结果与模型 1 一样,各变量之间的 Pearson 相关系数都小于 0.5,可同时将这些变量置于同一模型内,而因变量中董事长的人大代表、政协委员身份得分与高管的人大代表、政协委员身份总得分,总经理的人大代表、政协委员身份得分与高管的人大代表、政协委员身份总得分之间的 Pearson 相关系数远比 0.5 大,因此我们会将高管的人大代表、代表身份的 3 个得分值分别进行回归分析。

表 5-4 政治关联与控制权私利:民营企业研究模型 2 的 Pearson 分析

	Size	Debt	PBC	Concentr	Restrain	Pay	PMem	MMem	TMem
Size	1.000 0								
Debt	0.504 9	1.000 0							
PBC	−0.158 4	−0.112 9	1.000 0						
Concentr	0.075 7	−0.013 8	0.122 1	1.000 0					
Restrain	−0.222 1	−0.112 4	0.193 8	−0.115 5	1.000 0				
Pay	0.301 6	0.043 1	−0.000 1	0.052 0	0.109 9	1.000 0			
PMem	0.163 9	0.028 3	0.074 6	0.059 0	−0.000 2	−0.014 3	1.000 0		
MMem	0.059 5	−0.016 2	0.086 6	0.042 0	0.051 6	0.035 0	0.438 6	1.000 0	
TMem	0.148 4	0.015 2	0.091 0	0.061 5	0.020 2	0.002 9	0.935 2	0.728 3	1.000 0

（三）高管政治级别的相关性分析

对模型 3 的 Pearson 相关分析也完全相同。由表 5-5 模型 3 的 Pearson 相关系数矩阵表可知，控制权私利水平、公司治理水平、公司激励水平、公司规模、公司负债之间的 Pearson 相关系数都小于等于 0.5，控制变量、中介变量与因变量可直接采取模型 3 的构建方式，但是作为因变量的董事长政治级别得分与高管的政治级别总得分、总经理政治级别得分与高管的政治级别总得分之间的 Pearson 相关系数比 0.5 大，因此在对高管政治级别与控制权私利之间进行回归分析时，我们会将高管政治级别的 3 个变量分开进行回归分析。

表 5-5　政治关联与控制权私利：民营企业研究模型 3 的 Pearson 分析

	Size	Debt	PBC	Concentr	Restrain	Pay	PPoliti	MPoliti	TPoliti
Size	1.000 0								
Debt	0.504 9	1.000 0							
PBC	−0.158 4	−0.112 9	1.000 0						
Concentr	0.075 7	−0.013 8	0.122 1	1.000 0					
Restrain	−0.222 1	−0.112 4	0.193 8	−0.115 5	1.000 0				
Pay	0.301 6	0.043 1	−0.000 1	0.052 0	0.109 9	1.000 0			
PPoliti	0.047 7	0.055 4	−0.016 6	−0.035 3	−0.015 2	0.059 1	1.000 0		
MPoliti	0.002 9	−0.020 8	−0.010 2	−0.005 8	−0.025 9	0.060 9	0.385 7	1.000 0	
TPoliti	0.032 5	0.024 3	−0.016 4	−0.026 0	−0.024 1	0.071 9	0.860 2	0.802 3	1.000 0

三、回归分析

在对民营企业的样本数据进行描述性统计分析与相关性分析后，本研究将对高管政治关联与控制权私利水平进行回归分析，从而判断两者的相关性是否相关，以及政治关联会给控制权私人收益带来何种影响，并进一步对两者的影响路径进行剖析，通过实证研究探究股权结构与公司激励水平这两个中介变量会如何起作用，以便更好地说明政治关联为何会给控制权私利带来上述影响。在这一部分的研究中，我们首先将民营企业的各研究变量数据进行标准化（均值为 0）以保证实证研究所得结果的准确性，再对新的数据集进行面板数据的处理，之后对衡量高管政治关联的 3 个变量分别与控制权私利水平进行回归分析,得出显著结论后再进行中介效应的分析。

(一)高管政治信仰的回归分析

在回归分析的部分,首先利用 Stata10.0 对高管政治关联的第一个研究变量高管政治信仰的 3 个测量值,董事长的政治信仰得分、总经理的政治信仰得分以及高管政治信仰总得分逐个对控制权私利水平进行回归分析,得出的回归结果如表 5-6 所示。从表 5-6 中可以看到,董事长的政治信仰得分、高管总政治信仰得分与控制权私人收益呈现显著的负相关关系,而总经理的政治信仰得分与控制权私利之间的负向关系则不显著。由于用来度量控制权私人收益的两权分离度越接近 1,则控制权私利水平越低,因此董事长的政治信仰得分与高管政治信仰总得分越高,会使得两权分离度值越小(偏离 1),此时控制权私利水平越高;总经理的政治信仰得分也会造成企业的控制权私利水平提高,但这一影响并不显著;同时,高管政治信仰总得分与控制权私利呈现显著关系大部分是董事长在起作用。通过对回归结果的分析可知,H_{5-1a} 得到了部分支持,董事长是否拥有政治信仰会对公司的控制权私利水平会有显著影响,当上市公司的董事长为党员时会使得该公司的控制权私利水平增高,同时如果董事长为民主党派人士,其拥有的政治关系与资源较共产党员更大,能够攫取私利的机会更多。究其主要原因应该是入党给企业高管带来的影响使其获得了更多的资源,自利行为的机会更多,从而造成上市公司的控制权私利水平也随之提高。

表 5-6　民营企业高管政治信仰对控制权私利水平的影响

VARIABLES	PBC	PBC	PBC
PParty	−0.064 1**		
	(0.028 5)		
MParty		−0.039 1	
		(0.024 2)	
TParty			−0.070 5**
			(0.028 5)

续 表

VARIABLES	PBC	PBC	PBC
Size	−0.120***	−0.119***	−0.119***
	(0.024 7)	(0.024 7)	(0.024 7)
Debt	−0.012 0	−0.014 0	−0.012 6
	(0.027 3)	(0.027 3)	(0.027 3)
Constant	1.27e−08	1.31e−08	1.32e−08
	(0.044 2)	(0.044 3)	(0.044 2)
Observations	1,688	1,688	1,688
Number of id	422	422	422

经过研究发现,高管政治信仰对产生控制权私利水平正向影响时起主要作用的是董事长的政治信仰得分。因此,我们在董事长的政治信仰得分与高管政治信仰总得分与控制权私人收益显著相关的基础上,进一步进行中介效应的研究分析。先对高管政治信仰与公司治理水平、激励水平进行回归分析,结果如表5-7所示,再将公司治理水平与激励水平引入高管政治信仰对控制权私利水平影响的过程,得到的回归结果如表5-8所示。

表5-7 民营企业高管政治信仰对公司治理水平和激励水平的影响

VARIABLES	Concentr	Concentr	Rrestrain	Restrain	Pay	Pay
PParty	−0.045 1*		−0.026 4		−0.063 1**	
	(0.025 9)		(0.032 1)		(0.029 9)	
TParty		−0.075 6***		−0.027 9		−0.076 0**
		(0.025 8)		(0.032 1)		(0.029 8)
Size	0.211***	0.212***	−0.474***	−0.475***	0.157***	0.157***
	(0.021 7)	(0.021 6)	(0.032 6)	(0.032 6)	(0.027 1)	(0.027 1)
Debt	−0.085 2***	−0.084 9***	0.147***	0.147***	−0.009 60	−0.010 1
	(0.024 2)	(0.024 2)	(0.034 2)	(0.034 1)	(0.029 5)	(0.029 5)
Constant	−4.11e−10	1.48e−10	−5.82e−10	−3.61e−10	0	6.36e−10

VARIABLES	Concentr	Concentr	Rrestrain	Restrain	Pay	Pay
	(0.045 8)	(0.045 7)	(0.036 3)	(0.036 4)	(0.040 8)	(0.040 8)
Observations	1,688	1,688	1,688	1,688	1,688	1,688
Number of id	422	422	422	422	422	422

表 5-8　民营企业高管政治信仰与公司治理水平、激励水平对控制权私利的影响

VARIABLES	PBC	PBC	PBC	PBC	PBC	PBC
PParty	−0.061 1**		−0.062 6**		−0.060 9**	
	(0.028 5)		(0.028 3)		(0.028 6)	
TParty		−0.065 8**		−0.066 1**		−0.066 6**
		(0.028 5)		(0.028 3)		(0.028 5)
Concentr	0.063 0**	0.061 1**				
	(0.027 0)	(0.027 0)				
Restrain			0.076 2***	0.075 2***		
			(0.016 8)	(0.016 8)		
Pay					0.046 2**	0.045 3**
					(0.022 2)	(0.022 2)
Size	−0.133***	−0.132***	−0.066 6**	−0.066 9**	−0.126***	−0.125***
	(0.025 3)	(0.025 3)	(0.027 2)	(0.027 2)	(0.024 8)	(0.024 8)
Debt	−0.006 87	−0.007 63	−0.032 5	−0.033 0	−0.012 4	−0.013 0
	(0.027 4)	(0.027 4)	(0.027 5)	(0.027 5)	(0.027 3)	(0.027 3)
Constant	1.27e−08	1.32e−08	1.27e−08	1.32e−08	1.27e−08	1.32e−08
	(0.043 9)	(0.043 8)	(0.043 5)	(0.043 4)	(0.044 3)	(0.044 2)
Observations	1,688	1,688	1,688	1,688	1,688	1,688
Number of id	422	422	422	422	422	422

首先对公司治理水平中的股权集中度进行中介效应的分析,由表 5-7 和表 5-8 可知式(5-2)中的 a_1 与式(5-3)中的 b_1、d_1 都显著,因此股权集中度这一中介效应显著,政治关联对控制权私利水平的影响部分会通过股权集中度发生作用,当董事长政治信仰得分越高时,上市公司的股权集中

度越低,股权分散情况下股东对管理层的监督机制就会削弱,使得控制权私利水平提高。假设 H_{5-2a} 得到部分验证,董事长的政治信仰得分与高管的政治信仰总得分会使得公司股权集中度低并使得股东与高管之间的制衡度也低,进而对公司的控制权私利水平的增长产生促进作用。

在对公司治理水平中的股权制衡度进行中介效应分析时,可以从表5-7 和表 5-8 看出式(5-2)中的 a_1 并不显著,只有式(5-3)中的 b_1 显著,因此对董事长政治信仰得分、高管政治信仰总得分回归分析所得系数分别进行 Sobel 检验,由表 5-8 可知:

$a_{11} = -0.026\ 4, S_{a11} = 0.032\ 1, b_{11} = 0.076\ 2, S_{b11} = 0.016\ 8$

$Z = -0.026\ 4 \times 0.076\ 2/(0.026\ 4^2 \times 0.016\ 8^2 + 0.076\ 2^2 \times 0.032\ 1^2)^{\wedge}0.5$

$|Z| = 0.809\ 2 < 0.9$

$a_{12} = -0.027\ 9, S_{a12} = 0.032\ 1, b_{12} = 0.075\ 2, S_{b12} = 0.016\ 8$

$Z = -0.027\ 9 \times 0.075\ 2/(0.027\ 9^2 \times 0.016\ 8^2 + 0.075\ 2^2 \times 0.032\ 1^2)^{\wedge}0.5$

$|Z| = 0.853\ 2 < 0.9$

Sobel 检验都不显著,因此股权制衡度的中介效应并不显著,假设 H_{5-2a} 被部分否定,高管政治信仰对控制权私利的影响并不会通过股权制衡度发生作用。

而高管薪酬的回归结果则类似于股权集中度,式(5-4)和式(6-5)中的 a'_1、b'_1 和 d'_1 都显著,公司治理水平的中介效应显著,政治关联对控制权私利水平的影响部分会通过高管薪酬产生作用,由于较高的薪酬能够减弱高管攫取私利的动机,但董事长的政治信仰与高管政治信仰总得分越高时,其所得薪酬反而会降低,由此带来的控制权私利水平就会提高。假设 H_{5-3a} 得到部分验证,董事长的共产党或民主党派的身份,会为其带来的薪酬相对非党员低,进而使得高管政治信仰得分对公司的控制权私利水平的提高产生正向影响。

(二)高管人大代表、政协委员身份的回归分析

实证检验高管人大代表、政协委员身份会对控制权私利产生的影响时,同样逐个检验 3 个测量值包括董事长的人大代表、政协委员身份,总经

理的人大代表、政协委员身份以及高管的人大代表、政协委员身份对控制权私利水平的影响,通过Stata10.0输出的回归结果如表5-9所示。由表5-9可知,董事长的人大代表、政协委员身份以及高管的人大代表、政协委员身份与控制权私人收益呈现显著的正相关关系;而总经理的人大代表、政协委员身份会对控制权私利产生负向影响,但这一影响并不显著。这一结论说明了董事长的人大代表、政协委员身份与高管的人大代表、政协委员身份越高,会使得两权分离度值越大,公司的控制权私利水平越低,同样地高管的人大代表、政协委员身份对控制权私利的显著影响主要还是董事长起的作用。通过上述的结果分析可知,H_{5-16}得到部分支持,董事长的人大代表、政协委员身份会对公司的控制权私利水平产生显著影响,并且当董事长拥有的人大代表、政协委员身份级别越高时,上市公司的控制权私人收益越低,究其主要原因应是当董事长所任代表级别越高,则要受到更大范围的监督,这就会导致其攫取私利行为成本的增加。

表 5-9　民营企业高管人大代表、政协委员身份对控制权私利水平影响的回归分析

VARIABLES	PBC	PBC	PBC
PMem	0.094 2***		
	(0.032 9)		
MMem		−0.000 745	
		(0.023 0)	
TMem			0.067 0**
			(0.031 9)
Size	−0.128***	−0.120***	−0.125***
	(0.024 8)	(0.024 7)	(0.024 8)
Debt	−0.011 9	−0.014 2	−0.012 7
	(0.027 3)	(0.027 3)	(0.027 3)
Constant	1.07e−08	1.28e−08	1.43e−08
	(0.0441)	(0.0441)	(0.0440)
Observations	1,688	1,688	1,688
Number of id	422	422	422

在回归分析得出董事长的人大代表、政协委员身份以及高管的人大

代表、政协委员身份会对控制权私人收益产生显著影响这一结论的基础上，我们仍旧进行第二步：对中介变量的作用是否显著进行研究分析。首先对高管的人大代表、政协委员身份与公司治理水平、激励水平进行回归分析，结果如表 5-10 所示，其次再将公司治理水平与激励水平引入高管政治信仰对控制权私利水平影响的过程，得到的回归结果如表 5-11 所示。

表 5-10　民营企业高管人大代表、政协委员身份对公司治理水平和激励水平的影响

VARIABLES	Concentr	Concentr	Restrain	Restrain	Pay	Pay
PMem	0.050 6*		0.062 2*		0.040 6	
	(0.030 7)		(0.034 0)		(0.033 4)	
TMem		0.029 0		0.078 2**		0.006 89
		(0.029 6)		(0.033 6)		(0.032 7)
Size	0.208***	0.209***	−0.484***	−0.485***	0.162***	0.157***
	(0.021 8)	(0.021 8)	(0.032 9)	(0.032 8)	(0.027 3)	(0.027 3)
Debt	−0.085 4***	−0.085 9***	0.149***	0.150***	−0.013 6	−0.012 0
	(0.024 2)	(0.024 2)	(0.034 1)	(0.034 1)	(0.029 5)	(0.029 5)
Constant	−1.44e−09	2.95e−10	−1.88e−09	1.19e−09	1.01e−09	2.90e−10
	(0.045 9)	(0.045 9)	(0.036 3)	(0.036 3)	(0.040 6)	(0.040 7)
Observations	1,688	1,688	1,688	1,688	1,688	1,688
Number of id	422	422	422	422	422	422

表 5-11　民营企业高管人大代表、政协委员身份与公司激励水平、治理水平对控制权私利的影响

VARIABLES	PBC	PBC	PBC	PBC	PBC	PBC
PMem	0.091 3***		0.089 1***		0.096 0***	
	(0.032 8)		(0.032 6)		(0.032 9)	
TMem		0.065 5**		0.061 5*		0.066 0**
		(0.031 8)		(0.031 6)		(0.031 9)
Concentr	0.062 9**	0.064 6**				
	(0.027 0)	(0.027 0)				
Restrain			0.075 1***	0.075 3***		
			(0.016 8)	(0.016 8)		
Pay					0.050 3**	0.048 1**

VARIABLES	PBC	PBC	PBC	PBC	PBC	PBC
					(0.022 1)	(0.022 2)
Size	−0.141***	−0.138***	−0.075 5***	−0.072 3***	−0.135***	−0.131***
	(0.025 4)	(0.025 4)	(0.027 4)	(0.027 4)	(0.025 0)	(0.024 9)
Debt	−0.006 75	−0.007 35	−0.032 2	−0.033 0	−0.012 2	−0.013 0
	(0.027 3)	(0.027 4)	(0.027 5)	(0.027 5)	(0.027 3)	(0.027 3)
Constant	1.08e−08	1.42e−08	1.09e−08	1.42e−08	1.07e−08	1.42e−08
	(0.043 7)	(0.043 7)	(0.043 3)	(0.043 3)	(0.044 1)	(0.044 0)
Observations	1,688	1,688	1,688	1,688	1,688	1,688
Number of id	422	422	422	422	422	422

先对公司治理水平中的股权集中度这一中介变量进行分析,由表5-10和表5-11可知当高管人大代表、政协委员身份的测量值为董事长得分时,式(5-7)中的 a_1 与式(5-8)中的 b_1、d_1 都显著,此时股权集中度的中介效应显著。而对高管总的人大代表、政协委员身份进行回归分析时,只有式(5-8)中的 b_1 显著,而式(5-7)中的 a_1 并不显著,因此进行 Sobel 检验:

$a_{12}=0.029\ 0$,$Sa_{12}=0.029\ 6$,$b_{12}=0.064\ 6$,$Sb_{12}=0.027\ 0$

$Z=0.029\ 0×0.064\ 6/(0.029\ 02×0.027\ 02+0.064\ 62×0.029\ 62)^{\wedge}0.5$

$|Z|=0.036\ 1<0.9$

Sobel 检验不显著,当高管人大代表、政协委员身份的测量值为高管总得分时股权集中度的中介效应并不显著。此时,高管政治关联对控制权私利水平的影响部分会通过股权集中度发生作用,当董事长的人大代表、政协委员身份越高时,上市公司的股权集中度越高,股权在较为集中的情况下股东与管理层的制衡机制就会更强,能够有力地约束高管的自利行为。假设 H_{5-2b} 得到部分验证,董事长为人大代表、政协委员时公司股权集中度高的同时股东与管理层的制衡机制强,能够有力地降低公司的控制权私利水平。

当用股权制衡度来衡量上市公司的股权结构时,从表5-10和表5-11中可以看到,式(5-7)中的 a_1 与式(5-8)中的 b_1、d_1 都显著,即股权制衡度这一中介效应显著,高管的政治关联对控制权私利水平的影响部分会通过股权制衡度发生作用,当董事长人大代表、政协委员身份与高管的人大代表、政协委员身份越高时,上市公司的股权制衡度越高,大股东之间的制衡机制较强,有效地防止了控股股东与公司管理层形成合谋,增加了高管攫取私利的成本。假设 H_{5-2b} 得到部分验证,董事长人大代表、政协委员身份与高管的人大代表、政协委员身份越高会使得公司股权制衡度提高,股东之间形成有力制衡,约束了高管的自利行为。

同时,由表 5-10、表 5-11 可以看出,对高管薪酬的回归结果所得系数中式(5-9)中的 a'_1 不显著,而式(5-10)中的 b'_1 显著,因此对董事长人大代表、政协委员身份与高管的人大代表、政协委员身份回归分析的系数分别进行 Sobel 检验:

$a_{11} = -0.040\ 6, Sa_{11} = 0.033\ 4, b_{11} = 0.050\ 3, Sb_{11} = 0.022\ 1$

$Z = -0.040\ 6 \times 0.050\ 3 / (-0.040\ 6^2 \times 0.022\ 1^2 + 0.050\ 3^2 \times 0.033\ 4^2)^{0.5}$

$|Z| = 0.073\ 0 < 0.9$

$a_{12} = 0.006\ 89, Sa_{12} = 0.032\ 7, b_{12} = 0.048\ 1, Sb_{12} = 0.022_2$

$Z = 0.006_8 9 \times 0.048_1 / (0.006\ 89^2 \times 0.022\ 22^2 + 0.048\ 1^2 \times 0.032\ 72)^{0.5}$

$|Z| = 0.008\ 0 < 0.9$

Sobel 检验都不显著,因此高管薪酬的中介效应并不显著。民营企业中高管人大代表、代表身份对公司控制权私利水平的影响并不会通过高管薪酬来发生作用,假设 H_{5-3b} 被否定。

(三)高管政治级别的回归分析

高管政治级别的 3 个测量变量,董事长的政治级别,总经理的政治级别以及高管的政治级别与控制权私利水平之间的回归分析结果如表 5-12 所示。从表 5-12 中可以看到,董事长的政治级别和高管的政治级别与控制权私人收益之间呈正相关关系,总经理的政治级别与控制权私人收益之间呈负相关的关系,但这些相关关系都不显著,这使得 H_{5-1c} 被完全否定,与笔者的预期严重不符,高管的曾任或现任政府官员职位本应是能使其拥有最多资源的一项指标。对民营上市公司的数据进行进一步的整理后,我们发现在 422 家民营企业的研究样本中,只有 50 家企业的高管在 2008—2011 年度拥有大于 0 的政治级别,占总数据的比例小,这说明如今民营企业通过聘用曾经任职于政府的人员作为企业的高管的聘用途径十分有限,同时通过这一方式来提高企业政治地位从而获取的资源也会受到多方面的影响,如高管曾经任职的地域、级别、拥有的政治影响力以及所属单位与行业的相关性等,由于影响因素甚多、数据收集困难,本章并未将之纳入实证分析中,这应该是造成政治级别对控制权私利水平影响不显著的主要原因之一。

表 5-12 民营企业高管政治级别对控制权私利水平的影响

VARIABLES	PBC	PBC	PBC
PPoliti	0.026 1		
	(0.025 7)		
MPoliti		−0.017 0	
		(0.025 4)	
TPoliti			0.009 07
			(0.0286)
Size	−0.120***	−0.119***	−0.120***
	(0.024 7)	(0.024 7)	(0.024 7)
Debt	−0.015 2	−0.014 3	−0.014 2
	(0.027 4)	(0.027 3)	(0.027 3)
Constant	1.22e−08	1.35e−08	1.25e−08
	(0.0444)	(0.0444)	(0.0444)
Observations	1,688	1,688	1,688
Number of id	422	422	422

四、本节结论

本节的研究以我国民营上市公司为研究对象,通过对民营企业的财务数据进行的实证分析对在机理分析部分提出的假设验证结果如下:

高管的政治信仰会对公司的控制权私利水平产生显著影响,高管拥有党员身份时其所在公司的控制权私利水平也会随之增加，并且当中董事长所起的作用占主要地位，H_{5-1a} 得到支持。同时，高管政治信仰对控制权私人收益的影响部分会通过股权集中度和高管薪酬起作用，当董事长政治信仰得分越高时，上市公司的股权集中度越低，高管的薪酬也越低，控制权私利水平越高，H_{5-2a}、H_{5-3a} 得到支持。

高管的人大代表、政协委员身份会与公司的控制权私利水平显著相关，高管的代表身份级别越高时公司的控制权私利水平会有所下降，其中董事长仍旧起了主要作用，H_{5-1b} 得到支持。并且，代表股权结构的股权集中度与股权制衡度以及公司激励水平的中介效应显著，董事长的人大代表、政协委员身份级别越高时，股权集中度与股权制衡度越高，高管薪酬水平也越高，这就使得控制权私利水平被约束，H_{5-2b}、H_{5-3b} 得到支持。

高管的政治级别与公司的控制权私利水平之间的相关关系则并不显著，H_{5-1c} 得不到验证，相应的 H_{5-2c}、H_{5-3c} 也就无从证明。

民营企业为提高自身政治地位、加强与政府的联系，主要是依靠其高管成为党员和人大代表、政协委员来实现的，而不是采取聘用具有政治级别的高管这一方式。

第五节　国有企业的对比研究

一、描述性统计分析

国有上市公司的样本同样包括了 2008—2011 年 4 年的数据，通过筛选得到 670 家上市公司、2 680 个观测值。也首先进行描述性统计分析，如表 5-13 所示可以看出，两权分离度间接反映了我国国有上市公司的控制权私人收益的水平，其中值为 87.12%，比值分布于 0.93% 至 1 之间，可见我国国有企业的控制权私利水平的最大值与平均值都高于民营上市公司。高管同样包括了无党派、共产党员与民主党派人士，并且国有企业的高管中党员人数较多；虽然国有企业中的高管拥有最高级别的人大代表、政协委员身份为全国与省级，但参与人大代表、政协委员的高管较少；高管中的政治级别最高为厅局级及省部级，比我国民营企业高管的政治级别高,国有企业高管的政治关联现状与我国国有企业曾经的体制有很大的关系。同时,从平均值看我国上市国有公司较民营企业股权集中度更高、股权也较分散、高管薪酬水平较高。

表 5-13　政治关联与控制权私利:上市国有企业数据的描述性统计

变量符号	观测值	平均值	标准差	最小值	最大值
Size	2 680	21.869 55	1.237 417	17.630 9	28.674 8
Debt	2 680	0.520 064 9	0.186 147 7	0.007 8	1.843
Concentr	2 680	0.500 628 1	0.150 268 4	0.053 1	0.907 5
Restrain	2 680	0.906 65	0.952 570 5	0.012 2	7.602 1
PBC	2 680	0.871 189 8	0.221 709 7	0.009 3	1
PParty	2 680	0.662 313 4	0.477 720 8	0	2
MParty	2 680	0.459 701 5	0.501 452 8	0	2
TParty	2 680	1.122 015	0.828 095	0	3
PMem	2 680	0.349 253 7	1.222 09	0	7
MMem	2 680	0.129 850 7	0.717 928	0	5
TMem	2 680	0.479 104 5	1.667 692	0	10
PPoliti	2 680	0.602 611 9	1.418 928	0	5
MPoliti	2680	0.202 238 8	0.773 387 8	0	5
TPoliti	2 680	0.804 850 7	1.870 074	0	10
Pay	2 680	762 703	865 822	0	1.10e+07

二、相关性分析

在对国有企业的样本数据进行回归分析之前,同样的先进行 Pearson 相关分析以确定模型的具体运用,防止同一模型中各变量的多重共线性过高来确保研究结果的真实性。

(一)高管政治信仰的相关性分析

仍然对模型 1 中国有企业样本数据的各变量进行相关性分析,并输出 Pearson 相关系数矩阵表,如表 5-14 所示。由表 5-14 知,在国有企业数据中,除因变量外的其他变量之间的 Pearson 相关系数都小于 0.5,模型 1 可采取。但因变量中董事长的政治信仰得分与高管总政治信仰得分、总经理的政治信仰得分与高管总政治信仰得分之间的 Pearson 相关系数比 0.5 大很多,所以在回归分析中我们将会分别对高管政治信仰的3 个测量变量进行实证检验。

表 5-14 政治关联与控制权私利:国有企业研究模型 1 的 Pearson 分析

	Size	Debt	PBC	Concentr	Restrain	Pay	PParty	MParty	TParty
Size	1.000 0								
Debt	0.428 6	1.000 0							
PBC	0.010 2	−0.031 3	1.000 0						
Concentr	0.217 0	−0.035 4	−0.005 3	1.000 0					
Restrain	−0.161 0	0.030 0	−0.111 8	−0.153 6	1.000 0				
Pay	0.247 3	0.081 1	0.015 9	−0.076 4	0.187 9	1.000 0			
PParty	0.096 2	0.065 4	0.059 4	0.073 4	−0.077 2	−0.112 9	1.000 0		
MParty	0.151 3	0.136 8	0.014 8	0.064 1	−0.038 3	−0.020 3	0.430 1	1.000 0	
TParty	0.147 1	0.120 6	0.043 2	0.081 1	−0.067 7	−0.077 4	0.837 3	0.853 7	1.000 0

(二)高管人大代表、政协委员身份的相关性分析

同样,对模型 2 中各研究变量的国有企业样本数据进行相关性分析,得到 Pearson 相关系数矩阵表如表 5-15 所示。对模型 2 中的控制权私利水平、公司治理水平、公司激励水平、公司规模、公司负债进行相关性分析所得到的 Pearson 相关系数与表 5-14 的结果相同,模型 2 的变量关系设置合理。但是因变量中董事长的人大代表、政协委员身份得分与高管的人大代表、政协委员身份总得分,总经理的人大代表、政协委员身份得分与高管的人大代表、政协委员身份总得分之间的 Pearson 相关系数远超过 0.5 的显著性值,因此我们会分开对高管的人大代表、代表身份的 3 个测量值与控制权私利水平进行回归分析。

表 5-15　政治关联与控制权私利：国有企业研究模型 2 的 Pearson 分析

	Size	Debt	PBC	Concentr	Restrain	Pay	PMem	MMem	TMem
Size	1.000 0								
Debt	0.428 6	1.000 0							
PBC	0.010 2	−0.031 3	1.000 0						
Concentr	0.217 0	−0.035 4	−0.005 3	1.000 0					
Rrestrain	−0.161 0	0.030 0	−0.111 8	−0.153 6	1.000 0				
Pay	0.247 3	0.081 1	0.015 9	−0.076 4	0.187 9	1.000 0			
PMem	−0.001 1	0.014 6	0.032 4	−0.039 2	0.036 7	0.117 3	1.000 0		
MMem	0.048 9	0.024 4	0.018 2	−0.031 5	0.047 1	0.167 4	0.440 1	1.000 0	
TMem	0.020 3	0.021 2	0.031 6	−0.042 3	0.047 2	0.158 0	0.922 3	0.753 0	1.000 0

（三）高管政治级别的相关性分析

对模型 3 中的变量所进行的 Pearson 相关分析也完全相同。Pearson 相关系数矩阵表如表 5-16 所示，国有企业模型中的控制变量，中介变量以及因变量之间的 Pearson 相关系数仍旧与模型 1、2 结果相同，模型 3 的构建合乎逻辑。而由于作为因变量的董事长政治级别得分与高管的政治级别总得分、总经理政治级别得分与高管的政治级别总得分之间的 Pearson 相关系数则远比 0.5 大，我们将会对代表高管政治级别的 3 个变量值分别进行回归分析。

表 5-16　政治关联与控制权私利：国有企业研究模型 3 的 Pearson 分析

	Size	Debt	PBC	Concentr	Restrain	Pay	PPoliti	MPoliti	TPoliti
Size	1.000 0								
Debt	0.428 6	1.000 0							
PBC	0.010 2	−0.031 3	1.000 0						
Concentr	0.217 0	−0.035 4	−0.005 3	1.000 0					
Rrestrain	−0.161 0	0.030 0	−0.111 8	−0.153 6	1.000 0				
Pay	0.247 3	0.081 1	0.015 9	−0.076 4	0.187 9	1.000 0			
PPoliti	−0.016 3	0.010 8	−0.015 7	0.001 4	0.043 2	0.008 1	1.000 0		
MPoliti	−0.007 8	−0.004 1	−0.023 9	0.000 7	0.051 4	0.001 7	0.403 5	1.000 0	
TPoliti	−0.015 6	0.006 5	−0.021 8	0.001 3	0.054 0	0.006 8	0.925 6	0.719 8	1.000 0

三、回归分析

通过对国有企业的样本数据进行初步的描述性统计分析与相关性分析后，本章首先将国有企业的研究数据进行标准化和面板数据的处理，进而对研究样本的高管政治关联与控制权私利水平进行回归分析，通过实证结果说明政治关联对控制权私人收益的影响，以及政治关联是否会通过公司治理水平、公司激励水平作用于控制权私人收益，并与民营企业的结果进行对比分析，探究国有企业的不同之处。

（一）高管政治信仰的回归分析

国有企业的对比研究，同样首先利用 Stata10.0 对高管政治关联的中的研究变量、高管政治信仰的 3 个测量值、董事长的政治信仰得分、总经理的政治信仰得分以及高管政治信仰总得分分别与控制权私利水平进行回归分析，得出的实证结果输出如表 5-17 所示。从表 5-17 中可以看到，董事长的政治信仰得分、高管总政治信仰得分与控制权私人收益呈现显著的正相关关系，而总经理的政治信仰得分与控制权私利之间的正向关系则不显著。此时，董事长的政治信仰得分与高管政治信仰总得分越高，会使得两权分离度值越大，由此带来的公司控制权私利水平越低；总经理的政治信仰得分也会造成企业的控制权私利水平降低，但其并不会产生显著影响；同时，与民营企业中高管政治信仰的起作用的方式类似，董事长的政治信仰得分对控制权私利产生了主要影响。

表 5-17　国有企业高管政治信仰对控制权私利水平的影响

VARIABLES	PBC	PBC	PBC
PParty	0.044 8**		
	(0.018 9)		
MParty		0.012 8	
		(0.018 5)	
TParty			0.041 5**
			(0.020 9)
Size	0.017 8	0.020 6	0.017 9

续　表

VARIABLES	PBC	PBC	PBC
	(0.021 5)	(0.021 5)	(0.021 5)
Debt	$-0.058\ 4^{***}$	$-0.060\ 3^{***}$	$-0.059\ 9^{***}$
	(0.036 1)	(0.036 1)	(0.036 1)
Constant	$1.80e-08$	$1.88e-08$	$1.82e-08$
Observations	2,680	2,680	2,680
Number of id	670	670	670

　　通过对回归结果的解读可知,对国有企业数据样本的研究得到了与 $H_{5\text{-}1a}$ 相反的结论,虽然董事长是否拥有政治信仰是会对公司的控制权私利水平产生显著影响,但这一影响却是正面的,即当上市公司的董事长为党员时反而会使得该公司的控制权私利水平有所降低,如果董事长为民主党派人士时对高管攫取控制权私利的约束作用会更大。对国有企业数据进行回归分析得出的结论与民营企业截然不同,我们认为造成这一现象的原因是,在国有企业中国有资产监督管理机构或是作为实际控制人的政府、事业单位对高管人员的确定掌握着控制权,他们倾向于选择代表着具有较高职业道德的具有党员身份的人作为高管,因此造成具有党员身份的高管要接受相对更严格的监督,其攫取私利要承担更大的成本,削弱了其进行自利行为的动机。

　　在上述分析得出高管政治信仰会对控制权私利水平产生显著约束作用的基础上,进一步对股权结构与公司激励水平在这一作用过程中的中介效应是否显著进行探讨。同样先对高管政治信仰与股权结构、公司激励水平进行回归分析,结果如表 5-18 所示,然后再将股权结构与激励水平引入高管政治信仰对控制权私利水平影响的过程,得到的回归结果如表 5-19 所示。

　　首先探讨第一个中介变量、股权结构中的股权集中度会产生何种效应,由表 5-18 和表 5-19 可知式(5-2)中的 a_1 显著,但式(5-3)中的 b_1 并不显著,因此对董事长政治信仰得分、高管政治信仰总得分回归分析所得系数分别进行 Sobel 检验,从表 5-18、5-19 可知:

$a_{11}=0.066\ 5,S_{a11}=0.016\ 5,b_{11}=0.013\ 5,S_{b11}=0.021\ 9$

$Z=0.066\ 5\times0.013\ 5/(0.066\ 5^2\times0.021\ 9^2+0.013\ 5^2\times0.016\ 5^2)\char94$

0.5

$|Z|=0.608\ 6<0.9$

$a_{12}=0.079\ 7,S_{a12}=0.018\ 4,b_{12}=0.013\ 9,S_{b12}=0.021\ 9$

$Z=0.079\ 7\times0.013\ 9/(0.079\ 7^2\times0.021\ 9^2+0.013\ 9^2\times0.018\ 4^2)\char94$

0.5

$|Z|=0.627\ 2<0.9$

Sobel 检验都不显著，此时股权集中度这一中介效应并不显著，假设 H_{5-2a} 被部分否定，高管政治信仰对控制权私利的影响并不会通过股权集中度发生作用。

表 5-18 国有企业高管政治信仰对公司治理水平和激励水平的影响

VARIABLES	Concentr	Concentr	Restrain	Restrain	Pay	Pay
PParty	0.066 5***		−0.032 2		−0.039 6*	
	(0.016 5)		(0.024 2)		(0.021 2)	
TParty		0.079 7***		−0.011 1		−0.042 1*
		(0.018 4)		(0.025 1)		(0.023 0)
Size	0.176***	0.175***	−0.375***	−0.378***	0.138***	0.138***
	(0.018 9)	(0.018 9)	(0.026 8)	(0.026 9)	(0.023 9)	(0.024 0)
Debt	−0.092 0***	−0.094 0***	0.203***	0.204***	0.016 5	0.018 1
	(0.017 6)	(0.017 6)	(0.026 3)	(0.026 3)	(0.022 7)	(0.022 7)
Constant	−1.31e−09	−1.10e−09	1.14e−10	−1.44e−10	8.78e−10	7.23e−10
	(0.035 5)	(0.035 5)	(0.027 5)	(0.027 6)	(0.033 2)	(0.033 4)
Observations	2,680	2,680	2,680	2,680	2,680	2,680
Number of id	670	670	670	670	670	670

表 5-19 国有企业高管政治信仰与公司治理水平、激励水平对控制权私利的影响

VARIABLES	PBC	PBC	PBC	PBC	PBC	PBC
PParty	0.043 9**		0.046 7**		0.044 5**	
	(0.019 0)		(0.018 8)		(0.018 9)	
TParty		0.040 5*		0.045 7**		0.041 2**

VARIABLES	PBC	PBC	PBC	PBC	PBC	PBC
		(0.021 0)		(0.020 9)		(0.020 9)
Concentr	0.013 5	0.013 9				
	(0.021 9)	(0.021 9)				
Restrain			−0.049 8***	−0.050 3***		
			(0.011 6)	(0.011 6)		
Pay					−0.015 9	−0.015 9
					(0.016 9)	(0.016 9)
Size	0.015 3	0.015 4	−0.019 1	−0.019 5	0.019 5	0.019 6
	(0.021 9)	(0.021 9)	(0.023 1)	(0.023 1)	(0.021 6)	(0.021 6)
Debt	−0.057 1***	−0.058 5***	−0.042 6**	−0.044 0**	−0.058 0***	−0.059 5***
	(0.020 3)	(0.020 3)	(0.020 4)	(0.020 4)	(0.020 2)	(0.020 2)
Constant	1.80e−08	1.82e−08	1.80e−08	1.82e−08		
	(0.036 1)	(0.036 1)	(0.035 8)	(0.035 9)		
Observations	2,680	2,680	2,680	2,680		
Number of id	670	670	670	670		

　　接下来验证对股权结构中的股权制衡度的中介效应是否显著,从表 5-18 和表 5-19 看出式(5-2)中的 a_1 并不显著,而式(5-3)中的 b_1 显著,同样对董事长政治信仰得分、高管政治信仰总得分回归分析所得系数进行 Sobel 检验:

　　$a_{11} = -0.032\ 2, S_{a11} = 0.024\ 2, b_{11} = -0.049\ 8, S_{b11} = 0.011\ 6$

　　$Z = 0.032\ 2 \times 0.049\ 8/(0.032\ 2^2 \times 0.011\ 6^2 + 0.049\ 8^2 \times 0.024\ 2^2)\hat{\ }$ 0.5

　　$|Z| = 1.269\ 3 > 0.9$

　　$a_{12} = -0.011\ 1, S_{a12} = 0.025\ 1, b_{12} = -0.050\ 3, S_{b12} = 0.011\ 6$

　　$Z = 0.011\ 1 \times 0.050\ 3/(0.011\ 1^2 \times 0.011\ 6^2 + 0.050\ 3^2 \times 0.025\ 1^2)\hat{\ }$ 0.5

　　$|Z| = 0.439\ 4 < 0.9$

　　此时,对董事长政治信仰得分进行回归分析所得系数的 Sobel 检验显著,而高管政治信仰总得分则不显著。从表 5-19 可以看到,股权制衡度与控制权私利之间呈显著的负相关关系,这与我们之前对民营企业样本数据得出的结论完全相反。要说明的是国有企业的股权制衡度低时,代表第一大股东持股比例较高而其他股东持股比例低,但与民营企业不同,此时上市公司的大股东为国家,并不会与高管形成共谋关系来攫取公司的利益,如果国有企业股权制衡度高则说明除国家外的大股东持股比例较高,反而更有可能与高管合谋攫取私利。因此,通过上述分析可知董事长的政治信仰得分部分会通过高管薪酬作用于公司的控制权私利水平,并且这一得分越高时,公司的股权制衡度越低,反而会对高管攫取私利的行为产生约束作用,造成上市公司控制权私利水平降低。

由高管薪酬的回归结果可知,式(5-4)中的 $a'_1 \cdots$,而式(5-5)中的 b'_1 并不显著,仍然需要进行 Sobel 检验来判别高管薪酬的中介效应是否显著:

$$a'_{11} = -0.039\ 6, S_{a'11} = 0.021\ 2, b'_{11} = -0.015\ 9, S_{b'11} = 0.016\ 9$$

$$Z = 0.039\ 6 \times 0.015\ 9/(0.039\ 6^2 \times 0.016\ 9^2 + 0.050\ 3^2 \times 0.021\ 2^2)^{\hat{}}0.5$$

$$|Z| = 0.500\ 1 < 0.9$$

$$a'_{12} = -0.042\ 1, S_{a'12} = 0.023\ 0, b'_{12} = -0.015\ 9, S_{b'12} = 0.016\ 9$$

$$Z = 0.042\ 1 \times 0.015\ 9/(0.042\ 1^2 \times 0.016\ 9^2 + 0.015\ 9^2 \times 0.023\ 0^2)^{\hat{}}0.5$$

$$|Z| = 0.836\ 8 < 0.9$$

Sobel 检验都不显著,高管薪酬的中介效应并不显著,即高管政治信仰并不会通过公司激励水平作用于控制权私人收益。假设 H_{5-3a} 被否定。

(二)高管人大代表、政协委员身份的回归分析

利用国有企业的样本数据对高管人大代表、政协委员身份与控制权私利之间的关系进行实证检验。仍然逐个分析包括董事长的人大代表、政协委员身份,总经理的人大代表、政协委员身份以及高管总的人大代表、政协委员身份这 3 个测量值对控制权私利水平产生的影响,并输出回归分析的结果如表 5-20。由表 5-20 可知,董事长的人大代表、政协委员身份,总经理的人大代表、政协委员身份以及高管总的人大代表、政协委员身份都与控制权私人收益呈现正相关关系,即高管的代表身份级别越

高,则会约束其攫取私利的行为,但这一影响并不显著。H5-1b被否定。为了研究国有企业与民营企业的差别,笔者对国有企业有关高管人大代表、政协、委员身份的数据进行了进一步的整理,发现只有66家国有上市公司的高管在2008—2011年间参与了人大代表、政协委员,占670家中较小的比例。民营企业高管参与人大代表、政协的目的在于提高自身的政治地位并为企业的发展带来资源,而国有企业由于本身存在的天然政治关联,高管并不需要通过提高自身的政治地位来使企业获得良好发展。

表5-20　国有企业高管人大代表、政协委员身份对控制权私利水平的影响

VARIABLES	PBC	PBC	PBC
PMem	0.012 2		
	(0.021 0)		
MMem		0.018 5	
		(0.018 6)	
TMem			0.020 3
			(0.021 7)
Size	0.020 9	0.021 3	0.020 8
	(0.021 5)	(0.021 5)	(0.021 5)
Debt	$-0.059\ 4^{***}$	$-0.060\ 1^{***}$	$-0.059\ 4^{***}$
	(0.020 2)	(0.020 2)	(0.020 2)
Constant	$1.85e-08$	$1.84e-08$	$1.84e-08$
	(0.036 1)	(0.036 1)	(0.036 1)
Observations	2,680	2,680	2,680
Number of id	670	670	670

(三)高管政治级别的回归分析

对高管政治级别和控制权私利水平进行的回归分析仍然分3步,所得董事长的政治级别,总经理的政治级别以及高管总的政治级别与控制权私利水平之间的相关性结果如表5-21所示。从表5-21中可以看到,董事长的政治级别、总经理的政治级别和高管总的政治级别与控制权私人收益之间呈负相关关系，即高管的政治级别越高，公司的两权分离度值越小，控制权私利水平越高，但这一负向关系并不显著。H_{5-1c} 没有被证实。在我国，由于存在公务员的调任和挂职制度，国有企业上市公司中高管曾任或现任政府官员的现象较为普遍，但仍然存在高管利用自身拥有的政治影响力进行自利行为的可能。

表 5-21　国有企业高管政治级别对控制权私利水平的影响

VARIABLES	PBC	PBC	PBC
PPoliti	$-0.002\,47$		
	$(0.009\,08)$		
MPoliti		$-0.000\,775$	
		$(0.009\,21)$	
TPoliti			$-0.002\,22$
			$(0.009\,16)$
Size	$0.021\,2$	$0.021\,3$	$0.021\,2$
	$(0.021\,5)$	$(0.021\,5)$	$(0.021\,5)$
Debt	$-0.059\,9^{***}$	$-0.059\,9^{***}$	$-0.059\,9^{***}$
	$(0.020\,2)$	$(0.020\,2)$	$(0.020\,2)$
Constant	$1.84e-08$	$1.85e-08$	$1.85e-08$
	(0.0361)	(0.0361)	(0.0361)
Observations	2,680	2,680	2,680
Number of id	670	670	670

四、本节结论

国有企业由于与政府之间存在天然的联系，国有企业高管改制前本身就具有的政治级别，造成了其内部关系也会与民营企业完全不同，本节的研究通过对我国国有上市公司的财务数据进行实证分析得出如下结论：

首先，高管的政治信仰会对公司的控制权私利水平产生显著影响，高管拥有党员身份时其所在公司的控制权私利水平相对更低，并且当中董事长所起的作用占主要地位。同时,高管政治信仰对控制权私人收益的影响中只有股权制衡度的中介效应显著,当董事长的政治信仰得分越高时,公司的股权制衡度越低,上市公司的控制权私利水平也就越低。高管政治信仰对公司控制权私利起到了约束作用,与民营企业截然相反。

其次,高管的人大代表、政协委员身份对约束控制权私利有着积极影响,但这一影响并不显著。

再次,高管的政治级别会使得公司的控制权私利水平提高,但两者之间的相关关系并不显著。从这一点可以看出,无论是在民营企业还是国有企业中,高管政治级别对公司控制权私利水平的影响都不显著。但民营企业与国有企业仍然存在区别,民营企业高管的政治级别对控制权私利的影响更多的是约束作用。

对国有企业的样本数据进行实证研究所得的结果与民营企业截然不同,高管政治关联对控制权私利水平总体上并没有显著影响。由于国有企业的特殊性,其高管具有党员身份和政治级别的现象较为普遍,高管的党员身份相比较而言更代表着其自身的廉洁性以及更多的社会责任,削弱了其攫取私利的动机,同时国有资产监督管理结构作为大股东时对高管的约束力更大,增加了掏空成本,从而制约了高管的自利行为。另一方面,国有企业高管的政治信仰主要通过股权制衡度对公司控制权私利起作用,而民营企业的高管政治信仰则通过股权集中度和高管薪酬这两个中介变量作用于公司的控制权私利水平。国有企业与民营企业不同的原因归根结底是国有企业的性质造成的。我国国有企业的最终控制权始终属于政府,这就使得不论国有企业在公司治理其他方面的情况如何,其出生就已具备强大的政治关联,政府会制定一系列的政策使国企的发展环境较民营企业更优。国企还有一个普遍存在的问题就是产权不清晰,造成这一问题的原因主要是国有资产的所有者层次模糊,国有资产首先由国务院或者地方政府委托给本级政府国有资产监督管理机构,再由国有资产监督管理机构委托给企业经营,这就在一般股东委托于经理层的委托代理关系之前又加置了一层产权的委托,使得股东与股东之间、股东与经理层之间的制衡机制变得更为复杂。同时,所有企业的发展都处于社会主义市场经济的大背景下,政府干预是必然存在的,而政府又作为国有企业的实际产权人,必然会使得国有企业对政策的感知度更强,甚至政府制定的政策将更有利于国有企业的发展,这也是越来越多的民营企业家通过提高自身的政治地位、加强与政府之间的联系而获得更好发展的原因。

对国有企业的补充对比研究的结果是引人深思的,政府作为国有企业的实际产权人,在目前无法对国有企业的股权结构做出实质改变的情况下,如何构建更为有效的委托代理关系和完善的公司治理结构,如何合理地安排国企高管的薪酬,使得股东大会、董事会、监事会以及总经理之间形成强有力的制衡机制,以真正达到这些机构设置的目的。并针对国有上市公司,政府应建立一套比民营企业严格的财务检查与信息披露制度,从外部来弥补国有企业内部制衡机制的不足是应当首要考虑的问题。

第六节 结论及启示

一、研究总结

本章在对以往文献进行梳理和研究的基础上,以 A 股民营上市公司的高管政治关联会对公司控制权私利水平产生何种影响以及如何产生影响为研究主体。我们将高管的研究限定为上市公司的董事长和总经理,通过高管的政治信仰、代表身份和政治级别 3 个维度来衡量高管的政治关联,同时引入股权结构包括股权集中度、股权制衡度和公司激励水平(高管薪酬)这 2 个中介变量,并采用了一种较新的方式,利用上市公司的两权分离度测量控制权私利水平。通过对民营企业的公开数据进行描述性统计分析、相关性分析、回归分析以及中介效应的分析,得出如下结论:

第一,民营企业的高管政治信仰会对公司控制权私利水平产生显著的正向影响,同时高管政治信仰对控制权私利的影响部分会通过股权集中度和高管薪酬起作用,当董事长政治信仰得分越高时,上市公司的股权集中度越低,高管的薪酬也越低,控制权私利水平越高。民营企业家通过成为共产党员或民主党派人士即可以提高自身政治地位又能够发展新的社会网络从而获取更多资源,并且政治信仰对其的主要影响在于使其拥有更多的资源这一方面,在增加其自利机会的同时促使其攫取私利动机的增强;另一方面,目前中国共产党的人数已近 8 600 万人,各民主党派也蓬勃发展,对党员的监督仍是依靠政府和党组织来完成,而政府和党组织同时承担了许多其他的工作,对党员主要是从薪酬等直观方面进行监督,不可能面面俱到,同时民营企业家成为党员所获得的社会监督十分有限,此时自利行为的风险相对能够获得的收益较小,民营企业的高管完全有动机利用自身掌握的控制权与更多的资源为自己带来更多的利益,此时如果民营企业的股权较为集中,则高管的控制权越大,能够获得的收益就越多,当薪酬较高符合高管对自身的预期时则会在一定程度上减弱其掏空的动机。

第二,民营企业高管的人大代表、政协委员身份会对公司的控制权私利水平产生显著影响,当董事长拥有的人大代表、政协委员身份级别越高时,上市公司的控制权私利水平越低。并且股权结构与高管薪酬的中介效应都显著,董事长的人大代表、政协委员身份级别越高时,股权集中度与股权制衡度越高,高管薪酬水平也越高,控制权私利水平得到有效约束。与民营企业高管党员身份带来的影响相比,成为人大、政协委员则不同,一方面人大代表、政协委员的选举具有民主性,民营企业家的声誉决定了其能够被选举为代表,一般来说民营企业家的声誉越好其自身的道德感与社会责任感越强,其进行攫取私利的动机就较弱,另一方面级别越高的人大代表、政协委员接受的监督范围越广、越受广大民众关注,这就使得民营企业家自利行为的成本增加,反而会约束公司控制权私利水平的增长,同时企业的股权集中度越高股东与高管之间的约束越大、股权制衡度越高则股东之间的制衡越强,高管的薪酬越高则掏空的动机越弱,这就使得高管人大代表、政协委员的身份能够更好地发挥对控制权私人收益的约束作用。

第三,民营企业高管政治级别对公司控制权私利水平有约束作用,但这一影响并不显著。深究这一实证结果的原因,主要是通过聘用曾经任职于政府的人员作为企业的高管的聘用途径有限,并且通过这一方式来提高企业政治地位从而获取的资源也会受到多方面的影响,如高管曾经任职的地域、级别、拥有的政治影响力以及所属单位与行业的相关性等。而本章在实证分析中并未考虑政治级别对控制权私利水平影响过程中诸多的其他因素,使得实证结果并不显著。

值得注意的是本章所得出的结论都说明在高管政治关联对控制权私利的影响中,董事长的作用要比总经理的作用显著得多。同时,从本章的实证分析中可以发现,民营企业高管政治信仰和人大代表、政协委员身份与控制权私利水平的显著相关关系说明了民营企业家倾向于通过入党或是人大代表、政协会议来提高自身的政治地位,以获取更多的资源,主要原因是政治级别受地域以及所属单位与行业的相关性等多因素的影响,使得上市公司通过聘任曾经任职于政府的人员作为企业高管受到很多局限。

结合我国国情来看,人脉关系是一种特殊的资源,企业在聘任高管时不仅会看高管的职业能力和水平,人脉关系通常也是重要因素。相比那些没有政治关联的高管而言,企业往往会给拥有政治关联的高管开出更高的薪酬。以2009年A股上市公司的数据为例,有768家企业聘任了前政府官员甚至现任官员作为企业的高管,聘任前官员比例最高的是房地产行业,58家民营上市公司中的25家都聘用了前官员,因为聘用前官员担任高管能给企业带来的最直接利益就是签下相关业务合同,事实上掌握了这些前高官就相当于掌握了土地资源,这就是政治关联价值的所在。同年A股上市公司聘任前官员总数则接近1 600人,这些高管中有907人在上市公司领薪,并且他们的平均年薪达到26.2万元,与A股上市公司高管平均年薪24.8万元相比高出了6%之多,其中2009年薪酬总额超过100万元的一共有50人,超过50万元的一共有144人,这就足以说明高管的政治关联不仅能为企业带来利益,也能为自身增值。这其中692名前官员不在上市公司领取报酬,而在上市公司的股东单位领薪,同时有134人持有所在上市公司股票,持股市值最高的10名前官员高管中有6人任职于民营企业并获得了巨额利益,由此可见,前官员的利益关系还与控股股东密切相关,拥有政治关联的这些高管很可能与控股股东形成合谋从而攫取控制权私利。但是同时还应该看到高管政治关联所起的积极作用,对于民营企业家入党而言,更多的是为了赢得资源、拓宽社会网络并获取更多利益,在这方面应更多地发挥党的先进性对民营企业家的指引作用,让党员身份更多地成为其攫取私利的一种约束。越来越多的民营企业家以人大代表、政协委员的身份加入政府工作报告探讨已经成为近几年两会的明显趋势,2013年两会中许多民营企业家提出了如提高个税起征点这样的立足于社会责任而非自身利益的立案,彰显了民营企业家通过参政议政而增强自身社会责任感的实例。

二、研究展望

首先,在控制权私利的度量部分,本章通过梳理已有文献、对比各种度量方法之间的优缺点,选择了一种较为新颖且对研究样本筛选程度低的测量方法,即利用上市公司的两权分离度从侧面反映企业的控制权私利水平。虽然相比常用的测量方法而言,选择的数据样本有所扩大,但由于控制权私利的隐蔽性,本章仍然是选择了较为简单且好操作的间接度量方式,并不能具体测量出每家上市公司的控制权私利的数值,只能说明上市公司之间相对的控制权私利水平的高低。在控制权私利的度量方法上,依然存在着一个难以解决的问题,以后的研究也许可以从构建数学模型方面来考虑,探究能够控制权私利的直接度量方法。

再者,高管对控制权私利水平的影响方面,本章选取了高管的政治关联这一特征来说明,探讨了政府作为上市公司的利益相关者之一,会对企业的外部环境以及内部治理结构带来的变化,当高管作为政府和企业的连接人时,能够为企业甚至自身带来的资源,直接将高管政治关联与控制权私利联系起来,并且利用实证结果说明了两者之间的关系。但从利益相关者理论出发来研究高管对控制权私利的影响,仅对高管的政治关联这一方面进行分析仍然具有一定的局限性,上市公司的发展所处的大环境不仅包括政策环境、制度环境还有行业环境等等,供应商、客户和同行业的企业都作为企业的利益相关者而存在,能够为企业以及高管自身带来资源的应该是包括了政治关联在内的高管的整个社会网络,例如,企业高管通过参加各种商会来扩展自己的社会网络而获取更多的资源。同时,本章所提出的衡量政治关联的 3 个变量高管政协信仰、代表身份和政治级别并不能完全代表高管所有的政治关联,高管还能够通过许多其他的方式来加强企业与政府的联系,比如通过参加政府举办的社会公益活动来提高自身在政府的信誉度,这些也都会影响公司的控制权私利水平。在考虑政治关联 3 个方面尤其是政治级别对控制权私利的影响时,对高管曾经任职的地域、级别、拥有的政治影响力以及所属单位与行业的相关性等没有做过多的考虑,使得实证结果不显著,也是本章的局限。

最后,本章通过引入股权结构和公司激励水平这 2 个中介变量来分析高管政治关联会通过何种途径作用于控制权私人收益,打开了两者之间的黑箱。不足之处在于,我们选取的中介变量虽然从一定程度上剖析了政治关联的影响路径,但依旧存在着一些没有考虑到的因素如企业的管理费用也可能作用于政治关联对控制权私利的影响。同时,本章提出的 2 个中介变量都对控制权私利起着约束作用,即股权结构与激励水平越高都会带来公司控制权私利水平的降低,而没能提出一个能够促进控制权私利水平提高的中介变量,进而比较约束力与推动力之间作用产生的最后结果。

三、政策建议

目前许多研究都证明了拥有政治关系能够为企业带来更多的资源,促进企业绩效的增长,但同时政治关系也会使得企业承担更多的社会责任。当高管拥有政治关联时,作为外部利益相关者政府与企业的联系人,给企业带来的积极影响的同时也要考虑其负面作用,民营企业不应该盲目行动,而应理智地建立与政府的联系。鼓励高管成为人大代表、政协委员是一种可取的方法,既能够提高民营企业的政治地位,又能够在社会大众面前树立企业良好的形象和声誉。在考虑获取外部资源来支持企业发展的同时,企业更应该考虑建立这种联系会对企业各方面包括融资以及其后形成的公司股权结构等产生的影响,并且合理设计高管薪酬,只有在合理的股权结构与高管薪酬前提下,才能使高管建立的企业与政府之间的联系更好地发挥对企业发展的积极作用,才能约束高管的自利行为,从而使政治关联带来的弊端最小化。另外,企业应全面考虑各个利益相关者会对自身发展产生的,而不是仅仅通过加强与政府的联系这一渠道来获取更多资源,必要时可以将外部利益相关者纳入公司的内部治理结构,更好地发挥各个部门之间的制衡作用。

政府也应当看到政治关联对市场经济的作用也是双面的,考虑企业在实际发展中存在的各种可能性,减少企业的政治关联可能会给市场带来的负面影响,发挥其带来的积极影响,一方面对于拥有政治关联的民营企业要考虑他们手中的政治关系是否会导致行业竞争的不公平现象,另一方面可以鼓励企业参与到政府举办的各项公益中来建立良好的社会形象甚至争取政府的优惠政策。关注民营企业家建立政治关系的途径，鼓励民营企业家入党的同时要加强对之入党的审核与教育，更多地发挥党的先进性对民营企业家的带动作用，纯洁民营企业家入党的目的。另外，根据近两年两会中民营企业家增多的趋势以及更多更好的提案，政府应拓宽民营企业家参政议政的途径，使人大代表、政协委员的身份能更好地起到对民营企业家的约束作用，树立他们强烈的社会责任感，从多方面削弱其自利动机。同时，通过国外研究可以看出，前官员任职于企业的现象也很常见，但由于有健全的制度约束，很少会出现权力寻租的现象，前官员大多是利用其职业技能来服务于企业。而我国企业聘请前官员担任高管却更多地希望利用其政治关系，对此现状，政府更应致力于前官员担任高管方面制度的完善，加强对上市公司的监管时，完善证券市场的法律体系，尤其是对于可能带来不公平现象的企业政治关联，要求这些上市公司建立更为严格的财务制度和信息披露制度并完善自身的内部治理结构，只有在更为严格的制度环境下，上市公司财务信息透明，高管和企业无漏洞可钻，无法获取具有隐蔽性的私人收益，才能使证券市场获得健康稳定的发展。

在中国证券市场上还存在着许多的中小投资者，这一部分的中小投资者通过投资于上市公司股票来获取利益，但他们对股票的选择仍局限于一些众所周知的财务指标如每股收益等等，但这些财务指标并不能很好地说明上市公司的发展。首先我们建议投资者应更为全面地阅读上市公司的年报来获取企业发展趋势的信息，同时基于本研究的实证结果，投资者应加强维护自身利益的意识，在选择股票时还应挖掘除上市公司财务数据以外的一些隐藏信息，例如公司所处的行业背景、公司的股权结构、高管的薪酬水平以及该公司所拥有的政治关联，综合判断企业的发展前景、社会声誉以及高管的个人声誉，考虑企业大股东、高管是否有攫取控制权私利、掠夺中小投资者利益的可能性，排除那些信誉差、公司的控制权私利水平过高的上市公司作为投资对象，从而维护自身的利益。

第六章 两权分离与控制权私利：理论分析与实证检验

第一节 引言

现代公司制下，主要存在两类典型的代理问题，即第一类股东和经理人员的代理问题以及第二类大股东和中小股东间的代理问题。第一类代理问题的研究主要始于 1932 年 Berle et al. 提出的所有权与控制权分离的著名论断之后，这段时间的研究主要集中在股权高度分散下的管理者与外部股东之间的代理问题上。这种股权分散的状况曾一度被认为是现代企业的基本特征。直至 20 世纪 90 年代末，Shleifer et al.（1997），Claessens et al.（2000），LLSV（2002），Claessens et al.（2002）的研究发现世界上大部分国家的公司股权不是分散而是相当集中的。股权集中在少数几个大股东手中，这些大股东在公司治理中发挥着关键性的作用。这就导致了第二类代理问题的产生，即控股股东侵占中小股东的利益（Shleifer et al. 1997）。因此，公司治理的核心不再是围绕第一类代理问题，而是第二类代理问题下如何抑制大股东的掏空行为，有效保护中小股东的利益。Johnson et al.（2000）发现大股东的掏空行为不仅危害中小股东的利益、上市公司的自身成长，甚至还会波及一定领域内的经济发展，如 1997 年至 1998 年的亚洲金融危机。而这种现象在"一股独大"的中国尤为明显，我国上市公司的大股东往往利用其较强的控制力从自身利益出发左右管理层的决策，从而进行大股东的掏空行为，侵害中小股东的利益。中国的这类掏空事件也屡见不鲜，如五粮液的关联交易和猴王股份的关联担保等，因此大股东的掏空治理问题也成为当前中国管理实践面对的焦点问题。

第二节　文献回顾与研究假设

一、公司股权结构与大股东掏空

（一）所有权性质

从上市公司所有权性质来看,分为国有上市公司和非国有上市公司。从中国实际及实证经验来看,我国的国有上市公司一般是从优质国企改制而来的,国有上市公司中终极控制人的控制力非常大,但大股东通过资本运作来增加控股层级从而加大两权分离度的意愿并不强烈,所以相对于非国有上市公司,国有上市公司中的大股东掏空行为相对较少。吴敬琏(2001)认为我国国有上市公司里大部分都是一股独大,且由于是国家股的特性,股东为全体国民,管理层则是公务员高管,两者完全分离,因此国企上市公司经营行为更多的是体现管理者意志而不是股东意志,在公开市场并不如非国有上市公司般的掏空。另外,非国有上市公司中由于包含家族控制的上市公司,并且随着股票发行制度改革以及"国退民进"的推进,家族控制的上市公司已逐渐增多,而家族上市公司大都是通过金字塔结构控制的,导致两权分离的现象较为严重,致使大股东有强烈的动机实施掏空,因此相对于国有上市公司,非国有上市公司中会存在较高的掏空程度。La Port et al. (1999)追溯公司控制链条,将公司控制权追溯到终极控制股东,并将终极控制股东划分为6种类型:股权广泛持有型、家族或个人、政府、股份分散的金融机构(如银行)、股份分散的公司、其他控制主体(如养老基金、共同基金等),对样本中6种终极控制人所占比例进行了统计,结果表明,最主要的终极控制股东类型是家族控制。所以本章结合上述分析,将研究样本中的上市公司分为国有与非国有两类,令国有上市公司的所有权性质为1,非国有的为0,提出以下假设:

H_{6-1}:非国有上市公司比国有上市公司的大股东掏空程度强,即公司所有权性质与大股东掏空程度呈负向相关关系。

(二)终极控股股东持股比例

当终极控股股东持股比例相对较低时，这时股权也就比较分散，在这种情况下，大股东对经理层的监督所带来的收益为全体的股东所有，而监督所产生的成本却为大股东自己承担，不能分摊给所有股东，所以此时大股东由于持股比例较低可能出现其所获得的收益远远小于其监督所花费的成本的现象。而中小股东会因为将监督希望寄托在大股东身上，对这种"公共产品"性质的监督产生"搭便车"的心理，所以对公司的监督没有积极性。此时，大股东有强烈的动机对上市公司进行掏空以攫取额外的收益，并且由于其所占份额较少，掏空所带来的利益损失远远小于其进行掏空所得的额外收益。

当终极控股股东的持股比例增加到一定程度后，在大股东与其他几个较大的股东之间会形成一种无形的制衡力，这时这几个较大股东由于无力谋求公司的控制权会极力维护自身的正当权益，从而有极大动力加强对大股东的监督程度。因此，大股东进行掏空的外在环境受到了限制，转而与全体投资者们共享收益，与此同时，随着手中股份的不断增加，终极控股股东取得的共享收益也在相应地增加，其有意愿监督经理人提升公司绩效，因此大股东会减弱其对上市公司的掏空行为。

当终极控股股东的持股比例继续增加到一定程度甚至形成绝对控股后，此时由于持有上市公司高额的股份所需承担的风险也较高，因此大股东有动机再次通过对上市公司进行掏空来攫取私人收益，此时的大股东掏空程度又会增强。所以通过上述分析，提出以下假设：

H_{6-2}：大股东掏空程度与终极控股股东持股比例呈"U"型关系，即与一阶终极控股比例负相关，与二阶正相关。

(三)股权集中度

在高股权集中度的情况下，由于上市公司为几个大股东所拥有，并且他们的收益直接与公司绩效挂钩，同时减弱了较小股东与大股东的信息不对称程度，因此会加强对大股东的监督和约束力度。Shleifer et al. (1986)就指出，股权集中度能使大股东有效地激励和监督管理层，从而减弱股东间相互搭便车问题。近年来，国内的很多学者通过实证研究也得出了公司的股权集中度与公司绩效呈显著正向相关关系的结论（Xu et al. 1999；陈小悦等，2001；安烨，2011），这从另一个角度也证明了股权集中度越强，大股东利益侵占的程度会越低。因此，本章做出如下假设：

H_{6-3}：股权集中度与大股东掏空呈负相关关系。

（四）股权制衡度

在股权制衡方面，国内外的研究均发现其他股东对终极控股股东的制衡力对监督终极控股股东的行为有着积极的作用，这有助于大股东掏空行为的弱化（La Porta et al. 1999；Pagano et al. 1998；Bennedsen et al. 2000；徐向艺等，2008）。这是因为，当股权制衡度高时，不存在一个占明显优势的控股股东，公司的重要行为及决策需要经过这几个大股东一致同意，这些大股东所共同持有的足够大的现金流权和控制权限制了其对上市公司的掏空，因为大股东们此时掏空上市公司就等于在掠夺自己的利益，因此这种情况下大股东会拥有足够大的意愿及能力来监督管理层行为，从而减弱了掏空、保护了中小股东的利益。当股权制衡度很低时，这时没有了其他股东的制衡，处于控制性地位的大股东由于只有相对较少的现金流权，这意味着当其对上司公司进行掏空致使上市公司承受较大的损失时，他只需承担损失中相对较小的部分，而其掏空行为所带来的控制权收益是完全私人享有的，理性的经纪人对上述决策的权衡使得掏空成为了必然。因此，本章做出如下假设：

H_{6-4}：股权制衡度与大股东掏空呈负向相关关系。股权制衡度越高，越不利于大股东进行掏空。

二、董事会结构与大股东掏空

在公司治理结构中，作为对控股股东的监督力量，独立董事应该定位于保护中小投资者的职能上（谷祺等，2006）。并且当一个公司被控股股东所控制时，董事会、高管的独立性将很难得到保证，因而高管股权激励、董事会等内部公司治理机制的有效性将大大降低（罗进辉等，2011）。所以公司董事的独立性就显得尤为重要。在董事会中代表公司大股东的董事占较大比例时，这些董事的行为就会受到大股东的约束，若此时大股东对上市公司实施掏空，代表大股东利益的内部董事同样出于自利的目的考虑就不会对其掏空行为进行有效制约,但独立董事的作用就体现在此,独立董事作为第三方力量能够有效监督制约代表大股东利益的内部董事的行为,提高了董事会的独立性,从而抑制大股东的掏空行为。因此本章用董事会结构中独立董事比例来衡量公司董事的独立性,并做出如下假设:

H_{6-5}:独立董事比例与大股东掏空呈负向相关关系。

两职合一情况,即上市公司中董事长与总经理是否由一人兼任。我国的上市公司一般都是由大型国有企业剥离出来的,其主要经营管理人员也多是原来的母公司中调派过来的,因此大股东极有可能推选与自己关系较近的人员来做上市公司的总经理。这就使得董事会成员与经营管理层高度重合,董事长与总经理也常常合二为一,形成董事长与总经理"一肩挑"的现象。这种董事长与总经理的两职合一行为则意味着自己对自己进行监督,这很难从制度上保证董事会的监督职能,从而大大削弱了董事会对高层管理人员的监督能力,为掏空奠定了制度基础。Gomes et al.(2002)的研究表明,董事长与总经理的两职合一会导致董事会独立性的丧失。于是提出如下假设:

H_{6-6}:两职合一与大股东掏空呈正向相关关系。

三、监事会结构与大股东掏空

监事会是公司必须设置的一种监察机构,由部分股东和部分职工代表组成,共同对公司的董事和高级管理人员进行监督。在我国,董事会和监事会是两个相互对立的机构,但都依赖于上市公司,并且共同维护上市公司的利益。董事会作为公司的一种经营决策机构,其做出决策的恰当性是需要监事会审查的。并且作为一项法定权利监事要列席董事会,这有助于了解公司的经营活动,但是监事不是董事会的成员没有表决权,只有对董事会的决议提出意见和建议的权利。监事还被赋予了众多的权利,监事会存在的最终目的就是确保全体股东和上市公司的利益不受损害。因此监事会的有效运行会抑制大股东的掏空行为。

监事会的规模对于发挥有效的监督作用是必不可少的。我国《公司法》第一百一十七条规定,在股份有限公司中监事会成员的数量不得少于3人。如果人数太少,监事会作为"弱势群体"的表现会更加突出。监事会的规模应该与董事会和高级管理层的规模相匹配,规模较大的监事会能够充分地分配各项事务,更有利于行使监督职能。因此,本章提出以下假设:

H_{6-7}监事会规模与大股东掏空呈负向相关关系。

四、公司制度下约束水平与激励水平的中介效应分析

公司治理结构对大股东掏空影响机理模型如图 6-1 所示。

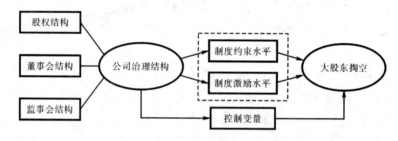

图 6-1 公司治理结构对大股东掏空影响机理模型

虽然关于公司治理结构与大股东掏空行为影响研究已日趋成熟,但仍不能找出抑制大股东掏空行为发生的有效对策,大股东掏空的恶性事件比比皆是。不禁让人反思这种合法完善的公司治理制度下的治理效率的缺失问题。大股东的掏空决策不仅取决于公司治理结构的特征,更受到公司制度约束水平及激励水平的影响,即公司治理结构对大股东掏空程度的影响过程中是有制度约束水平及激励水平在起中介作用的。公司治理既然是一种制度安排,就必然具有两面性,一方面大股东对上市公司的控制及决策具有主导型,然而中小股东为了保护自身的利益会对大股东进行监督制衡,这就产生了代理成本,体现着制度的约束水平,代理成本越高,对大股东的约束力越强,越不利于大股东进行掏空,另一方面,大股东是否进行掏空其实是自身的一个博弈过程,倘若大股东的薪酬已经很高,大股东则会权衡掏空所带来的收益、风险以及原本即可取得的高额薪酬,所以此时管理者薪酬体现了制度的激励水平,管理者薪酬越高,大股东的掏空动机越小。

上面从理论上分析了制度约束水平及激励水平在公司治理结构对大股东掏空行为影响过程中的作用,然而事实却并不总是如此美好的,经过

对公司治理问题的研究，我们发现随着代理理论的发展，已经产生了第四类代理关系问题。

经典的公司治理文献主要关注的是第一类代理关系，即公司的股东与经营管理人员间的利益冲突（Jensen et al. 1976）。然而进一步的研究发现，世界上的大部分公司的股权不是分散而是相当集中的，这就构成了大股东与中小股东之间的第二类代理关系问题，大股东往往利用其绝对的控制权对上市公司进行利益侵占，损害中小股东的利益，于是公司治理的研究开始转向大股东对中小股东的利益侵害问题。这种大股东侵占现象在市场不发达国家的表现尤为明显。学界和公众目前所关注的大股东掏空行为主要是指这种大股东掠夺的现象。然而从利益相关者的角度，以 Blair（1995）为代表的学者认为企业的外部非决策类利益相关者（如政府和债权人、消费者等）与内部的股东和经理层形成一种"隐形"的委托—代理关系，即第三类代理关系。Dewatripont et al.（1994）研究中指出债务投资者（即债权人）虽然能通过债务重组或破产清算等干预手段来降低现金流风险，从而对管理者产生"硬约束"效应。但是，当企业债务超过一定规模时，债务投资者也不能再实施硬约束（Hart，2001）。于是进一步地，在利益相关者思想的影响下，企业现有的所有权和经营权表现为货币资本、异质性人力资本和环境所有者在内的要素所有权与 Top Team、专业管理公司等表现形式的经营团队，这两者之间的委托—代理契约实际上就是双方的代表之间签订的，因此就可能出现双方代表是同一主体的情况，譬如说为控股股东，此时就会出现代理人和代理人之间的串谋行为，即经营权和所有权的形式分离和实际重合，即第四类代理关系，也就是所说的内部人控制（青木昌彦，1994）。

因此，本书认为由于第四类代理关系的存在，导致了大股东对制度的操纵，制度的约束水平与激励水平在大股东进行通过掏空的决策中所起的作用受到限制，大股东通过掏空攫取私利的手段就更为隐蔽和多元化。

再者上市公司中的内部人控制现象是极为严重的，何大安（2008）指出，目前我国上市公司的内部结构包括股东大会、董事会、总经理、监事会等的构成，仅仅是符合《公司法》和《证券法》的要求而已。"一股独大"的现象仍然很普遍，对"内部控制人"的制衡机制与外部约束依旧缺乏，而股权过于单一化使得上市公司的高管包括董事长和总经理的任命主要取决于控股股东,这将削弱组织制度上的制衡机制,从而进一步促使在公司管理与重大决策方面股权会,大股东和管理层的选择趋向一致,控股股东与管理层之间形成合谋,股东与管理层之间的监督制衡失效,大股东进行掏空的风险也随之减小,而当前大股东的掏空行为多是钻了当前公司制度的漏洞,行为合法且手段具有隐蔽性与多样化的特点,这就更促使了大股东掏空行为的增加。

但是针对制度的约束水平来说,即使上市公司存在内部人控制现象,大股东可以利用自己的主导地位做决策,但依然会受到其他几个大股东及中小股东的监督,这种代理成本会一直存在,因此大股东在做掏空决策时会受到这种代理成本的约束,所以我们认为制度的约束水平在公司治理结构对大股东掏空行为的影响过程中是具中介作用的。而针对制度的激励水平,以管理者薪酬为代表的激励手段在这个掏空决策过程中的作用则有待进一步考证,这主要出于以下两种考虑:一是国有企业跟非国有企业是有区别的,国有企业可能会由于政府颁布的限薪令而导致这种激励水平很低,从而管理者薪酬这个激励水平指标在公司治理结构对大股东掏空行为影响的过程中不起作用;另一个是大股东在进行掏空博弈时,倘若此时掏空时机非常成熟,所带来的利益非常大,远远大于管理者薪酬,此时管理者薪酬起不到激励作用,也就是在公司治理结构对大股东的掏空行为影响的过程中不起作用,但假如管理者薪酬远大于其进行掏空所带来的利益,并且掏空所带来的风险远大于这种利益时,大股东时不会选择掏空这种行为的,此时管理者薪酬会部分作用于公司治理结构对大股东掏空行为的影响。

因此,根据上述分析,为了进一步打开公司治理结构对大股东掏空行为的影响路径这一黑箱,补充解释合理合法的公司治理机制下公司治理结构仍不能有效抑制大股东掏空这一现象的原因,本章引入以下2个中介变量:制度约束水平与制度激励水平,并提出以下假设。

(1)公司股权结构对大股东掏空影响的中介效应假设。

H_{6-1a}:国有公司相对于非国有公司中代理成本较高,对大股东的约束水平较高,而约束水平越高,大股东掏空程度相对越低。

H_{6-1b}:国有公司与非国有公司中的制度激励水平是有明显区别的,国有上市公司可能由于限薪令的出台而导致其相对管理者薪酬较低,激励水平较弱,从而加强大股东掏空行为的动机。

H_{6-2a}:制度约束水平在终极控股股东持股比例对大股东掏空的影响过程中起中介作用。终极控股股东持股比例越高,公司的制度约束水平越低,越有利于大股东的掏空行为。

H_{6-2b}:制度激励水平在终极控股股东持股比例对大股东掏空行为的影响过程起中介作用。

H_{6-3a}:股权集中度较高的公司会由于公司的制度约束水平较高从而抑制大股东的掏空行为。

H_{6-3b}:制度激励水平在公司股权集中度对大股东掏空行为的影响过程中不存在中介效应。当公司股权集中度相对较高时,大股东之间相互制衡使得大股东掏空减弱,此过程中可能激励水平不起中介作用,然而当股权集中度较低时,大股东一股独大,从而进行掏空决策时可能会权衡掏空风险、收益及激励水平,从而起到中介作用。我们认为,中国上市公司的股权集中度相对较高,所以假设激励水平在此影响过程中不起作用。

H_{6-4a}:制度约束水平在股权制衡度对大股东掏空行为的影响中起中介作用。股权制衡度越高,公司的制度约束水平也就越高,越不利于大股东进行掏空。

H_{6-4b}:制度激励水平在股权制衡度对大股东的掏空行为中不起作用。股权制衡度体现的是其他中小股东对大股东的制衡能力,而制度激励水平是指通过管理者薪酬对掏空的主体大股东的行为的影响,因此在股权制衡度对大股东掏空行为的影响过程中制度激励水平是不会起中介作用的。

(2)公司董事会结构对大股东掏空影响的中介效应假设。

H_{6-5a}:独立董事比例越高,对大股东的制度约束力越强,对公司进行掏空的代理成本越高,越不利于大股东的掏空行为。

H_{6-5b}:独立董事比例对大股东掏空行为的影响不会通过管理者薪酬这一制度激励手段起作用。若独立董事比例较高,无论体现制度激励水平的管理者薪酬是高还是低,由于独立董事监督的力度强,此时大股东都会选择减少掏空。

H_{6-6a}:两职合一情况越严重,对大股东的制度约束力越弱,越有利于大股东进行掏空。

H_{6-6b}：两职合一情况会通过改变管理者薪酬这一激励水平影响大股东的掏空行为。

(3)公司监事会结构对大股东掏空影响的中介效应假设。

H_{6-7a}：公司监事会规模越大，对大股东的制度约束力越强，越不利于大股东进行掏空。

H_{6-7b}：公司监事会规模不会通过制度激励水平影响大股东的掏空行为。

第三节　研究设计

一、样本选择与数据来源

本章将中国沪深两市 2008—2011 年共 4 年的所有 A 股上市公司作为原始研究样本。为了保证数据的有效性及实证结果的准确性，在对原始样本做了以下处理：

(1)剔除金融和保险行业。因为金融保险行业与其他行业不仅在财务报表、财务指标方面具有显著不同，而且在内部治理结构及外部监督机制方面也都有显著的差异，所以为了保证研究样本的稳定性将其剔除；

(2)剔除数据缺省的上市公司，主要指 2008—2011 年公司年报中没有控制权图谱及图谱不全的、股权分散不存在最终控制人的及公司治理相关数据披露不全的上市公司；

(3)考虑到大股东掏空会带来上市公司的亏损，所以本章并没有剔除被 ST 和 PT 的公司。

经剔除后，最终我们得到了 1 112 家上市公司、4 448 个观测值作为本书有效的研究样本。本章所使用的研究数据主要来源于 CCER 数据库和国泰安 CSMAR 数据库，其中公司控制权与现金流权数据根据上市公司年报资料手工整理并计算而得，上市公司年报来自巨潮资讯网以及上市公司官网。

二、指标选取

(一)因变量

大股东掏空上市公司的方式有很多种,因此对于大股东掏空程度的衡量也有多种方法。但经过对两权分离视角下大股东掏空行为的内在形成机理的分析,我们发现大股东多是通过直接和间接(通过其控制链上所控制的公司)的方法导致其对上市公司的实际控制权大于现金流权,从而对上市公司实施掏空、侵害中小股东的利益。而由于这种行为的隐蔽性及研究方法和数据获取手段的局限性,我们无法对掏空程度进行直接测量。基于两权分离是导致大股东掏空行为的直接动因,所以本章直接测量上市公司终极控股股东对上市公司持有的实际控制权及现金流权,从而计算得到两权分离度,以此作为衡量大股东掏空程度的度量变量的方法。

本章旨在研究公司治理结构对大股东掏空行为的影响,因此大股东掏空程度的度量变量两权分离度为本研究的因变量。在此需要说明的是,两权分离度(SR)为现金流权与终极控制权的比值。两权分离度越小,说明终极控股股东实际拥有的控制权越大,对上市公司的掏空程度越强。

(二)自变量

大股东掏空行为的影响因素众多,从公司治理结构的角度分析,本书分别从公司股权结构、董事会结构以及监事会结构方面选取了以下研究变量:

(1)所有权性质(Nature):是指上市公司的终极控股股东的所有权性质。本书首先按照国泰安 CSMAR 数据库针对控制人性质的分类把企业分为国有企业、集体所有制企业、联营企业、私营企业、港澳台资企业、外商企业、外国企业、机关事业单位、社会团体、自然人和无法分类等 11 种类型,然后将国有企业和机关事业单位控股的企业归为国有企业,将其余的企业归为非国有企业,用 Nature 表示终极控股股东性质即所有权性质,国有股权=1,非国有股权=0。

（2）终极控股股东持股比例（VR）：是指终极控股股东所持有上市公司的控制权比例，其值等于每条控制链上最低的投票权相加之和。

（3）股权集中度（Concen）：前五大股东持股比例之和。该指数越大，说明股权越集中，假设 H_{6-3a} 可以理解为股权集中度跟大股东掏空程度成正向关系。

（4）股权制衡度（Restra）：是指第二到第十股东所持比例的和占第一大股东持股比例的百分比。数值越大，说明中小股东对大股东的制衡能力越强。

（5）独立董事比例（Indpen）：独立董事占董事会总体规模的比例，反映上市公司董事会结构的状态。

（6）两职合一（Dual）：是对上市公司管理层内部董事长与总经理兼任情况的反映，若兼任＝1，不兼任＝0。

（7）监事会规模（Superv）：本年度监事会人数，反映监事会的监督能力。

（三）中介变量

（1）制度约束水平（Agen）：以代理成本为观测指标，其值为管理费用与主营业务收入的比值，反映上市公司对大股东的约束力。

（2）制度激励水平（ManPay）：以管理层薪酬为观测指标，其值为公司前三名高管平均薪酬的自然对数。

（四）控制变量

除了上述自变量的影响外，相关研究表明上市公司的公司特征与大股东掏空行为之间也存在着影响关系。为控制公司特征因素的影响，本研究引进了以下控制变量，以期模型能更好地研究上述自变量对因变量的影响，介于行业变量在该研究中不显著，所以没有选择行业变量作为控制变量。

（1）净资产收益率（ROE）：也称为股东权益收益率，其值等于净利润与平均股东权益的比，是反映上市公司未来的盈利能力的指标。

（2）公司规模（Size）：等于公司年末总资产的自然对数。该指标是对上市公司现有的生产、经营范围的划型，反映公司现有规模的大小。

（3）公司负债（Debt）：即资产负债率，上市公司年末总负债与年末总资产的比值，是企业财务状况中总体负债情况的衡量指标。该指标的大小反映公司的偿债压力及面临的财务风险的强弱。

（五）模型构建

在经济学领域中，探讨多个因素对某一事物的影响关系时，如果有长期的数据时较多采用多元线性回归模型，本章要研究的是从 2008 年到 2011 年 4 年中公司治理结构各因素变量对大股东掏空行为的影响，故采用多元线性回归。

基于上文分析选择的解释变量，本章建立以下的面板模型，其中各个变量的含义如表 6-1 所示。

表 6-1　两权分离与控制权私利：研究变量一览表

变量分组	变量简称	代码	变量解释
被解释变量	大股东利益侵占程度	SR	终极现金流权/控制权，即终极股东现金流权与控制权分离度。
			终极现金流权＝每条控制链上持股比例的乘积之和
			终极控制权＝每条控制链上最低的投票权相加之和
解释变量	终极现金流权	CF	终极股东所持有的现金流权＝每条控制链上持股比例的乘积之和
	终极现金流权平方	CF^2	终极现金流权的平方
	股权集中度	CON	前五大股东持股比例之和
	股权制衡度	Res	第二到第十大股东持股比例之和与第一大股东持股比例的比值
	独立董事比例	Pen	独立董事席位/董事会总席位，反映公司董事会结构的状态
	代理成本	Agen	管理费用/主营业务收入
控制变量	公司规模	Size	公司年末总资产的自然对数
	公司负债	Debt	即资产负债率，公司年末总负债/年末总资产

（1）上市公司股权结构对大股东掏空的影响。

为了检验 H_{6-1}，H_{6-1a}，H_{6-1b}，本研究提出模型 1。

模型 1：$SR_t = c_1 Nature_t + \alpha ROE_t + \beta Size_t + \gamma Debt_t + e$ （6-1）

$Agent = a_1 Nature_t + \alpha ROE_t + \beta Size + \gamma Debt_t + e$ （6-2）

$SRt = d_1 Nature_t + b_1 Agen_t + \alpha ROE_t + \beta Size_t + \gamma Debt_t + e$

（6-3）

$ManPay_t = a_1' Nature_t + \alpha ROE_t + \beta Size_t + \gamma Debt_t + e$

（6-4）

$SR_t = d_1' Nature_t + b_1' ManPay_t + \alpha ROE_t + \beta Size_t + \gamma Debt_t + e$

（6-5）

首先利用式（6-1）检验公司所有权性质对大股东掏空行为的影响，在两者之间关系显著的前提下，再利用式（6-2）与式（6-3）检验制度约束水平的中介效应是否显著，而式（6-4）与式（6-5）则用于检验制度激励水平这一中介效应。其中 SR_t 表示上市公司第 t 期的大股东掏空程度，$Nature_t$ 指代第 t 期上市公司的所有权性质，$Agen_t$ 和 $ManPay_t$ 分别表示第 t 期的制度约束水平与制度激励水平，ROE_t 为上市公司第 t 期的净资产收益率，$Size_t$ 为上市公司第 t 期的公司规模，而 $Debt_t$ 是公司的负债，e 则指各测量值的标准误。

模型 2 的提出是为了检验 H_2，H_{2a}，H_{2b}。

模型 2：$SR_t = c_2 VR_t + c VR_t^2 + \alpha ROE_t + \beta Size_t + \gamma Debt_t + e$

（6-6）

$Agen_t = a_2 VR_t + \alpha ROE_t + \beta Size_t + \gamma Debt_t + e$ （6-7）

$SR_t = d_2 VR_t + b_2 Agen_t + \alpha ROE_t + \beta Size_t + \gamma Debt_t + e$

（6-8）

$ManPay_t = a_2' VR_t + \alpha ROE_t + \beta Size_t + \gamma Debt_t + e$ （6-9）

$SR_t = d_2' VR_t + b_2' ManPay_t + \alpha ROE_t + \beta Size_t + \gamma Debt_t + e$

（6-10）

首先利用式（6-6）检验公司终极控股股东持股比例对大股东掏空行为的影响，在两者之间关系显著的前提下，再利用式（6-7）与式（6-8）检验制度约束水平的中介效应是否显著，而式（6-9）与式（6-10）则用于检验制度激励水平这一中介效应。其中 VR_t 指代第 t 期上市公司的终极控股股东持股比例，其他变量解释同模型 1。

模型 3 的提出是为了检验 H_3，H_{3a}，H_{3b}。

模型 3：$SR_t = c_3 Concen_t + \alpha ROE_t + \beta Size_t + \gamma Debt_t + e$　　（6-11）

$\quad\quad Agen_t = a_3 Concen_t + \alpha ROE_t + \beta Size_t + \gamma Debt_t + e$　（6-12）

$\quad\quad SR_t = d_3 Concen_t + b_3 Agen_t + \alpha ROE_t + \beta Size_t + \gamma Debt_t + e$

（6-13）

$\quad\quad ManPay_t = a_3{}' Concen_t + \alpha ROE_t + \beta Size_t + \gamma Debt_t + e$

（6-14）

$\quad\quad SR_t = d_3{}' Concen_t + b_3{}' ManPay_t + \alpha ROE_t + \beta Size_t + \gamma Debt_t + e$

（6-15）

首先利用式(6-11)检验公司股权集中度对大股东掏空行为的影响，在两者之间关系显著的前提下，再利用式(6-12)与式(6-13)检验制度约束水平的中介效应是否显著，而式(6-14)与式(6-15)则用于检验公司制度激励水平这一中介效应。其中 $Concen_t$ 指代第 t 期上市公司的股权集中度，其他变量解释同模型 1。

模型 4 的提出是为了检验 H_4，H_{4a}，H_{4b}。

模型 4：$SR_t = c_4 Restra_t + \alpha ROE_t + \beta Size_t + \gamma Debt_t + e$　　（6-16）

$\quad\quad Agen_t = a_4 Restra_t + \alpha ROE_t + \beta Size_t + \gamma Debt_t + e$　（6-17）

$\quad\quad SR_t = d_4 Restra_t + b_4 Agen_t + \alpha ROE_t + \beta Size_t + \gamma Debt_t + e$

（6-18）

$\quad\quad ManPay_t = a_4{}' Restra_t + \alpha ROE_t + \beta Size_t + \gamma Debt_t + e$

（6-19）

$\quad\quad SR_t = d_4{}' Restra_t + b_4{}' ManPay_t + \alpha ROE_t + \beta Size_t + \gamma Debt_t + e$

（6-20）

首先利用式(6-16)检验公司股权制衡度对大股东掏空行为的影响，在两者之间关系显著的前提下，再利用式(6-17)与式(6-18)检验公司制度约束水平的中介效应是否显著，而式(6-19)与式(6-20)则用于检验公司制度激励水平这一中介效应。其中 $Restra_t$ 指代第 t 期上市公司的股权制衡度，其他变量解释同模型 1。

(2)上市公司董事会结构对大股东掏空的影响。

提出模型 5、6 分别用于检验 H_5、H_{5a}，H_{5b} 及 H_6，H_{6a}，H_{6b}。

模型 5：$SR_t = c_5 Indpen_t + \alpha ROE_t + \beta Size_t + \gamma Debt_t + e$　　（6-21）

$\quad\quad Agen_t = a_5 Indpen_t + \alpha ROE_t + \beta Size_t + \gamma Debt_t + e$　（6-22）

$$SR_t = d_5 Indpen_t + b_5 Agen_t + \alpha ROE_t + \beta Size_t + \gamma Debt_t + e$$
$$(6\text{-}23)$$

$$ManPay_t = a_5' Indpen_t + \alpha ROE_t + \beta Size_t + \gamma Debt_t + e$$
$$(6\text{-}24)$$

$$SR_t = d_5' Indpen_t + b_5' ManPay_t + \alpha ROE_t + \beta Size_t + \gamma Debt_t + e$$
$$(6\text{-}25)$$

模型 6：$SR_t = c_6 Dual_t + \alpha ROE_t + \beta Size_t + \gamma Debt_t + e$ （6-26）

$$Agen_t = a_6 Dual_t + \alpha ROE_t + \beta Size_t + \gamma Debt_t + e \quad (6\text{-}27)$$

$$SR_t = d_6 Dual_t + b_6 Agen_t + \alpha ROE_t + \beta Size_t + \gamma Debt_t + e$$
$$(6\text{-}28)$$

$$ManPay_t = a_6' Dual_t + \alpha ROE_t + \beta Size_t + \gamma Debt_t + e$$
$$(6\text{-}29)$$

$$SR_t = d_6' Dual_t + b_6' ManPay_t + \alpha ROE_t + \beta Size_t + \gamma Debt_t + e$$
$$(6\text{-}30)$$

首先利用式（6-21）、式（6-26）分别用于检验公司董事会比例及两职合一对大股东掏空行为的影响，在两者之间关系显著的前提下，再分别利用式（6-22）、式（6-27）与式（6-23）、式（6-28）检验公司制度约束水平的中介效应是否显著，而式（6-24）、式（6-29）与式（6-25）、式（6-30）则分别用于检验公司制度激励水平这一中介效应。其中 Indpen 表示上市公司第 t 期的独立董事比例，Dual_t 为上市公司第 t 期的两职合一情况，其他变量解释同模型 1。

（3）上市公司监事会结构对大股东掏空的影响。

模型 7 用于检验 H_7、H_{7a}、H_{7b}。

模型 7：$SR_t = c_7 Superv_t + \alpha ROE_t + \beta Size_t + \gamma Debt_t + e$ （6-31）

$$Agen_t = a_7 Superv_t + \alpha ROE_t + \beta Size_t + \gamma Debt_t + e \quad (6\text{-}32)$$

$$SR_t = d_7 Superv_t + b_7 Agen_t + \alpha ROE_t + \beta Size_t + \gamma Debt_t + e$$
$$(6\text{-}33)$$

$$ManPay_t = a_7' Superv_t + \alpha ROE_t + \beta Size_t + \gamma Debt_t + e$$
$$(6\text{-}34)$$

$$SR_t = d_7' Superv_t + b_7' ManPay_t + \alpha ROE_t + \beta Size_t + \gamma Debt_t + e$$
$$(6\text{-}35)$$

首先利用式(6-31)用于检验公司监事会结构对大股东掏空行为的影响,在两者之间关系显著的前提下,再利用式(6-32)与式(6-33)检验公司制度约束水平的中介效应是否显著,而式(6-34)与式(6-35)则用于检验制度激励水平这一中介效应。其中 $Superv_t$ 表示上市公司第 t 期的监事会结构,其他变量解释同模型1。

第四节　实证结果与分析

一、描述性统计

(一)上市公司各研究变量的总体情况分析

在实证分析之前,需要对样本数据的总体情况进行了解,并分析各个变量的变化趋势。本章首先利用 Stata10.0 对因变量、自变量、中介变量及控制变量进行了均值、标准差及最小、最大值的描述性统计分析。

如表 6-2 所示的描述性统计结果可以看出,全样本共包括 1 112 家上市公司、4 448 个样本观测值。同时,表 6-2 中也给出了各个统计量的自身特征:(1)大股东掏空度量变量两权分离度(SR)的均值为 79.89%,其值分布于 0.93% 和 1 之间,可以看出我国上市公司存在较大程度的大股东掏空行为,同时数值 1 的存在也说明存在上市公司并未出现大股东控制权与现金流权分离的现象,相当于直接控股;(2)终极控股股东持股比例均值为 38.14%,股权集中度均值为 49.45%,说明我国上市公司呈现较高的股权集中现象,一股独大的问题在中国上市公司较为普遍;(3)所有权性质的均值大于 50% 说明总体样本中国有企业比例较大,数据显示国有企业比非国有企业高 5.04 个百分点;(4)股权制衡度均值为 65.12%,标准差为 0.651 8,说明股权制衡度中等,并且样本公司的平均偏离程度较大,即在不同的公司表现出较大的差异;(5)独立董事比例的标准差较小,仅为 0.051 9,说明较集中的分布于均值 36.41% 周围;(6)两职合一变量均值为 0.142 8,说明只有较小部分上市公司存在董事长与总经理兼任的情况;(7)公司负债水平的均值为 0.5,说明样本上市公司整体的负债水平出于中等水平,财务风险不是很高。

表 6-2　两权分离与控制权私利:总样本的描述性统计

变量符号	观测值	平均值	标准差	min	max
SR	4 448	0.798 909 2	0.257 299 5	0.009 336 9	1
VR	4 448	0.381 425 5	0.168 665 1	0.020 6	1
Nature	4 448	0.525 179 9	0.499 421 7	0	1
Concen	4 448	0.494 488 3	15.219 16	0.095	0.957 5
Restra	4 448	0.651 217 4	0.651 855 6	0.012 261 9	5.547 917
Indpen	4 448	0.364 086 7	0.051 933 5	0.090 909 1	0.714 285 7
Dual	4 448	0.142 76	0.349 867 6	0	1
Superv	4 448	3.938 65	1.291 003	0	12
Agen	4 448	0.091 612 2	0.321 357 7	0.002 196 5	16.60 748
ManPay	4 448	12.711 13	0.7458 109	9.209 34	15.176 13
Roe	4 448	0.071 133 7	0.230 072 5	−8.889 835	1.255 042
Size	4 448	21.815 22	1.154 735	19.020 84	27.753 29
Debt	4 448	0.500 161 9	0.189 008 9	0.007 079 9	1.842 988

(二)不同分类情形下上市公司各研究变量的描述性分析

为了对本章各变量有更深层面上的整体性把握,下面按照终极控股股东所有权性质及年份对各研究变量做了分类别的描述性统计,以便进行对比分析。

如表 6-3 所示了按终极控股股东所有权性质分类的各研究变量的统计结果。从表 6-3 中可以看出:(1)国有控制上市公司的两权分离度的均值显著高于非国有控制,说明非国有控股企业的大股东掏空程度相对较高,非国有控股的上市公司更有动机和条件通过金字塔等结构等隐蔽复杂的手段使得所有权和控制权分离,从而进行大股东掏空行为;(2)国有上市公司中的终极控股股东持股比例、股权集中度均略高于非国有上市公司的,说明国有上市公司中一股独大的现象更加严重,股权分布更为集中;(3)股权制衡度指标在非国有上市公司中明显高于国有上市公司,说明非国有上市公司的中小股东能更好地抑制大股东的掏空行为,与股权集中度表现的国有上市公司股权更集中的结论具有一致性;(4)独立董事比例变量在国有与非国有上市公司间的差别不大，与总样本分析的结论相一致；(5)两职合一变量则表现了较大的差别，国有的均值为 0.088 2，非国有的均值为 0.202 8，说明国有上市公司中董事长与总经理兼任的现象较少；(6)其他变量(监事会规模、代理成本、管理层薪酬等)的均值在国有上市公司与非国有上市公司间并没有表现出很大的差异性。

表 6-3　两权分离与控制权私利：总样本按终极控股股东所有权性质分类的描述性统计

	变量符号	观测值	平均值	标准差	min	max
国有控股	SR	2 336	0.883 557 7	0.208 777 3	0.009 336 9	1
	VR	2 336	0.405 717 9	0.161 199 7	0.078 3	1
	Concen	2 336	0.501 407 5	15.016 86	0.124 33	0.957 5
	Restra	2 336	0.524 821 1	0.568 992 6	0.012 261 9	4.164 654
	Ind	2 336	0.362 802 6	0.053 038 4	0.090 909 1	0.714 285 7
	Dual	2 336	0.088 235 3	0.283 698 1	0	1
	Superv	2 336	4.192 975	1.418 98	0	12
	Agen	2 336	0.075 505 8	0.065 596 2	0.002 196 5	1.700 008
	ManPay	2 336	12.721 87	0.711 059 8	9.209 34	15.113 88
	Roe	2 336	0.057 294 9	0.296 205 5	−8.889 835	0.478 064
	Size	2 336	22.082 84	1.194 372	19.272 83	27.753 29
	Debt	2 336	0.523 994 4	0.187 253 2	0.029 097 2	1.492 399
非国有控股	SR	2 112	0.705 212 6	0.272 728 9	0.029 832	1
	VR	2 112	0.353 828 7	0.167 095 3	0.020 6	1
	Concen	2 112	0.486 835 2	15.407 23	0.095	0.912 8
	Restra	2 112	0.791 019 4	0.706 952 6	0.018 320 6	5.547 917
	Indpen	2 112	0.365 506 9	0.050 658 1	0.142 857 1	0.6
	Dual	2 112	0.202 760 6	0.402 151 4	0	1
	Superv	2 112	3.658 711	1.065 877	2	9
	Agen	2 112	0.109 426 9	0.460 635	0.002 375 1	16.607 48
	ManPay	2 112	12.699 25	0.782 457 2	9.262 3	15.176 13
	Roe	2 112	0.086 43	0.118 495 5	−1.279 945	1.255 042
	Size	2 112	21.519 22	1.031 5 72	19.020 84	25.228 62
	Debt	2 112	0.473 801 8	0.187 478 8	0.007 079 9	1.842 988

如表6-4所示了各研究变量分年度的描述性统计结果。从表6-4中可以看出:(1)我国上市公司终极控股股东的控制权与现金流权确实存在很大程度的偏离,并且大股东掏空程度变量两权分离度在2008—2011年呈现不规则的变化状况,2008、2009年分别为79.91%和79.92%,在2010年小幅度的下降为79.54%,2011年又升为80.18%,这种变化并不意外,因为大股东掏空程度受诸多方面的影响;(2)终极控股股东的平均持股比例呈现逐年下降的趋势,从2008年的38.59%逐年递减为2011年的37.67%;(3)股权集中度也是呈现逐年下降的变化,从2008年的51.19%逐渐降为2011年的48.05%;(4)股权制衡度均值2008年为67.69%,2009年降为64.39%,2010年略微上升到64.49%,2011年降为63.89%,可以看出总体是呈现略微下降的趋势;(5)独立董事比例呈现明显上升趋势,2008—2011年分别为36.04%、36.24%、36.54%和36.79%,这跟近几年加强了对独立董事制度的重视程度有关,独立董事比例的提高可以加强上市公司对董事会成员的监督;(6)两职合一程度呈现明显上升趋势,从2008年的0.136 3逐年上升为2011年的0.155 7,说明董事长与总经理两职合一的现象逐年加重;(7)监事会规模逐年下降趋势,存在监事会规模小于3人的情况,说明上市公司并没有对监事会的监督职能持足够的重视;(8)代理成本逐年上升、管理者薪酬逐年提高;(9)净资产收益率在2008—2010年间逐年上升,而在2011年却出现了明显的下降,公司规模逐年上升,公司负债逐年上升。

表6-4 两权分离与控制权私利:总样本按年度分类的描述性统计

	变量符号	观测值	平均值	标准差	min	max
	SR	1 112	0.799 142 9	0.258 485 5	0.062 978 2	1
	VR	1 112	0.385 928 1	0.170 784 9	0.071 3	1.727 3
	Nature	1 112	0.525 179 9	0.499 590 3	0	1
2008	Concen	1 112	0.511 950 1	14.946 94	0.110 988	0.957 1
	Restra	1 112	0.676 927 7	0.672 399 6	0.014 404 8	5.547 917
	Indpen	1 112	0.360 456 6	0.049 894 3	0.142 857 1	0.6
	Dual	1 112	0.136 281 6	0.343 242 3	0	1
	Agen	1 112	0.084 042	0.112 685 5	0.002 235 3	2.159 054

续　表

	变量符号	观测值	平均值	标准差	min	max
	Superv	1 112	3. 977 921	1. 334 301	0	12
	ManPay	1 112	12. 509 76	0. 726 036 6	10. 338 19	15. 057 43
2008	Roe	1 112	0. 061 222 6	0. 143 930 4	−1. 214 038	0. 750 474
	Size	1 112	21. 564 44	1. 083 298	19. 020 84	27. 346 32
	Debt	1 112	0. 487 87 1	0. 187 451 1	0. 018 299	1. 842 988
	SR	1 112	0. 799 231 3	0. 258 931	0. 040 199 6	1
	VR	1 112	0. 383 996	0. 169 031 2	0. 078 5	1. 727 3
	Nature	1 112	0. 525 179 9	0. 499 590 3	0	1
	Concen	1 112	0. 498 325 6	15. 081 02	0. 103 7	0. 957 5
	Restra	1 112	0. 643 977 9	0. 645 804 1	0. 018 440 9	5. 434 375
	Indpen	1 112	0. 362 495 9	0. 050 435 4	0. 090 909 1	0. 571 428 6
2009	Dual	1 112	0. 138 211 4	0. 345 277 7	0	1
	Duperv	1 112	3. 943 038	1. 283 17	2	12
	Agen	1 112	0. 090 112	0. 164 198 3	0. 002 196 5	4. 424 948
	ManPay	1 112	12. 609 39	0. 742 132 9	9. 262 3	14. 822 25
	Roe	1 112	0. 079 678 4	0. 118 808 9	−0. 996 454	1. 255 042
	Size	1 112	21. 726 84	1. 133 005	19. 073 35	27. 487 7
	Debt	1 112	0. 495 583 6	0. 187 259	0. 017 795 1	1. 292 745
	SR	1 112	0. 795 496 6	0. 260 365 9	0. 029 832	1
	VR	1 112	0. 379 068 2	0. 168 337 2	0. 041 2	1. 727 3
	Nature	1 112	0. 525 179 9	0. 499 590 3	0	1
	Concen	1 112	0. 487 124 8	15. 224 84	0. 101 9	0. 955 8
2010	Restra	1 112	0. 644 968 5	0. 650 607	0. 012 261 9	4. 233 853
	Indpen	1 112	0. 365 440 9	0. 053 026	0. 125	0. 6
	Dual	1 112	0. 140 909 1	0. 348 086	0	1
	Superv	1 112	3. 927 14	1. 285 276	1	11
	Agen	1 112	0. 089 141 1	0. 312 481 6	0. 002 763 5	10. 259 53

	变量符号	观测值	平均值	标准差	min	max
2010	ManPay	1 112	12.795 87	0.729 779 2	9.281 11	14.982 82
	Roe	1 112	0.092 006 5	0.096 621	−0.531 398	0.551 003
	Size	1 112	21.911 69	1.160 125	19.075 58	27.616 3
	Debt	1 112	0.505 176 3	0.186 559	0.010 827 2	1.268 638
2011	SR	1 112	0.801 766 1	0.251 635 6	0.009 336 9	1
	VR	1 112	0.376 709 7	0.166 545 2	0.020 6	1
	Nature	1 112	0.525 179 9	0.499 590 3	0	1
	Concen	1 112	0.480 552 7	15.452 75	0.095	0.957 4
	Restra	1 112	0.638 995 6	0.638 305 5	0.016 191	4.227 171
	Indpen	1 112	0.367 953 3	0.054 020 4	0.2	0.714 285 7
	Dual	1 112	0.155 737 7	0.362 771 7	0	1
	Superv	1 112	3.907 207	1.261 714	2	11
	Agen	1 112	0.103 153 7	0.525 222 9	0.002 375 1	16.607 48
	ManPay	1 112	12.929 42	0.714 246 4	9.209 34	15.176 13
	Roe	1 112	0.051 615 1	0.408 241	−8.889 835	0.478 064
	Size	1 112	22.057 91	1.181 144	19.104 72	27.753 29
	Debt	1 112	0.512 016 8	0.194 030 6	0.007 079 9	1.492 399

二、相关性分析

在进行线性回归前,本章先对各研究变量两两间的相关关系进行检验,以考察他们的相关程度,并确定是否适宜进行线性回归分析,表 6-5 列示了大股东掏空程度变量及公司治理结构变量相关性分析的结果。

表6-5　两权分离与控制权私利:变量间的 Pearson 相关系数矩阵表

	SR	VR	Nature	Concen	Restra	Indpen	Superv	Dual	Agen	Roe	Size	Debt	ManPay
SR	1	0.108 1*	0.346 4*	0.079 5*	-0.042 4*	0.046 0*	0.052 2*	-0.019 8	-0.012 4	0.01	0.056 9*	0.003	0.003 7
Vr	0.099 3*	1	0.156 1*	0.726 4*	-0.457 6*	0.026	0.091 1*	-0.065 8*	-0.053 6*	0.071 0*	0.272 4*	0.038 3*	0.063 6*
Nature	0.384 5*	0.179 3*	1	0.047 8*	-0.203 9*	-0.026	0.206 7*	-0.163 5*	-0.052 7*	-0.063 2*	0.243 8*	0.132 6*	0.015 1
Concen	0.050 9*	0.753 2*	0.044 6*	1	-0.151 7*	-0.010 2	0.063 7*	-0.029 9*	-0.033 0*	0.115 6*	0.203 3*	-0.017 7	0.080 3*
Restra1	-0.082 7*	-0.536 2*	-0.239 1*	-0.165 7*	1	-0.058 1*	-0.030 8*	0.052 5*	0.038 8*	0.027 4	-0.157 0*	-0.096 9*	0.062 8*
Indpen	0.055 9*	0.019 4	-0.027 2	-0.000 1	-0.056 7*	1	-0.055 4*	0.037 0*	-0.006 5	-0.021	0.030 2*	-0.006 7	0.021 8
Superv	0.082 6*	0.086 1*	0.204 3*	0.042 4*	-0.036 0*	-0.060 0*	1	-0.097 0*	-0.043 0*	-0.009 9	0.235 0*	0.123 1*	0.044 4*
Dual	-0.022 2	-0.063 9*	-0.163 7*	-0.026 6	0.074 0*	0.013 8	-0.106 5*	1	0.007 9	0.007 2	-0.138 0*	-0.075 5*	0.012 7
Agen	-0.016 2	-0.147 7*	-0.083 6*	-0.136 5*	0.126 3*	-0.000 7	-0.103 6*	0.105 8*	1	-0.027 7	-0.107 5*	-0.049 4*	-0.009 3
Roe	-0.027	0.132 9*	-0.075 7*	0.231 8*	0.113 1*	-0.022 3	0.008 3	0.024 7	-0.090 5*	1	0.077 4*	-0.126 6*	0.190 3*
Size	0.038 1*	0.238 3*	0.231 8*	0.151 2*	-0.197 0*	0.036 5*	0.222 5*	-0.139 6*	-0.376 3*	0.216 0*	1	0.400 5*	0.395 4*
Debt	0.004 5	0.045 9*	0.139 1*	-0.019 5	-0.118 1*	-0.017 9	0.128 2*	-0.084 4*	-0.345 9*	-0.051 0*	0.433 7*	1	0.040 5*
ManPay	0.012 6	0.063 3*	0.021 3	0.086 3*	0.058 8*	0.021 2	0.027 1	0.015 2	-0.067 2*	0.384 7*	0.394 2*	0.043 1*	1

注:对角线上方为 Pearson 相关系数,对角线下方为 Spearman 相关系数; * 表示显著性水平为 0.05。

从表 6-5 中可以看出：(1)在 Pearson 和 Spearman 两种相关系数的交叉检验下，终极控股股东持股比例、所有权性质、股权集中度、股权制衡度、独立董事比例、监事会规模、公司规模这几个变量与大股东掏空程度 SR 均具有显著的相关关系，说明对于本书的假设可以用前面建立的面板数据回归模型进行分析；(2)终极控股股东持股比例与股权集中度的相关程度相当高，两者的 Pearson 系数绝对值达到了 0.726 4，Spearman 系数绝对值为 0.753 2，为防止多重共线性问题对回归结果造成严重干扰，下文特将这 2 个变量分开进行回归统计。以上的分析对本章的几项假设进行了初步的验证，下面使用面板数据的回归分析对各自变量与大股东掏空的关系进行更深一步的检验。

三、回归分析

在对本章所有样本数据进行描述性统计分析与相关性分析后，本章将对公司治理结构因素与大股东掏空程度进行面板数据的回归分析，从而判断两者是否确实具有相关性，以及公司治理结构会对大股东掏空带来何种影响，并进一步对两者的影响路径进行剖析，通过实证研究探究公司治理收益与治理成本这两个中介变量如何起作用，以便更好地说明公司治理结构为何会给大股东掏空带来上述影响。在该部分研究中，我们首先将所有研究变量数据进行了标准化(均值为 0)处理，以保证实证研究结果的准确性，再对新的数据集进行面板数据的处理，之后对公司治理结构各变量与大股东掏空程度进行回归分析，得出显著结论后再进行中介效应的分析。

(一)公司股权结构与大股东掏空程度的回归分析

在回归分析部分，首先利用 Stata10.0 对上市公司治理结构中的股权结构的各个变量分别与大股东的掏空程度的度量变量两权分离度进行回归分析，得出的回归结果如表 6-6 所示。从表中可以看到：(1)上市公司所有权性质(Nature)与两权分离度显著正相关，即与大股东掏空程度显著负相关，说明国有上市公司比非国有上市公司中的大股东掏空程度低，这与假设 H_{6-1a} 结论一致；(2)大股东掏空程度与上市公司终极控股股东持股比例显著负相关，与终极控股股东持股比例的平方显著正相关，验

证了假设 H_{6-2},大股东掏空程度与终极控股股东持股比例呈"U"形关系;
(3)公司股权集中度与大股东掏空程度显著负相关,说明上市公司的股权
越集中,大股东掏空程度越低,这也验证了假设 H_{6-3} 的正确性;(4)股权制
衡度与大股东掏空程度正相关,这与假设 H_{6-4} 相反,但是这种关系并不显
著,因此假设 H_{6-4} 不成立,H_{6-4a}、H_{6-4b} 无从验证。造成这一相反关系的原
因可能如下:从总体描述性统计分析也可以看出股权制衡度的平均值为
0.651 217 4,即第二到第十大股东持股比例之和仅是第一大股东持股比
例的 65.12%,这种对比鲜明地体现出了中小股东对大股东的较弱的制
衡能力,持股比例相对较高的中小股东在大股东的利益诱导下,可能会与
大股东合谋从而侵占持股比例较低的中小股东的利益,导致股权制衡度
与大股东掏空的正向的相关关系,徐莉萍等(2006)、高雷等(2007)的研究
中也证实了这一点。

表6-6　上市公司股权结构对大股东掏空行为的影响

VARIABLES	SR	SR	SR	SR
Nature	0. 354***			
	(0. 026 7)			
VR		0. 290***		
		(0. 054 1)		
Vr2		−0. 323***		
		(0. 047 6)		
Concen			0. 033 6**	
			(0. 016 8)	
Restra				−0. 021 7
				(0. 015 4)
Roe	0. 026 6***	0. 023 8***	0. 024 1***	0. 024 7***
	(0. 007 23)	(0. 007 21)	(0. 007 25)	(0. 007 25)
Size	−0. 000 567	0. 039 3**	0. 029 7	0. 034 9*
	(0. 019 3)	(0. 019 7)	(0. 019 8)	(0. 019 6)
Debt	−0. 040 9**	−0. 040 9**	−0. 035 7**	−0. 040 7**
	(0. 016 6)	(0. 016 9)	(0. 017 0)	(0. 017 1)

VARIABLES	SR	SR	SR	SR
Constant	−0.000 955	−0.001 09	−0.001 07	−0.001 08
	(0.026 3)	(0.028 1)	(0.028 2)	(0.028 3)
Observations	4,448	4,448	4,448	4,448
Number of id	1,112	1,112	1,112	1,112

经过研究发现,公司股权结构对大股东掏空具显著影响的因素为所有权性质、终极控股股东持股比例及股权集中度。因此,我们在所有权性质、终极控股股东持股比例及股权集中度与大股东掏空程度显著相关的基础上进一步进行中介效应的研究分析。先对上述 3 个股权结构变量与公司制度约束水平及制度激励水平进行回归分析得到如表 6-7 所示,再将公司制度约束水平与制度激励水平引入公司股权结构对大股东掏空行为影响的过程中,得到回归结果如表 6-8 所示。

表 6-7　上市公司股权结构对公司制度约束水平和激励水平的影响

VARIABLES	Agen	Agen	Agen	ManPay	ManPay	ManPay
Nature	−0.032 2			−0.121***		
	(0.021 1)			(0.024 9)		
VR		−0.026 4			−0.054 7***	
		(0.019 7)			(0.016 4)	
Concen			−0.015 4			−0.166***
			(0.019 7)			(0.021 8)
Roe	−0.019 5	−0.017 6	−0.017 6	0.020 7***	0.022 7***	0.008 36
	(0.014 5)	(0.014 4)	(0.014 5)	(0.007 97)	(0.007 99)	(0.007 91)
Size	−0.085 0***	−0.084 5***	−0.088 3***	0.622***	0.618***	0.820***
	(0.021 9)	(0.022 2)	(0.022 0)	(0.019 8)	(0.019 9)	(0.026 9)
Debt	0.004 35	0.001 84	0.002 04	−0.114***	−0.118***	−0.120***
	(0.021 3)	(0.021 3)	(0.021 4)	(0.017 5)	(0.017 6)	(0.021 3)
Constant	−0.001 21	−0.001 17	−0.001 18	−0.000 395	−0.000 330	0.000 541

续　表

VARIABLES	Agen	Agen	Agen	ManPay	ManPay	ManPay
	(0.020 5)	(0.020 5)	(0.020 5)	(0.024 5)	(0.024 5)	(0.006 18)
Observations	4,448	4,448	4,448	4,448	4,448	4,448
Number of id	1,112	1,112	1,112	1,112	1,112	1,112

表 6-8　上市公司股权结构与公司制度约束水平、激励水平对大股东掏空行为的影响

VARIABLES	SR	SR	SR	SR	SR	SR
Nature	0.356***	0.356***				
	(0.026 7)	(0.026 8)				
VR			−0.060 4***	−0.060 8***		
			(0.015 9)	(0.016 0)		
Concen					0.034 5**	0.031 5*
					(0.016 7)	(0.016 9)
Agen	0.032 7***		0.031 3***		0.031 9***	
	(0.007 81)		(0.007 83)		(0.007 84)	
ManPay		0.001 50		−0.012 9		−0.007 60
		(0.014 1)		(0.014 3)		(0.014 4)
Roe	0.027 1***	0.026 6***	0.026 0***	0.025 7***	0.024 5***	0.024 2***
	(0.007 21)	(0.007 23)	(0.007 23)	(0.007 24)	(0.007 24)	(0.007 25)
Size	0.001 09	−0.004 28	0.047 0**	0.051 4**	0.031 1	0.032 4
	(0.019 3)	(0.021 4)	(0.019 8)	(0.022 0)	(0.019 8)	(0.022 0)
Debt	−0.043 4***	−0.040 8**	−0.042 1**	−0.040 9**	−0.038 3**	−0.036 7**
	(0.016 6)	(0.016 8)	(0.016 9)	(0.017 1)	(0.017 0)	(0.017 2)
Constant	−0.000 928	−0.002 14	−0.000 933	−0.002 13	−0.001 05	−0.002 20
	(0.026 3)	(0.026 3)	(0.028 2)	(0.028 3)	(0.028 2)	(0.028 2)
Observations	4,448	4,448	4,448	4,448	4,448	4,448
Number of id	1,112	1,112	1,112	1,112	1,112	1,112

1. 首先对公司体现制度约束水平的代理成本进行中介效应的分析。

(1)所有权性质与大股东掏空程度。

由表 6-7 和表 6-8 可知模型 1 中式(6-2)的 a_1 不显著,或式(6-3)的 d_1 和 b_1 显著,因此需要对公司所有权性质回归分析所得的系数进行 Sobel 检验,由表 6-7、式(6-8)可知:

$a_1 = -0.032\ 2, S_{a1} = 0.021\ 1, b_1 = 0.032\ 7, S_{b1} = 0.007\ 81$

$Z = a_1 \times b_1 / (a_1^2 \times S_{b1}^2 + b_1^2 \times S_{a1}^2)^{\char`\^}0.5 = -1.433\ 797\ 077$

$|Z| = 1.433\ 8 > 0.9$

Sobel 检验显著,所以公司制度约束水平对公司所有权性质与大股东掏空程度的影响之间的中介效应显著,国有企业相对于非国有企业中代理成本较高,对股东的约束力高,因此掏空程度相对较低,验证了假设 H_{6-1a}。

(2)公司终极股东持股比例与大股东掏空程度。

由表 6-7 和表 6-8 可知模型 2 中式(6-7)的 a_2 不显著,式(6-8)的 d_2 和 b_2 显著,因此也需要对公司终极控股股东持股比例的回归分析所得的系数进行 Sobel 检验,由表 6-7、表 6-8 可知:

$a_2 = -0.026\ 4, S_{a2} = 0.019\ 7, b_2 = 0.031\ 3, S_{b2} = 0.007\ 83$

$Z = a_2 \times b_2 / (a_2^2 \times S_{b2}^2 + b_2^2 \times S_{a2}^2)^{\char`\^}0.5 = -1.270\ 603\ 487$

$|Z| = 1.270\ 6 > 0.9$

Sobel 检验显著,终极控股股东持股比例会部分通过公司制度约束水平作用于大股东的掏空行为,验证了假设 H_{6-2a},终极控股股东持股比例越高,公司的制度约束水平会越低,会加重大股东掏空行为的发生。

(3)公司股权集中度与大股东掏空程度。

表 6-7 和表 6-8 显示模型 3 中式(6-12)的 a_3 不显著,式(6-13)的 d_3 和 b_3 显著,因此同样需要对公司股权集中度回归分析所得的系数进行 Sobel 检验,由表 6-7、表 6-8 可知:

$a_3 = -0.015\ 4, S_{a3} = 0.019\ 7, b_3 = 0.031\ 9, S_{b3} = 0.007\ 84$

$Z = a_3 \times b_3 / (a_3^2 \times S_{b3}^2 + b_3^2 \times S_{a3}^2)^{\char`\^}0.5 = -0.767\ 686\ 112$

$|Z| = 0.767\ 7 < 0.9$

Sobel 检验不显著,说明体现公司制度约束水平的代理成本在公司股权集中度对大股东掏空行为的影响中不存在显著中介效应,公司股权集中度不会通过代理成本作用于大股东的掏空行为,假设 H_{6-3a} 不成立。说明大股东在进行掏空决策时,仅仅是在股权集中的情况下受到了其他大股东的制衡约束,就会减弱其掏空行为,这一过程并不需要代理成本所产生的制度约束力来对其进行约束。

2.再对体现制度激励水平的管理者薪酬进行中介效应的分析。

(1)同样地首先来看公司所有权性质的影响。由表 6-7 和表 6-8 可知模型 1 中式(6-4)的 a_1' 及式(6-5)的 d_1' 显著,而式(6-5)中的 b_1' 不显著,因此需要对公司所有权性质回归分析所得的系数进行 Sobel 检验,由表 6-7、表 6-8 可知:

$$a_1' = -0.121, S_{a1'} = 0.024\ 9, b_1' = 0.001\ 50, S_{b1'} = 0.014\ 1$$

$$Z = a_1' \times b_1'/(a_1'^2 \times S_{b1'}^2 + b_1'^2 * Sa_{1'}^2)^0.5 = -0.106\ 357\ 495$$

$$|Z| = 0.106\ 4 < 0.9$$

Sobel 检验不显著,所以管理者薪酬的制度激励水平对公司所有权性质与大股东掏空程度的影响之间的中介效应不显著,上市公司所有权性质(即公司是国有还是非国有)不会通过管理者薪酬作用于大股东的掏空行为,也就是说管理者薪酬变量不会成为影响国有上市公司与非国有上市公司大股东掏空程度的差异的因素,这说明管理者薪酬并没有发挥其应有的激励作用。但从表 6-7 中也可看出,公司所有权性质与管理者薪酬是显著负相关的,说明国有公司相对于非国有公司拥有较低的管理者薪酬,这部分验证了假设 H_{6-1b}。

(2)上市公司终极控股股东持股比例对大股东掏空行为的影响中,由表 6-7 和表 6-8 可知模型 2 中式(6-9)的 a_2' 及式(6-10)的 d_2' 显著,而式(6-10)中的 b_2' 不显著,因此需要对公司所有权性质回归分析所得的系数进行 Sobel 检验,由表 6-7、表 6-8 可知:

$$a_2' = -0.054\ 7, S_{a2'} = 0.016\ 4, b_2' = -0.012\ 9, S_{b2'} = 0.014\ 3$$

$$Z = a_2' \times b_2'/(a_2'^2 \times S_{b2'}^2 + b_2'^2 \times Sa_{2'}^2)^0.5 = 0.870\ 809\ 687$$

$$|Z| = 0.870\ 8 < 0.9$$

Sobel 检验不显著,终极控股股东持股比例不会通过体现制度激励水平的管理者薪酬作用于大股东的掏空行为,假设 H_{6-2b} 不成立,这说明无论管理者薪酬是高还是低,只要终极控股股东的持股比例使其具有强烈的动机进行掏空时,大股东都会选择掏空,管理者薪酬在此过程中并不能发挥有效的激励作用。

(3)在上市公司股权集中度对大股东掏空行为的影响过程中,表 6-7

和表 6-8 显示模型 3 中式(6-14)的 a_3' 及式(6-15)的 d_3' 显著,而式(6-15)中的 b_3' 不显著,因此同样需要对公司股权集中度回归分析所得的系数进行 Sobel 检验,由表 6-7、表 6-8 可知:

$a_3' = -0.166, S_{a_3'} = 0.021\ 8, b_3' = -0.007\ 6, S_{b_3'} = 0.014\ 4$

$Z = a_3' \times b_3' / (a_3'^2 \times S_{b_3'}^2 + b_3'^2 \times Sa_3'^2)^{\wedge}0.5 = 0.526\ 514\ 617$

$|Z| = 0.526\ 5 < 0.9$

Sobel 检验不显著,说明体现公司制度激励水平的管理者薪酬在公司股权集中度对大股东掏空行为的影响中不存在显著中介效应,公司股权集中度不会通过管理者薪酬作用于大股东的掏空行为,假设 H_{6-3b} 成立。

(二)公司董事会结构与大股东掏空程度的回归分析

利用 Stata10.0 对上市公司治理结构中董事会结构的独立董事比例及两职合一分别与大股东的掏空程度的度量变量两权分离度进行回归分析,得出的回归结果如表 6-9 所示。从表 6-9 中可以看到:(1)上市公司的独立董事比例与两权分离度显著正相关,即与大股东掏空程度显著负相关,说明上市公司中独立董事比例越高,越能有效抑制大股东的掏空行为,验证了假设 H_{6-5};(2)上市公司的两职合一与大股东掏空行为的关系不具显著性,总体描述性统计可以看出两职合一情况只有 0.142 76,只有很少的公司存在董事长与总经理兼任的情况,这一现象并不严重,所以其对大股东掏空程度的影响是微乎其微的。因此假设 H_{6-6} 不成立,H_{6-6a} 与 H_{6-6b} 无从验证。

表 6-9　上市公司董事会结构对大股东掏空行为的影响

VARIABLES	SR	SR
Indpen	0.020 7*	
	(0.011 0)	
Dual		0.008 04
		(0.011 2)
Roe	0.025 0***	0.024 2***
	(0.007 25)	(0.007 27)
Size	0.032 8*	0.036 3*

续 表

VARIABLES	SR	SR
	(0.019 6)	(0.019 7)
Debt	−0.037 4**	−0.037 9**
	(0.017 0)	(0.017 1)
Constant	−0.001 01	−0.001 32
	(0.028 2)	(0.028 3)
Observations	4,448	4,448
Number of id	1,112	1,112

经过研究发现,公司董事会结构对大股东掏空具显著影响的因素为独立董事比例。因此,下面在独立董事比例与大股东掏空程度显著相关的基础上进一步进行中介效应的研究分析。先对独立董事比例与公司制度约束水平及制度激励水平进行回归分析得到回归结果如表 6-10 所示,再将公司制度约束水平与制度激励水平引入独立董事比例对大股东掏空行为影响的过程中,得到回归结果如表 6-11 所示。

表 6-10 上市公司独立董事比例对公司制度约束水平和激励水平的影响

VARIABLES	Agen	ManPay
Indpen	−0.004 36	0.031 0***
	(0.017 2)	(0.011 8)
Roe	−0.018 4	0.022 3***
	(0.014 4)	(0.007 98)
Size	−0.091 6***	0.605***
	(0.021 5)	(0.019 6)
Debt	0.003 44	−0.115***
	(0.021 3)	(0.017 6)
Constant	−0.001 19	−0.000 340
	(0.020 5)	(0.024 6)
Observations	4,448	4,448
Number of id	1,112	1,112

表 6-11　上市公司独立董事比例与制度约束水平、激励水平对大股东掏空行为的影响

VARIABLES	SR	SR
Indpen	0.020 8*	0.020 8*
	(0.010 9)	(0.011 0)
Agen	0.031 7***	
	(0.007 84)	
ManPay		−0.011 6
		(0.014 3)
Roe	0.025 4***	0.025 1***
	(0.007 23)	(0.007 25)
Size	0.034 4*	0.037 9*
	(0.019 6)	(0.021 7)
Debt	−0.040 0**	−0.038 6**
	(0.017 0)	(0.017 1)
Constant	−0.000 988	−0.002 17
	(0.028 3)	(0.028 3)
Observations	4,448	4,448
Number of id	1,112	1,112

1. 首先对公司制度约束水平的代理成本进行中介效应的分析。由表 6-10 和表 6-11 可知模型 5 中式(6-22)的 a_5 不显著,式(6-23)的 d_5 和 b_5 显著,因此需要对独立董事比例回归分析所得的系数进行 Sobel 检验,由表 6-10、表 6-11 可知:

$a_5 = −0.004\ 36$, $S_{a5} = 0.017\ 2$, $b_5 = 0.031\ 7$, $S_{b5} = 0.007\ 84$

$Z = a_5 \times b_5 / (a_5^2 \times S_{b5}^2 + b_5^2 \times S_{a5}^2)^{0.5} = 0.252\ 991\ 688$

$|Z| = 0.253\ 0 < 0.9$

Sobel 检验不显著,即公司制度约束水平对公司独立董事比例与大股东掏空程度的影响之间的中介效应不显著,独立董事比例不会通过代理成本作用于大股东的掏空行为,否定了假设 H_{6-5a}。

2. 接下来对体现制度激励水平的管理者薪酬进行中介效应的分析。由表 6-10 和表 6-11 可知模型 5 中式(6-24)的 a_5' 和式(6-25)的 d_5' 显著,

而式(6-25)中的 b_5' 不显著,因此需要对独立董事比例回归分析所得的系数进行 Sobel 检验,由表 6-10、表 6-11 可知:

$a_5' = 0.0310$,$S_{a5'} = 0.0118$,$b_5' = -0.0116$,$S_{b5'} = 0.0143$

$Z = a_5' \times b_5' / (a_5'^2 \times S_{b5'}^2 + b_5'^2 \times Sa_5'^2)^{\wedge}0.5 = -0.775080962$

$|Z| = 0.7751 < 0.9$

Sobel 检验不显著,即公司制度激励水平对公司独立董事比例与大股东掏空程度的影响之间的中介效应不显著,独立董事比例不会通过管理者薪酬作用于大股东的掏空行为,验证了假设 H_{6-5b}。

(三)公司监事会结构与大股东掏空程度的回归分析

同样利用 Stata10.0 对上市公司监事会结构中的监事会规模与大股东的掏空程度的度量变量两权分离度进行回归分析,得出的回归结果如表 6-12 所示。从表 6-12 中可以看到,上市公司的监事会规模与两权分离度正相关,即与大股东掏空程度负相关,这与假设 H_{6-7} 的相关方向一致,但由于不显著,说明实际中上市公司的监事会结构并不能有效抑制大股东的掏空行为,这可能跟监事会的监督职能还没有被上市公司所重视有关,从描述性统计分析也能看出依然存在监事会规模小于 3 人的情形,并且还有一个原因是有些监事会成员自身就会持股,因此极有可能与大股东形成合谋,侵害公司的利益。因此假设 H_{6-7} 不成立。假设 H_{6-7a}、H_{6-7b} 也就无从验证。

表 6-12 上市公司监事会结构对大股东掏空行为的影响

VARIABLES	SR
Superv	0.0212
	(0.0187)
Roe	0.0253***
	(0.00728)
Size	0.0316
	(0.0198)
Debt	−0.0373**

VARIABLES	SR
	(0.017 1)
Constant	−0.001 63
	(0.028 3)
Observations	4,448
Number of id	1,112

第五节　结论及启示

一、研究结论

本章主要从公司治理结构视角出发,采用分组分析的方法研究上市公司股权结构、董事会结构以及监事会结构对大股东掏空行为的影响。首先,在对以往相关文献进行梳理和研究的基础上,系统分析了两权分离导致大股东掏空的作用机理并提出了两权分离度的大股东掏空计量方法。然后对公司治理结构对大股东掏空行为的影响机理进行了理论分析,提出了以公司制度约束水平及制度激励水平作为该影响过程中中介变量的进一步研究方法,在此基础上提出了研究假设,构建了理论模型。最后以2008—2011年深沪两市1 112家A股上市公司作为研究样本,从公司股权结构、董事会结构及监事会结构3个公司治理结构因素对大股东掏空行为的影响进行考察,并进一步探究了公司制度约束水平及制度激励水平在此影响过程中的中介效应。通过理论分析及实证研究,最终得出以下结论。

1. 公司股权结构与大股东掏空

(1)相对于非国有上市公司,国有上市公司的大股东掏空程度相对较低。这种区别部分通过代理成本中介变量作用于大股东掏空行为,即国有上市公司的代理成本相对较高,制度约束力相对较强,较不利于大股东进行掏空。

大股东性质为国有时大股东的掏空程度较低，这一结果与马曙光等（2005）的研究一致，即国有法人控股的公司资金被侵占的程度最低，社会法人股控股的公司资金被侵占的程度最严重，说明上市公司中所有权性质为国有的大股东更多的是发挥了监督的作用。

（2）大股东掏空程度与终极控股股东持股比例呈"U"型关系。并且在该影响过程中，终极控股比例部分通过体现公司制度约束水平的代理成本作用于大股东的掏空行为。而公司制度激励水平在此影响过程中不起作用，不管高管薪酬高低，只要大股东的终极持股比例达到了一定高的程度，大股东都会有强烈的动机对上市公司实施掏空。

（3）股权集中度与大股东掏空程度呈现负向相关关系，即股权集中度越高的上市公司，几个大股东之间的制衡监督越能减轻大股东之间互相搭便车的现象，越不利于大股东进行掏空。体现公司制度约束水平的代理成本与体现制度激励水平的管理者薪酬在此影响过程中都没有起到中介作用，即无论上市公司的代理成本如何，管理者薪酬是高还是低，只要上市公司的前五大股东的持股比例越高，就越能有效抑制大股东的掏空行为。

（4）股权制衡度与大股东掏空行为关系不显著，即公司的第二至第十大股东并不能有效制衡第一大股东的决策行为，没有起到制约大股东掏空行为的作用。从总体描述性统计分析也可以看出股权制衡度的平均值为 0.651 217 4，即第二到第十大股东持股比例之和仅是第一大股东持股比例的 65.12%，这种对比鲜明地体现出了中小股东对大股东的较弱的制衡能力，持股比例相对较高的中小股东在大股东的利益诱导下，可能会与大股东合谋从而侵占持股比例较低的中小股东的利益，导致股权制衡度与大股东掏空的正向的相关关系，徐莉萍等（2006）、高雷等（2007）的研究中也证实了这一点。

2. 公司董事会结构与大股东掏空

（1）上市公司的独立董事比例与大股东掏空行为存在显著负向相关关系。即上市公司董事会中独立董事比例越高，越能有效监督大股东的决策行为，制约大股东的掏空行为。另外，代理成本与管理者薪酬在此影响过程中不起作用。

（2）上市公司的两职合一对大股东掏空行为没有显著影响。总体描述性统计可以看出两职合一情况只有 0.142 76,只有很少的公司存在董事长与总经理兼任的情况,这一现象并不严重,所以其对大股东掏空程度的影响是微乎其微的。

3.公司监事会结构与大股东掏空

上市公司的监事会规模对大股东掏空行为有负向影响,但影响不显著。上市公司的监事会成员没有起到有效制约大股东掏空行为的作用,可能的主要原因有以下两个方面:一是上市公司中存在监事会成员不足3人的情况,监事力度不够;另一个有些监事会成员自身也持有上市公司的股权,极有可能与大股东合谋进行掏空。

二、对策建议

(1)限制终极控制权与现金流权的过渡分离,尤其加强对非国有上市公司的监管。两权分离的出现是大股东掏空的动机,并且实证结果表明非国有上市公司中大股东的掏空程度更加严重。因此为了抑制大股东的掏空行为、保护中小股东的利益,需要采取措施降低上市公司的两权分离度。主要可以从以下方面着手:一是通过上市公司的自身改变来影响大股东的控股决策,比如降低上市公司资产的可控性,或者改善上市公司的现金流状况,使终极控股股东自觉提高现金流权;二是通过外部的法规约束,来改善大股东两权过度分离的状况,如限制公司的交叉持股、限制公司的非公允关联交易等。

(2)合理分配大股东与其他股东们的股份比例,发挥其他大股东的股权制衡作用。良好的股权结构不仅是指控制性股东的存在,其他大股东手中持有股份的比例与控股股东的持股比例相差也不至于太悬殊,这有利于两者之间互相监督、互相约束,使控股股东在进行公司重大经营决策时,可以从公司价值最大化的角度出发,克服由于股权集中带来的大股东与中小投资者间的利益冲突,减少大股东的利益侵占行为的发生。

(3)强化独立董事的独立性,重视监事会的监督职能。由于独立董事和审计委员会对关联交易的形成和经济后果具有一定的影响,但非常有限。因此,监管机构应强化独立董事制度,进一步发挥独立董事在公司治理中的积极作用,增强独立董事的独立性,提高监督能力,使其有力量抗衡代表大股东利益的内部董事。同时应加强审计委员会的建设,进一步明确法律责任,强化法律约束,发挥审计委员会在公司治理中的作用。

(4)健全外部法律环境建设,完善我国上市公司制度,加强制度约束水平与激励水平等因素在公司治理中的作用。众所周知,像我国这种"一股独大"的新兴经济市场国家,对中小投资者法律保护的不健全,是造成大股东掏空行为日益猖獗的主要原因,所以相关政府部门应该制定相关法律清除外部环境中的不良风气,规范上市公司的合法经营行为,如加强关联方的信息披露及财务信息披露等,保护中小股东的利益,要做到这一点更重要的还是要加大执法力度,努力将立法落实到实处。与此同时,公司内部也要完善各项制度建设,加强对内部人控制的约束,建立有效的约束及激励机制,努力提高制度约束水平及激励水平在公司治理中所应发挥的作用。

三、研究局限性及进一步研究方向

本章通过对公司治理结构对大股东掏空行为的影响研究,得出了一些有价值的结论,但仍然存在一定的局限性,也可以作为后续研究的进一步研究方向。

(1)本章通过引入公司制度下的制度约束水平及制度激励水平这2个中介变量来分析公司治理结构会通过何种途径作用于大股东的掏空行为,打开了两者之间的黑箱。不足之处在于,我们选取的中介变量虽然从一定程度上剖析了公司治理结构各因素对大股东掏空的影响路径,但依旧存在着一些没有考虑到的因素如公司的绩效也可能作用于公司治理结构对大股东掏空行为的影响。同时,本章提出的两个中介变量都对大股东掏空起着制约作用,即公司制度约束水平与制度激励水平越高,上市公司的大股东掏空程度就会越低,而没能提出一个能够促进大股东掏空的中介变量,进而比较约束力与推动力之间作用产生的最后结果。

(2)限于研究侧重点及篇幅的问题,本章没有对影响大股东掏空行为的公司治理因素进行更加细致的研究分析。因此未来可以考虑以下几个方面进行研究:譬如从高管政治关联、董事会网络格局、股票市场机会主义等行为特征因素对大股东掏空行为进行研究,或者从伦理决策等行为视角来研究大股东的掏空行为等。

第七章 控制权私利与企业绩效

第一节 内部治理视角

一、研究设计

(一)变量定义和描述

1.自变量

本章自变量为掏空,直接表现为控制权私利。由于大股东掏空行为具有隐蔽性,无法进行直接的衡量。大股东通过资金占用、关联交易、内幕交易等手段进行掏空,这种情况下,不管是治理层面还是监管层面,追溯大股东的现金流权和控制权,考虑两权分离度是非常重要的。并且鉴于资料的非完全公开和数据的可得性,本章用大股东控制权和现金流权的分离程度(Claessens et al. 2002)来进行衡量。控制权是指持有股份者所享有的投票权,代表着控制企业的能力;而现金流权是指大股东所享有的利润分配权,代表着获取企业利益的能力(Almeida et al. 2004)。文献表明,控制权与现金流权的分离度越高,大股东就越有欲望谋取控制权私利,即控制权与现金流权的分离直接会加剧大股东的侵害(Claessens et al. 2002)。控制权和现金流权的分离是形成掏空的直接动因,因此通过两权分离度来测量控制权私利能更加准确地真实反映大股东掏空情况。大股东现金流权与控制权偏离度=现金流权比例/控制权比例。借鉴曹廷求等(2009)、高友才等(2012)和唐跃军等(2012)的计算方法,控制权又称投票权,为每条控制链上的控制权之和,而每条控制链上的控制权为每条链上所有权比例的最小值。即 VR（控制权比例）$= \sum_{i=1}^{n} \min i(a_{i1}, a_{i2},$
$a_{i3}, \cdots, a_{it})$，其中 $a_{i1}, \cdots, a_{it}$ 为第 i 条控制链的所有链间控股比例。现金流
权为每条控制链上的所有权之和，而每条控制链上的所有权为每条链上
所有权比例的连乘积。即 CR（现金流权比例）$= \sum_{i=1}^{n} \prod_{t=1}^{t} a_{it}$，同样 $a_{i1}, \cdots,$
a_{it} 为第 i 条控制链的所有链间控股比例。因此 SR（现金流权与控制权的
分离度）$= CR/VR$。由于现金流权均小于等于控制权，所以 $0 < SR \leqslant 1$。
并且现金流权与控制权的分离度 SR 越小，大股东现金流权与控制权的
分离度越大。因为当大股东的现金流权远远低于控制权时，他们就可以
通过控制权获取远高于现金流权的利益，倾向于侵占公司财富增加个人
收益；而当大股东拥有较高现金流权时，其转移该公司利益的成本就会随
之增加，从而抑制其侵占中小股东利益的行为。因此，现金流权增加，大
股东的利益侵占效应降低。根据假设：大股东控制权私利与企业绩效之
间呈现负向的反"S"形相关关系，我们在测量中将设定两权分离度的平
方和两权分离度的立方。

2. 因变量

本章因变量是企业绩效，主要以会计指标为基础进行衡量：(1)ROA
（总资产收益率），为净利润与总资产余额的比值；(2)ROE（净资产收益
率），为净利润与股东权益的比值；由于 ROA 和 ROE 容易被操纵，所以
借鉴王良成等（2010），引入不容易受到操纵的 OPA；(3)OPA（总资产经
营活动收益率）。王良成等（2010）指出，OPA（总资产经营活动收益率）
=（主营业务收入－折扣与折让－主营业务成本－销售费用＋折旧与摊
销）/总资产，用于衡量公司的真实业绩，可避免公司非经营性项目和税收
政策、资本结构对企业绩效的影响（Mclaughin et al. 1998）。另外，根据新
会计准则，本章对 OPA 的计算方式进行了修改，由于利润表中主营业务
和其他业务不再单列，用营业收入表示主营业务收入加其他业务收入，用
营业成本表示主营业务成本加其他业务成本；并且在新利润表中，商业折
扣折旧已经在营业收入中扣减，因此计算方法改为 OPA =（营业收入－
营业成本－销售费用－管理费用＋折旧与摊销）/总资产。由于上市公司
存在利用非核心业务进行会计处理以获取利润的行为，所以本章特别使

用了 CROA 和 CROE；(4)TQ(托宾 Q)，被广泛使用来衡量公司的市场价值(Morck et al. 1988)；Mcconell et al.(1990)和企业成长能力，是一个长期绩效指标。TQ＝企业总资本市场价值/企业重置成本＝(非流通股净资产＋年末流通市值＋负债总额)/年末总资产。本章用 CP 分别代表 ROA(总资产收益率)、ROE(净资产收益率)、OPA(总资产经营活动收益率)和 TQ(托宾 Q)等企业绩效指标。

3. 调节变量

本章调节变量为股权集中度、股权制衡度、董事会制度与独立董事比例。股权集中度主要采用了第一大股东持股比例(Top1)和第一大股东持股比例的平方(Sqtop1)；股权制衡度主要采用第二至第五大股东股权制衡度(Z)与第二至第十大股东股权制衡度(S)；董事会制度主要采用董事会持股数(Q)，以及独立董事制度主要采用独立董事比例(RID)。为简化模型，本章用 mod_variable 表示所有调节变量。

4. 控制变量

控制变量主要是为了控制公司特征和其他因素对因变量的影响。本章设定：(1)财务杠杆，主要体现资本结构对企业经营的影响；(2)公司规模，以上市公司总资产的自然对数控制公司规模对营销战略倾向的影响。一般地，公司规模越大，销售费用越多；规模较大，公司因拥有一定的品牌知名度，在营销投入方面存在规模效应，可能倾向于不采用激进的营销战略；(3)年度虚拟变量，控制由于年度差异可能造成的影响。为简化模型，在模型中本章用 con_variables 表示所有控制变量，具体研究变量如表 7-1 所示。

表 7-1 控制权私利与企业绩效(内部治理视角)：研究变量一览表

变量类型	变量名		变量符号	度量方法
因变量	企业绩效(CP)	总资产收益率	ROA	净利润/总资产余额
		净资产收益率	ROE	净利润/股东权益
		总资产经营活动收益率	OPA	(营业收入－营业成本－销售费用－管理费用＋折旧与摊销)/总资产
		托宾 Q	TQ	(非流通股净资产＋年末流通市值＋负债总额)/年末总资产

续　表

变量类型	变量名		变量符号	度量方法
自变量	控制权私利 （用两权分离度衡量）		SR	现金流权比例/控制权比例
调节变量	股权集中度	第一大股东持股比例	Top1	第一大股东的持股比例
		前五大股东持股比例	Pfive	第一至第五大股东的持股比例之和
	股权制衡水平	第二至第五大股东股权制衡度	Z	第二至第五大股东持股比例之和/第一大股东持股比例
		第二至第十大股东股权制衡度	S	第二至第十大股东持股比例之和/第一大股东持股比例
	独立董事比例		RID	独立董事人数除以董事总人数
	董事会持股数		Q	董事会的持股数
控制变量	公司规模		LnSize	上市公司总资产的自然对数
	资产负债率		Lev	总负债/总资产
	年度虚拟变量		Yeari	哑变量，1 表示隶属于该年的研究样本，0 表示其他，其中 i＝2008、2009、2010、2011

根据研究假设，本章建立多元回归模型如下：

$$SR = \alpha10 + \alpha11 Top1 + \alpha12\ Top1^2 + \alpha_{1c} \times con\_variables + \varepsilon \quad (7\text{-}1)$$

$$SR = \alpha20 + \alpha21 Pfive + \alpha22\ Pfive^2 + \alpha_{2c} \times con\_variables + \varepsilon \quad (7\text{-}2)$$

$$SR = \alpha30 + \alpha31 Z + \alpha32 S + \alpha33 RID + \alpha34 Q + \alpha_{3c} \times con\_variables + \varepsilon \quad (7\text{-}3)$$

$$CP = \alpha40 + \alpha41 Top1 + \alpha42\ Top1^2 + \alpha_{4c} \times con\_variables + \varepsilon \quad (7\text{-}4)$$

$$CP = \alpha50 + \alpha51 Pfive + \alpha52\ Pfive^2 + \alpha_{5c} \times con\_variables + \varepsilon \quad (7\text{-}5)$$

$$CP = \alpha60 + \alpha61 Z + \alpha62 S + \alpha63 RID + \alpha64 Q + \alpha_{6c} \times con\_variables + \varepsilon \quad (7\text{-}6)$$

$$CP = \alpha70 + \alpha71 SR + \alpha72 SR^2 + \alpha73 SR^3 + \alpha_{7c} \times con\_variables + \varepsilon \quad (7\text{-}7)$$

$$CP = \alpha0 + \alpha1 SR + \alpha2 SR^2 + \alpha3 SR^3 + \alpha4 \times mod\_variable + \alpha_c \times con\_variables + \varepsilon \quad (7\text{-}8)$$

(二)样本选择与数据来源

通过变量设计,本章选用 2008—2011 年我国沪深两市 A 股上市公司作为研究样本,数据主要来源于国泰安 CSMAR 数据库、CCER 数据库、上市公司年报以及通达信炒股软件,并运用 Stata10.0 对数据进行分析。为了减少研究误差,我们对抽取的样本进行了如下筛选:(1)剔除样本区间被 ST 或 PT 的公司;(2)剔除财务和公司治理数据缺失的样本;(3)考虑到金融行业的特殊性,剔除金融类,以及含有金融经营单元的上市公司。最终的研究样本包括 1 094 家上市公司的 4 年平衡 Panel Data,共获得 4 376 个有效样本的观测值。

二、实证检验

(一)描述性统计

本章用 Stata10.0 对主要变量进行描述性统计,具体结果如表 7-2 所示。以及通过对 1 094 家样本公司 4 年的年报统计整理得我国上市公司的两权分布情况,具体结果如表 7-3 所示。

表 7-2　控制权私与企业绩效(内部治理视角):总样本描述性统计

变量符号	观测值	平均值	标准差	min	max
两权分离度(SR)	4 376	0.799 0	0.257 4	0.029 8	1.000 0
两权分离度平方(Sqsr)	4 376	0.704 6	0.353 4	0.000 9	1.000 0
两权分离度立方(Cusr)	4 376	0.652 8	0.399 5	0.000 0	1.000 0
托宾 Q(TQ)	4 376	1.946 0	1.301 1	0.497 6	21.895 6
总资产收益率(ROA)	4 376	0.042 1	0.054 7	−0.367 1	0.399 9
净资产收益率(ROE)	4 376	0.073 0	0.227 3	−8.889 8	0.750 5
总资产经营活动收益率(OPA)	4 376	0.091 7	0.132 8	−0.148 5	7.770 5
独立董事比例(RID)	4 376	0.364 1	0.051 7	0.125 0	0.714 3

续 表

变量符号	观测值	平均值	标准差	min	max
董事会持股数(Q)	4 376	11 200 000	64 100 000	0.000 0	2 080 000 000
第一大股东持股比例(Top1)	4 376	0.360 2	0.153 7	0.038 9	0.849 2
第一大股东持股比例的平方(Sqtop1)	4 376	0.153 4	0.123 9	0.001 5	0.721 1
前五大股东持股比例(Pfive)	4 376	0.493 7	0.150 8	0.095 0	0.912 8
前五大股东持股比例的平方(Sqpfive)	4 376	0.266 5	0.151 1	0.009 0	0.833 2
第二至第五大股东股权制衡度(Z)	4 376	0.507 4	0.512 1	0.009 3	3.280 1
第二至第十大股东股权制衡度(S)	4 376	0.651 6	0.649 7	0.012 3	5.547 9
资产负债率(Lev)	4 376	0.497 6	0.185 6	0.007 1	0.983 9
公司规模(LnSize)	4 376	21.808 3	1.139 0	19.020 8	26.851 3

表 7-3 控制权私利与企业绩效(内部治理视角):两权分布表

	现金流权	控制权	两权分离度
样本数	4 376	4 376	4 376
平均数	0.306 5	0.383 1	0.80
最大值	1	1	1
最小值	0.006 7	0.041 2	0.029 8

从表 7-2 和表 7-3 中,我们看到我国上市公司大股东控制权均值为 38.31%,现金流权均值为 30.65%。表明,大股东控制权普遍较高,能通过控制链有效快速地掌握上市公司的信息。另外,现金流权也较高,说明大股东与上市公司的利益相关密切。同时,两权分离度均值为 0.80,说明我国上市公司存在现金流权和控制权分离的现象,大股东有能力也有动力去谋取私利,即使侵害了中小股东及其他利益相关者的利益。通过描述性统计,我们粗略发现,我国上市公司中第一大股东的持股比例均值为 36.02%,存在"一股独大"的现象;独立董事比例均值为 0.364 1,独立董事制度越来越受到重视,2001 年中国证监会颁布了《关于在上市公司建立独立董事制度的指导意见》,规定了我国上市公司董事会成员中应当

至少包括 1/3 的独立董事。独立董事在公司治理中不断地发挥作用。同时,表 7-2 中显示第二至第五大股东的平均股权制衡度达 50.74%,第二至第十大股东的平均股权制衡度达 65.16%,超过了一半。

(二)相关分析

为避免各变量之间存在严重的多重共线性而影响模型检验的结果,本章对样本公司研究变量进行了 Pearson 相关分析,如表 7-4 所示,以便对数据回归模型做进一步的调整。主要遵循以下原则:(1)若两个实验变量之间的 Pearson 相关系数大于 0.5(双尾 t 检验下的 1%水平上显著),则分别建立模型;(2)若控制变量和实验变量之间的相关系数大于或接近 0.3(双尾 t 检验下的 1%水平上显著),则剔除控制变量;(3)若控制变量之间的相关系数大于或接近 0.3(双尾 t 检验下的 1%水平上显著),则舍去和被解释变量相关系数小的控制变量。通过调整,使得模型中各变量之间的多重共线性问题基本得到控制,方差膨胀因子 VIF 值基本都在 2.0 以下,这样计算结果的可信度就较高。

由表 7-4 可知,第二至第五大股东股权制衡度 Z 和第二至第十大股东股权制衡度 S 之间的 Pearson 相关系数为 0.977 4,属于高度相关,存在严重的多重共线性问题,因此 Z 与 S 不能同时存在于相同模型中。而其他变量可以同时存在于同一模型中。从相关分析中,我们可以简单地得到变量之间的正负相关关系,但由于相关分析比较简单,变量间的相关分析不能明确变量之间相关联的程度,因此得到的分析结果科学性和可靠性较低。为提高研究的科学性和可靠性,本章将进行回归分析。

表 7-4　控制权私利与企业绩效(内部治理视角)：变量间的 Pearson 相关系数矩阵表

	SR	TQ	ROA	ROE	OPA	RID	Q	Top1	Pfive	Z	S	Lev	LnSize
SR	1												
TQ	-0.005 8	1											
ROA	-0.009 1	0.267 3	1										
ROE	0.008 9	0.077 7	0.437 9	1									
OPA	-0.041 9	0.096 3	0.330 9	0.159 3	1								
RID	0.046 2	0.010 5	-0.007 1	-0.019 0	0.005 8	1							
Q	0.063 1	0.016 6	0.069 9	0.042 7	0.017 9	0.011 8	1						
Top1	0.098 3	-0.136 1	0.087 7	0.064 1	0.050 8	0.038 5	-0.078 1	1					
Pfive	0.068 0	-0.082 8	0.187 7	0.112 3	0.095 5	-0.011 6	0.027 6	0.428 9	1				
Z	-0.039 0	0.115 4	0.069 2	0.012 7	0.052 5	-0.064 5	0.151 8	-0.326 3	-0.092 5	1			
S	-0.035 8	0.128 2	0.085 7	0.020 3	0.059 2	-0.060 9	0.155 3	-0.442 9	-0.158 4	0.977 4	1		
Lev	-0.010 8	-0.250 0	-0.270 9	-0.119 4	-0.128 5	-0.012 5	-0.007 6	0.062 4	-0.016 3	-0.107 0	-0.104 1	1	
LnSize	0.052 5	-0.257 5	0.049 1	0.070 9	-0.001 1	0.037 3	0.053 0	0.272 0	0.173 1	-0.172 3	-0.149 1	0.228 4	1

(三)回归分析

回归分析是关于变量之间的线性关系,通过回归分析,我们可以得出解释变量对被解释变量的作用大小及方向。本章采用的是多元线性回归分析方法,即两个或两个以上的解释变量对被解释变量的关系,此时,我们需要对解释变量之间的线性关系程度进行检测,即检测数据是否存在多重共线性的问题。本章采用方差膨胀因子(VIF)来检测多重共线性,通常 VIF 在 0—10 之间,而容差应大于 0.1。另外,由于本章的数据为面板数据,在进行回归分析之前,我们要先对其进行设定,令证券代码为截面变量,年份为时间变量。为直观地了解本章的面板数据,我们对数据分布情况做了描述,如表 7-5 所示。可以看到,证券代码(idcode)的范围是1 到 1 094,截面数据(n)有 1 094 个,年份(year)的范围为从 2008 年到2011 年,而每一个截面有 4 个观测值。根据 T_i 分布,也可以看出每个截面有 4 个观测值。在结果的数据结构表中,1 代表一个观测值,表的最后一行显示了所有数据的结构,显示本章每一年的研究数据均相等。

表 7-5　控制权私利与企业绩效(内部治理视角):研究数据结构

idcode：　　　　1, 2,…, 1094　　　　n＝1094

year：　　　　2008, 2009,…, 2011　　T＝4

Delta(year)＝1 unit

Span(year)＝4 periods

(id * year uniquely identifies each observation)

Distribution of T_i：　　min　5%　25%　50% 75%　95%　max

Freq.	Percent	Cum.	Pattern
1 094	100.00	100.00	1 111
1 094	100.00		××××

对面板数据分别进行随机效应与固定效应,由 Hausman 检验得,Prob＞chi2 = 0.000 0,拒绝随机效应和固定效应的系数无系统差异的原假设,即随机效应模型的估计不一致,固定效应比随机效应更为合适,所以在书中均用固定效应进行面板数据回归,部分 Hausman 的检验结果如表 7-6 所示。

表 7-6　控制权私利与企业绩效(内部治理视角):Hausman 检验的结果

| | —Coefficients— | | | |
| | (b) | (B) | (b−B) | sqrt(diag(V_b−V_B)) |
	fe	re	Difference	S. E.
SR	−0.079 266 4	−0.032 616 5	−0.046 649 9	0.018 810 6
RID	0.050 241 6	0.022 966 6	0.027 275	0.059 705 4
Q	−2.67e−12	1.24e−11	−1.50e−11	6.65e−11
Top1	0.900 850 4	0.128 172 5	0.772 677 8	0.114 008 9
Pfive	−0.621 914 9	0.003 963 9	−0.625 878 8	0.089 047 8
Z	0.193 362 5	−0.031 292 7	0.224 655 2	0.036 122 3
S	0.007 848 5	0.054 751 2	−0.046 902 6	0.019 717 5
Lev	−0.093 536 8	−0.099 494 9	0.005 958 1	0.030 146 2
LnSize	0.001 895 6	0.004 452 2	−0.002 556 6	0.006 518

b=consistent under Ho and Ha;obtained from xtreg

B=inconsistent under Ha,efficient under Ho;obtained from xtreg

Test:Ho:difference in coefficients not systematic

chi2(8)=(b−B)′[(V_b−V_B)ˆ(−1)](b−B)=68.12

Prob>chi2=0.0000

(V_b−V_B is not positive definite)

1. 股权结构、公司治理水平与控制权私利

通过方差膨胀因子检测,发现第一大股东的持股比例 Top1 与其平方 Sqtop1、前五大股东的持股比例 Pfive 与其平方 Sqpfive 均存在严重的多重共线性,如表 7-7、表 7-8 所示。第一大股东的持股比例与其平方的 VIF 都大于 20,自变量的 VIF 都大于 1,平均 VIF 为 10.84;前五大股东的持股比例与其平方的 VIF 均接近 30,自变量的 VIF 都大于 1,平均 VIF 高达 15.54。另外,相关分析中分析得第二至第五大股东股权制衡度 Z 和第二至第十大股东股权制衡度 S,所以本章先将衡量股权结构、公司治理水平的变量逐个对控制权私利(用两权分离度来衡量)进行回归,如表 7-9 所示。

表 7-7　控制权私利与企业绩效(内部治理视角):Top1 与 Sqtop1 的 VIF

VARIABLE	VIF	1/VIF
Sqtop1	20.53	0.048 704
Top1	20.24	0.049 399
LnSize	1.35	0.741 520
Lev	1.23	0.811 018
Mean VIF	10.84	

表 7-8　控制权私利与企业绩效(内部治理视角):Pfive 与 Sqfive 的 VIF

VARIABLE	VIF	1/VIF
Sqpfive	29.94	0.033 402
Pfive	29.66	0.033 712
LnSize	1.30	0.769 476
Lev	1.24	0.806 087
Mean VIF	15.54	

表 7-9 股权结构、公司治理水平与控制权私利的回归模型分析结果（第一组）

VARIABLES	(1) SR	(2) SR	(3) SR	(4) SR	(5) SR	(6) SR	(7) SR	(8) SR
Top1	0.062 7* (0.032 9)							
Sqtop1		0.071 6* (0.038 9)						
Pfive			0.054 5* (0.029 1)					
Sqpfive				0.058 3** (0.028 0)				
Z					0.016 2** (0.007 70)			
S						0.012 0** (0.006 05)		
RID							0.092 4 (0.057 4)	
Q								1.69e−10***

续　表

	(1)	(2)	(3)	(4)	(5)	(6)	(7)	(8)
								(5.62e−11)
Lev	−0.061 4***	−0.061 0***	−0.057 9**	−0.057 5**	−0.062 4***	−0.063 2***	−0.060 6**	−0.058 7**
	(0.023 5)	(0.023 5)	(0.023 6)	(0.023 6)	(0.023 6)	(0.023 7)	(0.023 5)	(0.023 5)
Lnsize	0.009 69**	0.009 52**	0.009 90**	0.009 59**	0.010 9**	0.011 0**	0.010 6**	0.009 41**
	(0.004 52)	(0.004 54)	(0.004 51)	(0.004 52)	(0.004 48)	(0.004 48)	(0.004 48)	(0.004 50)
Yeari	Yes	Yes	Yes	Yes	Yes	Yes	Yes	Yes
Constant	0.596***	0.611***	0.585***	0.603***	0.595***	0.594***	0.564***	0.621***
	(0.094 2)	(0.094 8)	(0.094 2)	(0.094 3)	(0.094 5)	(0.094 3)	(0.095 5)	(0.094 6)
Observations	4,376	4,376	4,376	4,376	4,376	4,376	4,376	4,376
Number of id	1,094	1,094	1,094	1,094	1,094	1,094	1,094	1,094

从表 7-9 中方程(1)、(2)、(3)、(4)回归结果初步可以看出现金流权和控制权的分离度(SR)与股权集中度呈显著的正关系,与股权集中度的平方也呈正关系,说明现金流权与控制权的分离度与股权集中度呈显著的正"U"形关系。即在一定范围内,大股东持股比例越大,现金流权与控制权分离度越小;超过一定范围,大股东持股比例越大,现金流权与控制权分离度越大;至于具体的分界点本实证无法得到。而当大股东拥有较高现金流权时,其转移该公司利益的成本随之增加,从而会抑制其侵占中小股东利益的行为;大股东的利益侵占效应随其现金流权的增大而降低。即现金流权与控制权的分离度越大,控制权私利越小。因此,股权集中度与控制权私利呈显著的倒"U"形关系在第一大股东持股比例和前五大持股比例中得到了验证,但这与我们的假设 H_{3-1} 刚好相反。呈倒"U"形关系的原因可能在于,能成为上市公司,其企业生命周期阶段一般处于稳定发展期,大股东得到的共享收益处于稳定,他会不安于现状,想获得更高的收益,从而倾向于掏空。但当掏空行为严重影响了企业,使企业处于危机状态或衰退期时,大股东就会减少掏空,立志挽救企业。方程(5)、(6)回归结果得,不管是第二至第五大股东的股权制衡度,还是第二至第十大股东的股权制衡度,与现金流权和控制权的分离度 SR 呈显著的正相关,即与控制权私利呈显著的负相关,表明股权制衡能减少控制权私利,抑制大股东掏空行为。方程(7)的回归结果,发现独立董事比例对现金流权与控制权的分离度 SR 的正相关不显著,与假设 H_{7-2a} 不符;董事会持股数与控制权的分离度 SR 的正相关关系显著,即与控制权私利呈显著负相关关系,支持了假设 H_{7-2b}。说明董事会制度的作用得到了肯定,其能对管理层进行监督、激励,并对公司的经营战略与方针进行决策。但另一方面,本章发现独立董事制度的作用还没有充分地发挥,其根本原因是没有认识到独立董事首先是代理问题的一部分,也没有认识到独立董事的经理人性质(谢德仁,2005)。说明我国上市公司的独立董事并不能很好地起到保护中小股东利益的作用,独立董事尚不能发挥积极的作用与大股东、管理层进行制衡。财务杠杆(用资产负债率衡量)与现金流权和控制权的分离度(SR)呈显著的负相关,即与控制权私利呈显著正相关,资产负债率越大,控制权私利越大。资产负债率高,说明企业的负债水平较高,此时大股东的掏空成本可能会较低,从而掏空行为越加严重,大股东控制权私利越多。公司规模与现金流权和控制权的分离度（SR）呈显著的正相关，即公司规模越大，现金流权与控制权的分离度越大，控制权私利越小。说明公司规模的扩张有利于抑制控制权私利。当公司规模比较小时，公司受到较少的舆论压力和关注，内部管理也不够严格，大股东容易利用控制权进行掏空并且被发现的概率低；当公司规模逐渐增大时，内部管理机制不断完善，并受到舆论压力和广泛的关注，外部监督加强，使得大股东掏空以获取控制权私利的难度增加，从而减少了控制权私利。

为处理第一大股东的持股比例 Top1 与其平方 Sqtop1、前五大股东的持股比例 Pfive 与其平方 Sqpfive 的多重共线性问题，本章使用"对中"的方法，使模型中可以同时保留一次项和二次项，又可以在一定程度上有效地克服多重共线性问题。令 Ctop1＝top1－r(mean)，Ctop1sq＝Ctop1^2，在回归时，以 Ctop1、Ctop1sq 代替 Top1、Sqtop1，此时做方差膨胀因子，发现 VIF 的平均值仍大于 1，但是 VIF 的最大值已经将到了 1.35，表明多重共线性问题在很大程度上得到了克服。同理，令 Cpfive＝pfive－r(mean)，Cpfivesq＝Cpfive^2，在回归中，以 Cpfive、Cpfivesq 代替 Pfive、Sqpfive。调整后的模型回归分析结果如表 7-10 所示。

表 7-10　股权结构、公司治理水平与控制权私利的回归模型分析结果（第二组）

VARIABLES	(1) SR	(2) SR	(3) SR	(4) SR
Ctop1	0.143***	0.150***		
	(0.036 5)	(0.038 0)		
Ctop1sq	0.404***	0.388**		
	(0.149)	(0.152)		
Cpfive			0.091 1***	0.094 2***
			(0.026 5)	(0.026 3)
Cpfivesq			0.059 7	0.060 7
			(0.140)	(0.140)
RID	0.189**	0.191**	0.207***	0.205***
	(0.075 0)	(0.075 0)	(0.075 1)	(0.075 1)
Q	2.72e－10***	2.70e－10***	2.54e－10***	2.58e－10***

续 表

	(1)	(2)	(3)	(4)
	(6.12e−11)	(6.12e−11)	(6.14e−11)	(6.13e−11)
Z	0.004 03			0.018 4**
	(0.010 3)			(0.007 81)
S		0.005 31	0.012 2**	
		(0.008 46)	(0.006 19)	
Lev	−0.038 1	−0.037 5	−0.044 7*	−0.044 3*
	(0.023 2)	(0.023 2)	(0.023 3)	(0.023 3)
LnSize	0.006 27	0.006 20	0.010 6***	0.010 1**
	(0.003 95)	(0.003 95)	(0.003 90)	(0.003 92)
Yeari	Yes	Yes	Yes	Yes
Constant	0.598***	0.597***	0.519***	0.531***
	(0.085 5)	(0.085 3)	(0.084 6)	(0.085 1)
Observations	4,376	4,376	4,376	4,376
R-squared	0.020	0.020	0.014	0.014

从表 7-10 的模型(1)、(2)的回归结果中可以判断,第一大股东的持股比例与现金流权和控制权的分离度(SR)呈非线性的正"U"形关系;相反,与控制权私利呈非线性的倒"U"形关系,仍是与假设 1 相悖,原因相同,在此不展开解释。独立董事比例、董事会持股数与现金流权和控制权的分离度在 1% 的水平下呈显著的正相关,即与控制权私利呈显著的负相关,支持 H_{3-2a} 和 H_{3-2b}。说明董事会制度和独立董事制度有效起到了监督的作用,对大股东掏空行为有抑制作用。此时不管是第二至第五大股东股权制衡度,还是第二至第十大股东股权制衡度,与分离度 SR 的关系为正,但不显著,即与控制权私利呈不显著的负相关关系。肯定了股权制衡的抑制作用,但作用不明显。模型(3)、(4)的回归结果表明,前五大股东的持股比例与分离度 SR 呈正相关,即与控制权私利呈负相关。说明当前五大股东的持股比例较大,股东间存在互相监督的动力,共同创造共享收益,此时掏空行为减少。而在(3)、(4)两模型中,股权制衡度与分离度 SR 在 5% 的水平下呈显著的正相关,即与控制权私利呈显著的负相

关。说明在股权分散的情况下,股权制衡越能体现其积极的作用。

另外,资产负债率与控制权私利同样呈现显著的正相关,表明当上市公司的资产负债率越大时,大股东的掏空行为更加严重,其攫取的控制权私利越多。公司规模与现金流权与控制权分离度 SR 的关系在模型(1)、(2)中不显著,在模型(3)、(4)中呈显著的正相关关系。可得,公司规模与控制权私利呈显著负相关关系。当公司规模比较小时,受到的舆论监督压力比较小,内部的管理不够完善,大股东利用控制权获取控制权私利的行为也不容易被揭露,从而使得大股东私利较多。当公司规模逐步扩大,管理制度不断完善后,公司运作规模逐渐规范,内外部的监督不断加强,大股东获取控制权私利的难度也随之增加,从而侵害程度降低。而在股权比较分散的上市公司中,各股东更倾向于单顾自身利益,不顾公司的形象,因而大股东掏空行为没有受到太多的舆论压力,公司规模越大,大股东可以获取的资源更加丰富,从而私利越发增加。

综上所述,通过股权结构、公司治理水平与控制权私利的回归模型,本章实证得第一大股东的持股比例与控制权私利呈非线性的倒"U"形关系,与假设 H_{3-1} 相悖。在股权较分散的情况下,股权制衡度越高,越能制约大股东的掏空行为,减少控制权私利。独立董事比例、董事会持股数与控制权私利在 1% 的水平下呈显著的负相关,说明董事会制度和独立董事制度有效起到了监督的作用。同样证明了资产负债率与控制权私利的正向关系,以及公司规模与控制权私利的负向关系。即资产负债率越大,大股东的掏空行为越严重;而公司规模越大,大股东受到的内外监督加强,控制权私利行为减少。

2. 股权结构、公司治理水平与企业绩效

股权结构和公司治理水平一方面会影响大股东的掏空行为,影响控制权私利的多少,另一方面也会直接影响企业的绩效。因此,本章尝试做股权集中度、股权制衡度、独立董事制度、董事会制度与企业绩效的回归,结果如表 7-11 和表 7-12 所示。

表 7-11　股权结构、公司治理水平与企业绩效的回归模型分析结果（第一组）

VARIABLES	(1) TQ	(2) ROA	(3) ROE	(4) OPA	(5) TQ	(6) ROA	(7) ROE	(8) OPA
Top1	−0.886**	−0.014 8	−0.119*	−0.115***	0.441	−0.063 1***	−0.257***	−0.108**
	(0.349)	(0.014 3)	(0.065 9)	(0.038 7)	(0.409)	(0.016 8)	(0.077 2)	(0.045 4)
Pfive	−0.925***	−0.066 0***	−0.219***	0.003 53	−0.682**	−0.098 9***	−0.320***	−0.000 655
	(0.271)	(0.011 2)	(0.051 3)	(0.030 1)	(0.323)	(0.013 3)	(0.061 0)	(0.035 9)
S	0.229***	0.005 78***	0.003 78	0.027 9***				
	(0.051 5)	(0.002 11)	(0.009 73)	(0.005 71)				
Z					0.179**	−0.003 32	0.033 7*	0.031 8***
					(0.076 2)	(0.003 13)	(0.014 4)	(0.008 46)
RID	0.460	−0.014 9	−0.099 1	0.014 7	0.452	−0.015 1	−0.099 1	0.013 7
	(0.345)	(0.014 2)	(0.065 3)	(0.038 3)	(0.346)	(0.014 2)	(0.065 3)	(0.038 4)
Q	$4.30e-10$	0^{***}	$9.09e-11^*$	0	$4.67e-10^*$	0^{***}	$9.28e-11^*$	0
	$(2.83e-10)$	(0)	$(5.35e-11)$	(0)	$(2.83e-10)$	(0)	$(5.34e-11)$	(0)
Lev	−1.675***	−0.135***	−0.212***	−0.100***	−1.696***	−0.136***	−0.213***	−0.102***
	(0.107)	(0.004 40)	(0.020 2)	(0.011 9)	(0.107)	(0.004 39)	(0.020 2)	(0.011 9)
Lnsize	−0.285***	0.011 3***	0.027 9***	0.004 92***	−0.279***	0.011 6***	0.028 4***	0.005 50***

续　表

	(1)	(2)	(3)	(4)	(5)	(6)	(7)	(8)
	(0.018 2)	(0.000 748)	(0.003 44)	(0.002 02)	(0.018 2)	(0.000 746)	(0.003 43)	(0.002 02)
Year$_i$	Yes	Yes	Yes	Yes	Yes	Yes	Yes	Yes
Constant	8.819***	−0.162***	−0.457***	−0.032 4	8.787***	−0.162***	−0.454***	−0.037 0
	(0.386)	(0.015 9)	(0.073 0)	(0.042 9)	(0.387)	(0.015 9)	(0.073 0)	(0.042 9)
Observations	4,376	4,376	4,376	4,376	4,376	4,376	4,376	4,376
R−squared	0.183	0.220	0.043	0.033	0.180	0.219	0.044	0.031

表 7-12　股权结构、公司治理水平与企业绩效的回归模型分析结果（第一组）

VARIABLES	(1) TQ	(2) ROA	(3) ROE	(4) OPA	(5) TQ	(6) ROA	(7) ROE	(8) OPA
Sqtop1	0.871***	0.017 1	−0.092 8	0.087 2**	0.680**	0.038 3***	−0.151**	0.083 3**
	(0.318)	(0.013 1)	(0.060 1)	(0.035 3)	(0.345)	(0.014 2)	(0.065 2)	(0.038 3)
Sqpfive	0.814***	0.061 8***	0.179***	0.028 8	0.774***	0.071 6***	0.210***	0.024 0
	(0.214)	(0.008 79)	(0.040 4)	(0.023 7)	(0.233)	(0.009 59)	(0.044 0)	(0.025 9)
S	0.192***	0.006 03***	0.002 69	0.020 8***				
	(0.038 9)	(0.001 60)	(0.007 36)	(0.004 32)				
Z					0.184***	−0.002 57	−0.009 00	0.023 5***
					(0.053 4)	(0.002 20)	(0.010 1)	(0.005 93)
RID	0.456	−0.016 4	−0.103	0.011 4	0.445	−0.017 0	−0.104	0.010 5
	(0.345)	(0.014 2)	(0.065 3)	(0.038 4)	(0.346)	(0.014 2)	(0.065 3)	(0.038 4)
Q	4.34e−10	0***	9.41e−11*	0	4.78e−10*	0***	9.87e−11*	0
	(2.83e−10)	(0)	(5.35e−11)	(0)	(2.83e−10)	(0)	(5.34e−11)	(0)
Lev	−1.680***	−0.135***	−0.211***	−0.101***	−1.698***	−0.136***	−0.213***	−0.103***
	(0.107)	(0.004 41)	(0.020 3)	(0.011 9)	(0.107)	(0.004 41)	(0.020 2)	(0.011 9)
Lnsize	−0.284***	0.011 2***	0.027 4***	0.005 14**	−0.280***	0.011 4***	0.027 6***	0.005 54***

续 表

	(1)	(2)	(3)	(4)	(5)	(6)	(7)	(8)
Constant	8.755***	−0.147***	−0.418***	−0.009 02	8.729***	−0.147***	−0.414***	−0.0131
	(0.389)	(0.016 0)	(0.073 7)	(0.043 3)	(0.390)	(0.016 1)	(0.073 7)	(0.043 3)
	(0.018 2)	(0.000 750)	(0.003 45)	(0.002 03)	(0.018 2)	(0.000 750)	(0.003 44)	(0.002 02)
Yeari	Yes	Yes	Yes	Yes	Yes	Yes	Yes	Yes
Observations	4,376	4,376	4,376	4,376	4,376	4,376	4,376	4,376
R-squared	0.183	0.218	0.042	0.031	0.181	0.216	0.042	0.030

从实证研究发现,第一大股东持股比例或前五大股东持股比例与绩效呈现显著的负相关,而第一大股东持股比例的平方或前五大股东持股比例的平方与绩效呈现显著的正相关,说明股权集中度与企业绩效呈显著正"U"形关系在第一大股东持股比例和前五大股东持股比例中得到验证。进一步表明,在我国上市公司股权结构中,同时存在利益协同效应和堑壕效应,与 Jensen et at.(1976),徐向艺等(2008),陈德萍等(2011)等学者的研究结果一致,当大股东持股比例在较低水平时,大股东侵占中小股东利益的动机随着持股比例的增加而提高,从而侵害程度提高,企业绩效减少;当大股东持股比例达到一定程度后,大股东的利益达到最大,侵害程度减少,与企业绩效出现利益协同效应。

另外,回归结果表明股权制衡度与企业绩效存在显著的正相关,少数模型中股权制衡度与企业绩效呈不显著的负相关,说明股权制衡度大部分情况下呈现积极的作用,股权制衡度越高的企业具有更好的业绩;但一些公司存在股东勾结、联盟的情况。至于独立董事比例对企业绩效的影响,研究发现均不显著,独立董事比例对总资产收益率和净资产收益率呈不显著的负相关,对总资产经营活动收益率和托宾 Q 呈不显著的正相关。另一方面,董事会持股数与企业绩效呈显著的正相关,肯定了董事会作为经营决策机构的作用。对控制变量而言,实证检验发现公司规模与总资产收益率、净资产收益率、总资产经营活动收益率之间呈显著的正相关关系,即公司规模越大,企业绩效越大。但公司规模与托宾 Q 呈显著的负相关作用,说明规模较小的公司股票市场价值高于规模较大的公司。资产负债率与企业绩效之间呈现了显著的负相关,资产负债率越大,企业的经营效益越少。我国上市公司面临激烈的市场竞争,采取保守或稳健的财务策略,在提升公司整体绩效上发挥了正向作用。

综上所述,通过股权结构、公司治理水平与企业绩效的回归模型,本章验证了股权集中度与企业绩效的显著正"U"形相关关系,同时存在堑壕效应与利益协同效应,与白重恩等(2005)的实证研究结果一致。股权制衡在大多数公司治理中能起到显著的改善作用,但不排除一些公司存在股东勾结与合谋。独立董事的作用在我国上市公司中的作用还不显著,还没有真正起到监督制衡的效果,有待进一步完善。而董事会作为经营决策机构,董事会制度对企业绩效的作用明显,有助于改善公司治理和提高企业绩效。

3.控制权私利与企业绩效

通过方差膨胀因子分析(VIF),研究发现两权分离度、两权分离度的平方、两权分离度的立方三者呈高度的多重共线性问题,本章试图通过逐步回归的方法,改进模型的形式。逐步回归方法的基本原理主要是,分别拟合因变量对每个自变量的一元回归,将各回归方程的拟合优度按大小排列,从中选择拟合优度最大的自变量作为基础变量,逐步将其他自变量加入模型中,同时观测 t 检验值的变化,如果 t 检验呈显著,则保留该变量;否则去掉该变量,如此不断重复该过程直到加入所有显著的自变量。以因变量总资产收益率(ROA)为例,采用前向搜寻法逐步回归,stepwise, pe(0.05):regress roa sr sqsr cusr rid q top1 pfive z s Lev InSize,如表 7-13 所示。我们发现最后留下的解释变量为 Lev、LnSize、Pfive、S、Z、Top1、Sqsr,去除了 SR、Cusr、RID、Q。同理,分别对以 ROE、OPA、TQ 为因变量的模型进行前向搜寻法逐步回归,最后得逐步回归结果,如表 7-14 所示。

表 7-13　控制权私利与企业绩效(内部治理视角):前向搜寻逐步回归法结果

begin with empty model

p=0.000 0<0.0500 　 adding 　 Lev

p=0.000 0<0.0500 　 adding 　 LnSize

p=0.000 0<0.0500 　 adding 　 Pfive

p=0.000 0<0.0500 　 adding 　 S

p=0.000 0<0.0500 　 adding 　 Z

p=0.000 0<0.0500 　 adding 　 Top1

p=0.026 9<0.0500 　 adding 　 Sqsr

Source	SS	df	MS	Number of obs $=4\ 376$
Model	3.134 343 2	7	0.447 763 315	$F(7, 4368) = 196.24$
Residual	9.966 340 84	4 368	0.002 281 671	$Prob > F = 0.000\ 0$
Total	13.100 684	4 375	0.002 994 442	R-squared $= 0.239\ 3$
				AdjR-squared$=0.238\ 0$
				Root MSE$=.0477\ 7$

续　表

ROA	Coef.	Std. Err.	t	P>t	[95% Conf. Interval]	
Lev	−0.133 064 3	0.004 349 2	−30.60	0.000	−0.141 590 8	−0.124 537 7
LnSize	0.010 782 5	0.000 739 1	14.59	0.000	0.009 333 5	0.012 231 6
Pfive	0.162 624 7	0.014 299 1	11.37	0.000	0.134 591 2	0.190 658 1
S	0.064 288 2	0.005 920 3	10.86	0.000	0.052 681 4	0.075 895
Z	−0.091 681 2	0.008 762 7	−10.46	0.000	−0.108 860 5	−0.074 501 8
Top1	−0.120 415 9	0.017 407 7	−6.92	0.000	−0.154 543 8	−0.086 288
Sqsr	−0.004 555 3	0.002 058 2	−2.21	0.027	−0.008 590 5	−0.000 520 1
_cons	−0.155 940 8	0.014 967 8	−10.42	0.000	−0.185 285 2	−0.126 596 4

表 7-14　控制权私利与企业绩效的逐步回归结果

VARIABLES	(1) ROA	(2) ROE	(3) OPA	(4) TQ
SR			−0.494***	
			(0.175)	
Sqsr	−0.004 56**		0.712**	
	(0.002 06)		(0.313)	
Cusr			−0.332**	
			(0.169)	
top1	−0.120***	−0.397***		
	(0.017 4)	(0.080 6)		
Pfive	0.163***	0.471***	0.106***	
	(0.014 3)	(0.066 3)	(0.014 4)	
Z	−0.091 7***	−0.233***	−0.072 8***	−1.025***
	(0.008 76)	(0.040 7)	(0.019 5)	(0.165)
S	0.064 3***	0.144***	0.069 4***	0.921***
	(0.005 92)	(0.027 5)	(0.015 4)	(0.130)

	(1)	(2)	(3)	(4)
Lev	−0.133***	−0.205***	−0.099 4***	−1.646***
	(0.004 35)	(0.020 2)	(0.011 9)	(0.106)
lnSize	0.010 8***	0.026 5***	0.005 16**	−0.295***
	(0.000 739)	(0.003 43)	(0.002 00)	(0.017 5)
Yeari	Yes	Yes	Yes	Yes
Constant	−0.156***	−0.468***	0.078 0	9.109***
	(0.015 0)	(0.069 4)	(0.049 7)	(0.366)
Observations	4,376	4,376	4,376	4,376
R-squared	0.239	0.049	0.039	0.187

　　在表 7-14 模型(1)中,以总资产收益率(ROA)为因变量,逐步回归自动删除了现金流权与控制权分离度(SR)、现金流权与控制权分离度的立方(Cusr),留下了现金流权与控制权分离度的平方(Sqsr)。检验得现金流权与控制权分离度的平方 Sqsr 与企业绩效在 5% 的水平上呈显著负相关,即现金流权与控制权分离度与企业绩效呈显著的倒"U"形关系。相反地,控制权私利与企业绩效呈显著的正"U"形关系。在正"U"形左侧的一定区间内,存在控制权私利和企业绩效均处于较低的水平,即(低控制权私利,低绩效)的奉献型;也存在低控制权私利,较高企业绩效的状态,即(低控制权私利,高绩效)的风雨同舟型;以及控制权私利与企业绩效呈此增彼长的状态,即(高控制权私利,高绩效)的携手并进型;超过一定水平之后,控制权私利越大,企业绩效反而越小,即(高控制权私利,低绩效)的掏空型。另外,研究得第一大股东的比例(Top1)与总资产收益率在 1% 的水平上呈显著负相关,表明在控制权私利的影响下,第一大股东的比例越高,企业绩效越低。而前五大股东的比例和(Pfive)与总资产收益率在 1% 的水平上呈显著的正相关;第二至第五大股东的股权制衡度与总资产收益率在 1% 的水平上呈显著的负相关作用;而第二至第十大股东的股权制衡度与总资产收益率呈显著的正相关作用。原因可能在于前五大股东的比例或第二至第五大股东的股权制衡度越大时,股权非常集中,各大股东之间围绕控制权展开激烈的斗争,"钩心斗角"的情况严

重,互相争夺以获取控制权收益,不仅不顾中小股东的利益,更加不利于公司的整体业绩。而当第二至第十大股东的股权制衡度越大时,股权相对较分散于第二至第十大股东,此时股权制衡的效果较明显,有利于制约大股东的侵害行为,提升企业绩效。Shleifer et al. (1986)指出,当股权相对分散,无人监督经理人的情况下,一个大股东的存在能够解决上市公司内部人控制的问题,提升公司绩效,并获得自身的利益。控制变量方面,与前文实证检验结果相同,资产负债率与企业绩效呈显著的负相关作用;相反,公司规模与总资产收益率、净资产收益率、总资产经营活动收益率之间呈显著的正相关关系;但公司规模与托宾 Q 呈显著的负相关作用,说明规模较小的公司股票市场价值高于规模较大的公司。

在模型(2)中,以净资产收益率(ROE)为因变量,逐步回归自动删除了有关控制权私利的所有自变量,另外变量对净资产收益率的影响与模型(1)均一致,不再做细致分析。

在模型(3)中,以总资产经营活动收益率(OPA)为因变量,该模型中逐步回归保留了 SR、Sqsr 和 Cusr,检验结果发现现金流权与控制权的分离度(SR)、现金流权与控制权分离度的立方(Cusr)与总资产经营活动收益率呈显著的负相关,与现金流权与控制权分离度的平方(Sqsr)呈显著的正相关,且其系数的绝对值为 0.712,大于 SR 和 Cusr 的系数绝对值,这就证明了现金流权与控制权分离度(SR)与企业绩效之间的倒"S"形关系,同时说明了控制权私利与企业绩效存在正"S"形关系,与假设 H$_{3-3}$ 刚好相反。其他变量对总资产经营活动收益率的影响与模型(1)均一致,也不做细致分析。

在模型(4)中,以托宾 Q(TQ)为因变量,逐步回归自动删除了有关现金流权与控制权分离度的所有自变量,研究发现公司规模与托宾 Q 呈显著的负相关作用,说明规模较小的公司股票市场价值高于规模较大的公司。虽然大公司可以凭借规模、技术、资金等优势获得高盈利水平,但其成长空间一般较小,国内投资者一般偏好于小盘股。

综上所述,当以总资产收益率(ROA)衡量企业绩效时,检验得控制权私利与企业绩效之间呈显著的正"U"形关系。而当以总资产经营活动收益率(OPA)衡量企业绩效时,控制权私利与企业绩效之间存在正"S"形相关关系。最终控制权私利与企业绩效是否能得到一致的结果,进一步，本书用层次分析法做调节变量对企业绩效的影响。

4. 调节效应对企业绩效的影响

由于控制权私利与企业绩效的关系同时受到股权集中度、股权制衡度、独立董事制度和董事会制度的影响，因此股权集中度、股权制衡度、独立董事制度和董事会制度是模型的调节变量，用 mod_variable 表示。由于调节变量和自变量都是连续变量，做调节效应时，首先需要将调节变量和自变量进行标准化，为方便研究，标准化后的调节变量和自变量均以前缀 std_开始，做层次回归分析。调节效应检验的主要方法为：先做因变量对自变量、调节变量的回归，得测定系数 R_1^2；再做因变量对自变量、调节变量、自变量与调节变量的交互项的回归的 R_2^2；若 R_2^2 大于 R_1^2，则调节变量显著。同样，为方便研究，自变量与调节变量的交互项均以 j 开始，若是 std_SR 与 std_RID 的交互项，则表示为 jSR_RID。首先，本章先做因变量对自变量、调节变量的标准化回归，由于方差膨胀因子分析（VIF）显示，变量 std_SR、std_Sqsr 和 std_Cusr，std_Z 和 std_S 都存在高度的多重共线性问题，所以继续按照前向搜寻法逐步回归方法，改进模型，以克服多重共线性问题，回归结果如表 7-15 所示。

表 7-15　控制权私利与企业绩效的标准化逐步回归结果

VARIABLES	(1) ROA	(2) ROE	(3) OPA	(4) TQ
std_SR			−0.127***	
			(0.045 1)	
std_Sqsr	−0.001 72**		0.252**	
	(0.000 729)		(0.111)	
std_Cusr			−0.133**	
			(0.067 6)	
std_Top1	−0.018 0***	−0.061 0***		
	(0.002 68)	(0.012 4)		
std_Pfive	0.024 1***	0.071 0***	0.015 9***	
	(0.002 16)	(0.009 99)	(0.002 16)	

续　表

	(1)	(2)	(3)	(4)
std_Z	−0.046 5***	−0.119***	−0.037 3***	−0.525***
	(0.004 49)	(0.020 8)	(0.009 96)	(0.084 7)
std_S	0.041 3***	0.093 8***	0.045 1***	0.598***
	(0.003 85)	(0.017 9)	(0.010 0)	(0.084 4)
std_Q	0.001 67**			
	(0.000 738)			
lev	−0.133***	−0.205***	−0.099 4***	−1.646***
	(0.004 35)	(0.020 2)	(0.011 9)	(0.106)
LnSize	0.010 7***	0.026 5***	0.005 16**	−0.295***
	(0.000 741)	(0.003 43)	(0.002 00)	(0.017 5)
Yeari	Yes	Yes	Yes	Yes
Constant	−0.124***	−0.403***	0.028 7	9.189***
	(0.015 4)	(0.071 1)	(0.041 5)	(0.363)
Observations	4,376	4,376	4,376	4,376
R-squared	0.240	0.049	0.039	0.187

分析表 7-15 发现,现金流权与控制权分离度和企业绩效的标准化逐步回归结果与非标准化时的逐步回归结果基本一致,除了董事会持股数与总资产收益率(ROA)之间呈现显著的正相关作用,肯定了董事会制定的监督作用。标准化的逐步回归结果再一次检验了当以总资产收益率(ROA)衡量企业绩效时,控制权私利与企业绩效之间呈显著的正"U"形关系。当以总资产经营活动收益率(OPA)衡量企业绩效时,控制权私利与企业绩效之间存在正"S"形相关关系。第一大股东的比例(Top1)与总资产收益率呈显著负相关;前五大股东的比例和(Pfive)与总资产收益率呈显著的正相关;第二至第五大股东的股权制衡度与总资产收益率呈显著的负相关作用;而第二至第十大股东的股权制衡度与总资产收益率呈显著的正相关作用。另外,回归模型均检验得资产负债率与企业绩效呈显著的负相关作用;公司规模对衡量企业绩效的总资产收益率、净资产收益率、总资产经营活动收益率均呈显著的正相关作用,而与托宾 Q 呈显

著的负相关作用。

鉴于模型(2)和模型(4)中,有关现金流权与控制权分离度的变量已在逐步回归中剔除,因此做层次回归分析的第二步时,只做模型(1)和模型(3)的因变量对自变量、调节变量、自变量与调节变量的交互项的回归,回归结果如表 7-16 所示。

表 7-16　控制权私利与企业绩效(内部治理视角):调节效应检验结果

VARIABLES	(1) ROA	(2) OPA
std_SR		-0.081 9*
		(0.044 5)
std_Sqsr	−0.001 67**	−0.211*
	(0.000 754)	(0.121)
std_Cusr		−0.099 5
		(0.066 5)
std_Pfive		0.015 2***
		(0.002 12)
std_Z		−0.031 9***
		(0.009 91)
std_S		0.038 4***
		(0.010 0)
jSR_Pfive		0.092 9**
		(0.045 5)
jSR_Z		−1.186***
		(0.231)
jSR_S		0.593***
		(0.227)
jSqsr_Q	0.001 09	
	(0.001 25)	
jSqsr_Top1	0.003 13	

续　表

	(1)	(2)
	(0.002 87)	
jSqsr_Pfive	−0.003 12	−0.189*
	(0.002 27)	(0.112)
jSqsr_Z	0.001 95	2.475***
	(0.004 47)	(0.571)
jSqsr_S	0.001 90	−1.217**
	(0.003 67)	(0.565)
jCusr_Pfive		0.099 4
		(0.068 6)
jCusr_Z		−1.341***
		(0.348)
jCusr_S		0.658*
		(0.347)
Lev	−0.142***	−0.103***
	(0.004 45)	(0.011 6)
LnSize	0.012 4***	0.004 88**
	(0.000 726)	(0.001 95)
Yeari	Yes	0.033 7
Constant	−0.158***	(0.040 4)
	(0.015 0)	
Observations	4,376	4,376
R-squared	0.294	0.096

由表 7-16 的模型(1)可得,现金流权与控制权分离度的平方与总资产收益率(ROA)在 5% 的水平上呈显著的负相关,系数为 −0.001 67,即现金流权与控制权分离度与总资产收益率(ROA)呈倒"U"形关系,因此得控制权私利与总资产收益率(ROA)的正"U"形关系。虽然交互项(jSqsr_Q、jSqsr_Top1、jSqsr_Pfive、jSqsr_Z 和 jSqsr_S)与企业绩效均不显著,但加入调节变量后,R-squared＝0.294 大于没有加入调节变量时的

R-squared,说明调节效应显著。

由分析模型(2)可得,加入调节变量后,现金流权与控制权分离度与总资产经营活动收益率(OPA)呈显著的负相关,现金流权与控制权分离度的平方与总资产经营活动收益率(OPA)呈显著的负相关,即现金流权与控制权分离度与总资产经营活动收益率(OPA)呈倒"U"形关系,因此得控制权私利与总资产经营活动收益率(OPA)的正"U"形关系。此时R-squared=0.096高于未做调节效应时R-squared的0.039,说明调节效应显著。且此模型中交互项对企业绩效的关系也呈显著。即做调节效应后,模型(1)和模型(2)得到了一致的结果,控制权私利与企业绩效呈正"U"形关系。该结果虽然与未加入调节变量时以及假设H_{3-3}不同,未能证明大股东控制权私利与企业绩效之间呈现负向的反"S"形相关关系,但至少证明了大股东控制中小股东会对企业产生"堑壕效应"和"激励效应"。

至于控制变量方面,与之前的检验结果一致,资产负债率与企业绩效呈显著的负相关作用,公司规模与总资产收益率、净资产收益率、总资产经营活动收益率呈显著的正相关作用,公司规模与托宾Q呈显著的负相关作用。由于在研究控制权私利与企业绩效的调节效应中,各模型逐步回归时都将独立董事比例的变量剔除了,所以本研究未能验证独立董事制度的调节作用,这与高明华等(2002)、丛春霞(2004)、李维安等(2007)等的研究结果一致,独立董事比例与公司绩效不存在显著的相关关系。同时董事会持股数的调节作用也不明显,只有股权集中度和股权制衡度的调节作用显著。

最后,鉴于大股东掏空对企业绩效的影响可能是滞后影响,当期的大股东控制权私利对企业未来绩效产生的影响更明显,因此对t—1期的控制权私利对t期的企业绩效关系进行稳健性测试,发现回归结果未发生实质性变化。

三、结论及启示

(一)研究结论

通过对我国上市公司面板数据的研究,用两权分离度对控制权私利进行了量化,在此基础上研究了股权结果、公司治理水平与控制权私利的关系,股权结构、公司治理水平与控制权私利的关系以及控制权私利对企业绩效的关系。分析表明大股东与中小股东之间确实存在比较严重的利益冲突问题,大股东可能利用中小股东无法享受的控制权优势来获取私利,追求自身利益最大化。对于"一股独大"现象,我们应采取辩证的态度看待。大股东控股确实会存在"隧道效应"进行掏空,但在一定程度下,其对企业绩效也有激励作用。本书验证第一大股东的持股比例与控制权私利呈非线性的倒"U"形关系,与 H_{3-1} 的正"U"形关系相悖。股权集中度与企业绩效呈显著的正"U"形关系,即在一定范围内,第一大股东持股比例越大,控制权私利越小,企业绩效越大;当超出一定范围后,第一大股东持股比例越大,控制权私利越大,从而企业绩效越小,同时存在堑壕效应与利益协同效应,因此假设 H_{3-4} 成立。该结果与吴淑琨(2002)、杜莹等(2002)的研究结果一致,即随着大股东持股比例的增加,将会激励大股东进行有效的监督,掏空行为减少,企业绩效增加。当大股东持股比例过度集中时,大股东会倾向选择掏空行为而获得更多的私利,侵害了公司及中小股东的利益。另外,大多数情况下,股权制衡度越高,越能制约大股东的掏空行为,在一定程度上能改善公司治理水平。但一些公司可能存在因着第二至第五大股东的持股比例或第二至第十大股东持股比例的增加,而出现与大股东相互勾结、合谋、联盟起来一起侵害公司利益的现象。

　　研究股权结构与企业绩效间的关系,发现股权集中度与企业绩效呈显著正"U"形关系在第一大股东持股比例和前五大股东持股比例中得到验证,进一步表明,在我国上市公司股权结构中,同时存在利益协同效应和堑壕效应,支持 H_{3-4}。第二至第五大股东的股权制衡度与企业绩效呈显著的负相关作用;而第二至第十大股东的股权制衡度与企业绩效呈显著的正相关作用。表明在控制权私利的影响下,第一大股东的比例越高,企业绩效越低。而前五大股东的比例或第二至第五大股东的股权制衡度越大时,股权非常集中,各大股东之间互相争夺以获取控制权收益,"钩心斗角"的情况严重,不仅不顾中小股东的利益,更加不顾公司的整体业绩。而当第二至第十大股东的股权制衡度越大时,股权相对较分散于第二至第十大股东,此时股权制衡的效果较明显,有利于制约大股东的侵害行为,提升企业绩效,因此 H_{3-4b} 未得到完全证实。

　　研究控制权私利与企业绩效间的关系时,检验得在未加入调节变量时,控制权私利与总资产收益率呈正"U"形关系,而与总资产经营活动收益率呈现"S"形相关关系。当加入调节变量,做调节效应后,研究得到一致的结果,即控制权私利与企业绩效呈非线性的正"U"形关系,虽与假设 H_{3-3} 不符,但证明了大股东控制中小股东会对企业产生"堑壕效应"和"激励效应"。在正"U"形关系中,我们可以意识到存在控制权私利与企业绩效的四种情况:存在低控制权私利,较高企业绩效的状态,即(低控制权私利,高绩效)的奉献型;控制权私利和企业绩效均处于较低的水平,即(低控制权私利,低绩效)的风雨同舟型;控制权私利与企业绩效呈此增彼长的状态,即(高控制权私利,高绩效)的携手并进型;以及(高控制权私利,低绩效)的掏空型。只是无法检验具体的区间状态。

　　另外,调节变量股权集中度、股权制衡水平在控制权私利与企业绩效之间的调节效应显著,而董事会持股数的调节效应不显著。本章验证了独立董事对大股东控制权私利的抑制作用,但没有验证独立董事的调节作用,即假设 H_{3-2a} 成立,假设 H_{3-5a} 不成立。表明独立董事的作用在我国上市公司中的作用还不够显著,没有真正起到监督制衡的效果,独立董事制度有待进一步完善。而董事会作为经营决策机构,董事会制度与控制权私利和企业绩效的作用明显,有助于改善公司治理和提高企业绩效,即 H_{3-2b} 和 H_{3-5b} 成立。主要的研究假设验证性结果描述如表 7-17 所示。

表 7-17　控制权私利与企业绩效(内部治理视角):研究假设验证结果

假　设	内　容　描　述	证实情况
H_{3-1}	大股东持股比例与控制权私利呈非线性的负"U"形关系;也即股权集中度与控制权私利呈负"U"形关系。	证实
H_{3-2}	公司治理水平的提高能够在一定程度上制约大股东的掏空行为,减少控制权私利。	证实
H_{3-2a}	股权制衡度越高,越能制约大股东的掏空行为,减少控制权私利。	证实
H_{3-2b}	独立董事比例越大,董事会独立性就越高,越能监督和制约大股东的掏空行为,减少控制权私利。	证实
H_{3-2c}	董事会持股数越多,董事会独立性就越高,越能监督和制约大股东的掏空行为,减少控制权私利。	证实
H_{3-3}	大股东控制权私利与企业绩效之间呈现负向的反"S"形相关关系,即为倒"U"形曲线和"U"形曲线的组合。	未证实

续 表

假 设	内 容 描 述	证实情况
H_{3-4}	股权集中度与公司绩效呈非线性的正"U"形关系。	证实
H_{3-5}	公司治理水平的提高能够在一定程度上能够提升企业绩效。	部分证实
H_{3-5a}	股权制衡度越高,越有利于企业绩效的提升。	未证实
H_{3-5b}	独立董事比例越大,越有利于企业绩效的提升。	未证实
H_{3-5c}	董事会持股数越多,越有利于企业绩效的提升。	证实

在控制变量方面,实证研究表明在股权集中的上市公司中,公司规模越大,控制权私利越小。随着管理制度的不断完善,公司运作逐渐规范,受到内外部的监督不断加强,信息披露制度更加完善,大股东获取控制权私利的难度与成本也随之增加,从而侵害程度降低。而在股权比较分散的上市公司中,大股东受到的舆论压力较低,公司规模越大,大股东可以获取的资源更加丰富,控制权私利越大,此时各大股东更倾向于只顾自身利益,不顾公司形象。另一方面,公司规模与总资产收益率、净资产收益率、总资产经营活动收益率之间呈显著的正相关关系;但公司规模与托宾Q呈显著的负相关作用,说明规模较小的公司成长性高于规模较大的公司。另外,资产负债率与控制权私利呈显著的正相关,与企业绩效呈显著的负相关,表明当上市公司的资产负债率越大时,大股东的掏空行为更加严重,其攫取的控制权私利越多,企业绩效越低。我国上市公司面临激烈的市场竞争,采取保守或稳健的财务策略,在提升公司整体绩效上发挥了积极的作用。

(二)实证讨论

在实证检验 H_{3-1} 中,出现了很大的相悖,实证得大股东持股比例与控制权私利呈非线性的倒"U"形关系,而在第三章关于控制权私利形成的主体行为分析中我们得大股东持股比例与控制权私利呈正"U"形的非线性关系。为何会有如此不同的结果呢? 分析原因,我们引入企业生命周期进行解释。已有学者佟岩等(2010)研究了不同企业生命周期视角下的股权制衡特征对企业价值的影响,由于上市公司样本的特殊性,该文章也只能研究企业生命周期中的成长期和成熟期。颜爱民等(2013)也从企业生命周期的视角解释了股权机构与企业绩效的复杂关系,巧妙运用了产业经济学中增长率产业分类法界定了企业的生命周期阶段,并进行实证检验。

每一个企业都是动态发展的,将经历初创期、成长期、成熟期、衰退期等4个生命周期。当然不同的企业处于不同的生命周期,有着不同的变化特征。因此,当我们选择的公司处于不同阶段时,大股东持股比例与控制权私利的关系就会出现很大的差异。由于本书所选择的样本来自我国沪深两市A股上市公司,并剔除了样本区间被ST或PT的公司,因此样本公司所处的企业生命周期至少应该处于成长期或成熟期,刚刚创业或发展的公司不可能成为上市公司。当公司处于创业阶段时,企业规模较小,内部组织结构较简单,股权结构单一化,此时大股东收益与企业共享收益有着很大的关联,只有企业的整体绩效增加,大股东的收益才会增加。随着持股比例的增加,股权由分散逐渐集中,使得大股东有能力与激励去监督代理人,减少代理成本,此时大股东与刚起步的上市公司有着一致的目标,掏空行为较少,控制权私利随着股权的集中而减少。当企业开始成长、成熟时,股权结构趋于多元化,大股东持股比例达到一定程度,其对公司具有真正的控制权时,其从共享收益获得的利益远不能满足其自己欲望,短期的掏空收益会更吸引他,既快又多又隐秘,所以此时控制权私利增多。但当到达一个顶峰时,大股东的掏空严重影响了企业的发展,企业处于危机冲击或衰退时,大股东面临严重的生存压力,甚至控制权受到威胁,其会减少掏空行为,尽全力挽救企业,而不会"杀鸡取卵"。此时,各股东的利益趋于一致,自然大股东攫取企业价值的掏空行为就减少了(Ali,2010)。正如学者连燕玲等(2012)研究了危机冲击下,大股东的管家角色与企业绩效之间的关系。证实相对于正常稳定发展期间的大股东有可能会有掠夺性行为,危机冲击下,大股东具有比较强烈的管家意识,减少了掏空侵占行为,并且随着大股东持股比例的增加,大股东支持性的管家角色发挥得越好,企业绩效也得到相应的改善。

因此大股东持股比例与控制权私利的关系可以形象地如图7-1所示,即为正"U"形和倒"U"形的结合。即当大股东持股比例处于(0,A)时,公司处于初创或成长期间,随着大股东持股比例的增加,股权得到集中,激励其行使有效监督,控制权私利逐渐降低。当处于(A,B)时,公司发展稳定,随着大股东持股比例过于集中,大股东倾向于转移公司资本以获得更多私利。当处于(B,1)时,公司面临危机或处于衰退期,大股东的管家角色发挥了积极作用,随着大股东持股比例的增加,控制权私利逐渐减少。因此本书认为,假设 H_{3-1} 和实证检验结果都正确,恰恰证明了大股东在企业发展不同周期,其会采取不同的行为,是一个动态博弈的过程。

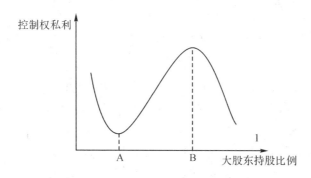

图7-1　大股东持股比例与控制权私利的关系

(三)政策建议

1.改善公司内部治理机制

股权结构问题同时存在堑壕效应与利益协同效应,由此引发我们对公司治理环境的思考,创造环境尽可能地发挥大股东的正面作用,加强保护中小投资者及其他利益相关者的利益,防止大股东通过盈余管理、关联交易、资金占用等行为掏空公司利益。因此,我国上市公司首先因保持一定程度的股权集中度,提倡股东多元化和股权相互制衡。改善公司治理结构,适当降低大股东的控制权,减少大股东现金流权和控制权的分离度,尽可能使大股东和中小股东的利益相一致。发挥中小股东参事的作用,合理利用新闻媒体、网络、社会公众等信息载体,建立全方位的监控机制,鼓励中小股东对大股东及公司运作的监督。另一方面,在实证研究中,没有验证独立董事制度与大股东控制权私利的抑制作用。但董事会作为上市公司治理的核心,是股东大会和总经理间传递信息的枢纽,应完善董事会的职能。由于独立董事制度是上市公司的一项内部约束机制,在完善的内部治理机制中,独立董事能够获得公司的完备信息,主动积极地发挥监督作用,提高资本的运作能力和效率。因而要充分发挥独立董事的作用,尝试构建企业绩效与独立董事的激励和约束相一致的机制。引进上市公司高级管理人员的聘任制度,对一些任职资格、工作要求等作出合理的规定,提高董事会和独立董事的独立性。进一步,提倡引入市场禁入机制,若独立董事不能诚实履行职责,则强制规定其在一定时间内不得再担任独立董事的职位。同时,加强管理层的股权激励政策。改善公司的资本结构水平,适当地引入债权人的约束机制,鼓励机构投资者参与公司治理,从多方面制衡大股东的短期侵害行为。

2. 完善法律法规,加强监管力度

La Porta et al. (1999)认为由于缺乏法律上的投资保护,会导致公司拥有较高的所有权集中度。在我国当前的资本市场,中小股东得不到充分的保护,大股东利用关联交易、对外担保、内幕交易、盈余管理等侵害中小股东的违法违规行为层出不穷,都说明了我国现有的相关法律法规相对滞后,不够健全,至今不能有效地遏制大股东的掏空行为。而且上市公司受处罚的成本较低。我国上市公司治理的关键在于缺乏相应的约束机制,首先我们可以借鉴发达国家的成熟经验和成功案例,制定有关中小股东权益保护法,有效限制大股东的掏空,促进上市公司持续健康发展。建立并完善保护中小股东的民事赔偿制度,当中小股东受到利益侵害时能够得到合理及时的补偿。

其次,完善信息披露制度,规范获取上市公司信息的渠道,提高审计的质量,减少因信息不对称所带来的问题。完善独立董事制度。从制度的设计上讲,独立董事制度是为了防范公司的风险,保护投资者的利益,独立董事的作用是监督和咨询,不对企业绩效直接负责。Johnson et al. (1996)研究指出,即使是最积极的董事会,也不会参与公司的日常经营决策。同时本章实证结果显示独立董事并不能有效地制约大股东对上市公司的掏空。2012年5月5日,人民日报海外版刊登了一篇名为《上市公司独立董事已沦为特权阶层福利》的文章,其中对上市公司独立董事的角色和功能提出了质疑,尖锐地指出制度建设的缺失导致独立董事沦为"花瓶",甚至认为独立董事对于某些特权阶层而言是一种福利,其职能已完全异化。显然,已违背了初衷,因此我们需完善及改进独立董事制度,使其真正发挥应有的职能。

最后,加强市场的监管力度,减少大股东之间的勾结、联盟行为,鼓励

大股东间的相互监督、制衡,从而约束大股东的掏空,规范上市公司的行为。加强执法力度,严格按照法律法规执行,加强对违规大股东的惩罚力度,促使其健康正常发展。随着股权分置改革的初步完成,全流通时代的到来,有效防范大股东利用信息优势、控制权优势等进行内部交易活动,将是监管机构所面临的主要挑战。

3.构建有效的控制权市场,提升公司盈利能力

在股权趋于全流通的背景下,有效地控制权市场,将对大股东形成约束,提高公司绩效。控制权作为企业内部核心的治理机制,其目标不仅仅是从内部监管的角度,减少大股东控制权私利,更是在一定范围内,强化控制权配置的激励效应,使大股东和高层管理者明确控制权私利的刚性边界和弹性边界,强化大股东的刚性收益。通过提升控制权配置的效率,推进市场化进程和监督的独立性,从而有效激励和约束大股东的行为。

La Porta et al.(2002)强调了加强法律制度与建设证券监管体系的重要性。并且每一制度的建设和完善需要较长时间,不能在短期内实现。因此,通过整顿内部和外部机制外,公司还要致力于提高公司的盈利能力,只有公司的盈利提高了,大股东获取私利的动机才会降低,要提高公司的盈利能力,需要从具体方面和环节逐步着手,如在企业文化、科技创新、产业结构、专业技能等方面改善,提高市场竞争力,加强企业的核心竞争力。同时,公司需完善薪酬管理,使其与企业真实的业绩挂钩,从而有效避免高管利用权力影响收益,规避薪酬与业绩倒挂的现象。拓宽管理层的激励渠道,引入激励措施,并发挥各个措施的激励作用。另外,公司的适度规模有利于抑制控制权私利。当公司规模适度增大时,内部管理机制不断完善,外部监督、舆论压力和关注加强,使得大股东利用控制权获取控制权私利的难度增加,从而减少了控制权私利,因此可以适当鼓励我国上市公司间的并购行为。

第二节 外部环境视角

前面综述部分中的一些学者的研究表明了行业特征、金字塔结构、投资形式对控制权私利大小的影响。本书认为,这些因素不仅影响控制权

私利的大小,还对控制权私利影响公司绩效的过程起着调节作用。其关系如图 7-2 所示。

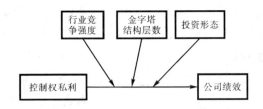

图 7-2 控制权私利与企业绩效(外部环境视角):研究思路

一、研究设计

(一)概念解释

控制权私利来源于剩余控制权,剩余控制权即现金流权与契约规定的所有权间的差距。剩余控制权一般由实际控制人掌控,因此控制权私利也由实际控制人掌控。这里的实际控制人一般指公司控制链最顶端的最大控股者,即终极控制人。本章将用终极控制人的现金流权和所有权间的两权分离系数代表控制权私利,因为本书认为控制权私利的大小同两权分离系数间存在一个正比例关系,用两权分离系数的大小可以反映控制权私利的大小(经查证,近两年来大宗股权交易市场上,10%以上的交易样本容量很小,无法进行回归分析,故而本书选择了更能体现控制权私利理论来源的方法来度量)。

1.行业竞争强度

本章的行业竞争采用赫芬达尔—赫希曼指数(HHI)反映,HHI 越大表明行业集中度越高,竞争度越小;反之,HHI 越小表明行业集中度越小,竞争度越高。其理论基础为贝恩的结构—经营—表现理论,即市场结构影响到厂商的经营,并最终决定厂商的表现。根据行业内企业的表现可以推知行业的结构。赫芬达尔—赫希曼指数根据行业中各企业所占行业总收入百分比的平方和来计算厂商规模的离散程度,反映了集中度、竞争度。它是一个较好的产业市场集中度测量指标,被人们较多使用。

2.金字塔结构

金字塔结构,即金字塔持股结构,是指通过间接所有权链条所形成的终极所有权结构。若将 10％的持股比例定为控制标准，那么满足如下条件才为金字塔结构：控制链最末端的公司通过所控制链可以追溯到一个终极控制人；终极控制人对每个其持股的控制链上下层公司都是最大股东；从终极控制人到公司之间的控制链条至少有两层（角雪岭，2007）。

另外，La Porta et al.（1999）认为，若甲公司持有乙公司的全部股权，而乙公司又控股丙公司，则此种结构不是金字塔结构。本章对公司金字塔结构的判断就基于以上要求。

（二）数据来源

本章的数据全部来自沪深两市上市公司年报的手工整理，公司年报来自巨潮公司资讯。根据同花顺炒股软件上显示的 2012 年 7 月 12 号沪深两市按照 13 个行业（根据 2001《上市公司行业分类指引》）[①]划分的总共 2 989 家上市公司的列表，剔除金融行业后分行业随机抽取了八分之一并排除了其中的 ST 公司，最终得到样本为 358 家上市公司[②]。我们从巨潮网收集了这 358 家上市公司年报。根据实际控制人统计了其类型（政府、家族、其他），根据对公司是否为金字塔结构进行了判断，统计了金字塔结构层数，并计算了现金流权和所有权的大小，进而计算了两权分离系数。另外还统计了各公司的营业收入、公司上市时间、公司总资产、固定资产、无形资产、商誉、开发支出、净利润、所得税、财务费用、董事人数等数据，为指标的计算服务。

在各种指标计算完毕之后，根据指标的完全性剔除了部分指标不全的公司，最后样本确定为 331 家上市公司。

（三）变量设计

变量及其处理如表 7-18 所示。其中，两权分离系数的计算方法为终

---

① 本来 2012 年颁布了新的分类指引，将行业划分为了 19 类，但同花顺等来源尚未对上市公司的行业划分进行更新，考虑到人工划分带来的误差，所以继续沿用 2001 的标准。

② 本章的随机抽样使用了 SAS 编程，对不同行业设置不同的随机种子数得到随机数，然后针对不同行业根据随机数将公司升序排列，抽取序号除以八余一的公司。抽样方法整体是分层抽样。

极控制人的现金流权与所有权的比值,现金流权为每条控制链持股比例乘积之和,所有权为每条控制链上持股比例最小值之和。反映行业竞争度的样本 HHI 指数的计算方法是:样本中各行业内公各司的营业收入占本行业的比重的平方和,分别计算每个行业的 HHI 指数。金字塔结构的判断依据概念解释中所讲到的条件,使用二分变量反映,是金字塔结构则为 1,否则为 0。金字塔层数即为金字塔结构的最长控制链的长度,这里控制链的长度指控制链上所拥有的企业个数。投资形态采用公司的资产结构来反映。在资产负债表上,公司的所有资产形态有固定资产、无形资产、商誉和开发支出。

另外,鉴于前人的研究中所考虑的其他因素对公司绩效的影响,本章考虑了以对数总资产值表示的公司规模、公司上市年份、董事人数等变量。

表 7-18 控制权私利与企业绩效(外部环境视角):研究变量一览表

	潜变量	测量变量	数据处理	本章代码
因变量	公司绩效	总资产收益率 ROA	无处理	ROA
自变量	控制权私利	两权分离系数	无处理	KZ
调节变量	行业竞争度	HHI 指数	无处理	HJY
	金字塔结构	虚拟变量,是为 1,否为 0	无处理	JZT
	金字塔层数	金字塔结构最长控制链的长度	无处理	CS
	投资形态	固定资产、无形资产、商誉、开发支出占总资产的比重		依次为 GD/ZZ,WX/ZZ,SY/ZZ,KF/ZZ
控制变量	公司规模	总资产	取对数	LOG(ZZ)
	公司上市时间	上市年份	无处理	SJ
	董事人数	2012 年年报中董事人数	无处理	DS
	财务杠杆系数	息税前利润/(息税前利润－利息)	无处理	CW
	控制链条数	终极控制人所拥有的控制链条数(将终极控制人视为一个整体)	无处理	KT

二、实证结果分析

(一)描述性统计

表 7-19、表 7-20、表 7-21 为样本以不同标准分类的描述性统计结果。从表 7-20 我们可以看到,金字塔结构是普遍存在的。各种类型控制人的企业中,金字塔结构的企业比例都很高,家族企业中金字塔结构的比例要比政府控制的企业高。我们在收集数据的过程中发现,政府控制的企业有一部分虽然满足金字塔结构的前 3 个条件,但不满足 La Porta et al.(1999)提出的要求。

从表 7-21 我们可以看到,不同控制人的企业其行业竞争度均值差距较大。这与样本中不同控制人类型的企业其所处的行业类型差别有关,如电力煤气与水的供应业中没有家族控制企业,而主要是政府控制企业,家族控制企业总共就 22 家,但 19 家都是制造业,而制造业中政府控制企业只有其总数的一半。

表 7-19　控制权私利与企业绩效(外部环境视角):总样本描述性统计

	ROA	KZ	HJY	JZT×CS
平均值	0.05	1.47	0.12	2.03
中位数	0.04	1.00	0.03	3.00
最大值	0.63	15.72	0.60	9.00
最小值	−0.23	1.00	0.03	0.00
标准差	0.06	1.39	0.14	2.15
总和	15.79	486.20	40.85	670.00
观察数	331	331	331	330

表 7-20　控制权私利与企业绩效(外部环境视角):样本企业控制人类型及金字塔结构情况

实际控制人为政府的企业数	132
实际控制人为家族的企业数	22
实际控制人为其他的企业数	177
金字塔结构的企业数	171

续　表

实际控制人为政府的金字塔结构企业数	44
实际控制人为家族的金字塔结构企业数	10
实际控制人为其他的金字塔结构企业数	117

表 7-21　控制权私利与企业绩效(外部环境视角):不同控制人类型的企业指标描述性统计

	ROA			KZ			HJY			JZT×CS		
实际控制人类型	政府	家族	其他	政府	家族	其他	政府	家族	其他	政府	家族	其他
平均值	0.04	0.06	0.06	1.28	1.09	1.66	0.15	0.05	0.11	1.54	1.29	2.49
中位数	0.03	0.06	0.04	1.00	1.00	1.11	0.09	0.03	0.03	0.00	0.00	3.00
最大值	0.21	0.17	0.63	7.08	1.86	15.72	0.60	0.18	0.60	9.00	4.00	9.00
最小值	−0.18	−0.12	−0.23	1.00	1.00	1.00	0.03	0.03	0.03	0.00	0.00	0.00
标准差	0.05	0.06	0.07	0.73	0.20	1.77	0.15	0.04	0.13	2.29	1.55	2.01
实际控制人类型	政府	家族	其他	政府	家族	其他	政府	家族	其他	政府	家族	其他
总和	4.65	1.38	9.76	169.31	23.93	293.62	19.57	1.11	20.17	203.00	27.00	440.00
观察数	132	22	177	132	22	177	132	22	177	132	21	177

(二)回归分析

1.总样本分析

本章通过控制公司规模、董事人数、财务杠杆系数和公司上市时间,对全样本进行回归分析,结果如表 7-22 所示。从第一个方程可以看到,控制权私利(KZ)前系数为负,表明其大小对公司绩效有负面影响。另外,交叉项 HJY×KZ 系数为正,表明行业竞争度越高(表现为 HJY 越小),控制权私利对公司绩效的负面影响越严重;JZT×KZ 系数为负,表明金字塔结构明显会增强控制权私利对公司绩效的负面影响;KT×KZ 系数为负,表明控制链条数越多,控制权私利对公司绩效的负面影响越严重;交叉项 JZT×CS×KZ 系数为负,表明金字塔结构的层数会加重控制权私利对公司绩效的负面影响;从 GD/ZZ×KZ 和 WX/ZZ×KZ 的系数符号也可以看出固定资产、无形资产增强越大也会增强控制权私利对公司绩效的负面影响。

表 7-22　总样本以 ROA 为因变量的回归结果

C	−2.833 995 (−0.368 145)	−1.419 343 (−0.202 082)	0.061 564 (0.008 859)	1.193 179 (0.172 372)	−4.294 251 (−0.624 465)
KZ	−0.075 223** (−2.230 831)				0.067 343 (1.212 283)
HJY×KZ	0.492 895*** (2.751 019)	0.493 401*** (2.928 276)	0.497 592*** (2.963 183)	0.503 492*** (3.008 671)	0.467 574*** (2.950 121)
JZT×CS ×KZ		−0.013 502** (−2.588 200)	−0.011 923** (−2.230 092)	−0.010 335** (−2.147 164)	
GD/ZZ× KZ			−0.093 200↑ (−1.634 524)	−0.066 923 (−1.000 055)	
WX/ZZ× KZ				−0.222 539↑ (−1.541 938)	
JZT×KZ					−0.080 455* (−1.870 189)
KT×KZ					−0.013 459* (−1.897 494)
LOG(ZZ)	−0.052 205 (−1.493 888)	−0.047 630 (−1.488 969)	−0.053 609* (−1.676 009)	−0.053 959* (−1.706 134)	−0.045 436 (−1.447 575)
DS	−0.055 747** (−2.549 122)	−0.054 140*** (−2.656 861)	−0.052 326** (−2.558 672)	−0.053 264** (−2.601 213)	−0.054 078*** (−2.686 176)
CW	0.160 447* (1.821 000)	0.151 774* (1.924 783)	0.168 743** (2.108 313)	0.178 428** (2.199 529)	0.154 310** (2.093 285)
SJ	0.001 885 (0.513 223)	0.001 124 (0.336 227)	0.000 416 (0.125 900)	−0.00 0147 (−0.044 648)	0.002 525 (0.770 558)
Adjusted R-squared	0.452 876	0.482 094	0.489 697	0.495 936	0.492 221
F-statistic	46.52 559***	52.04 181***	46.10 209***	41.46 192***	40.98 610***
Observations	331	330	330	330	331

2. 政府控制企业子样本分析

由于上市公司终极控制人类型差异较大,本章又分不同类型的控制人子样本进行了回归分析,以获得更详细的信息。表 7-23 显示了终极控制人为政府的企业的回归结果。总体上来讲,行业竞争度对控制权私利影响公司绩效的过程还是有负向加重的影响的,但并不很明显。这可能与政府控制企业所处的行业多数都属于集中度较高、竞争度较低的行业,这也是与现实相符的,政府所参与的行业其垄断性都较强(描述性统计中政府的 HJY 均值最高)。所以样本中行业差别不大,不能明显体现行业竞争度对影响过程的调节。从表 7-23 中还可以看到,金字塔层数对控制权私利影响公司绩效的过程有负向影响,但并不在所有方程中显著。尽管如此,金字塔结构的存在还是对上述影响过程存在负向加重作用的(交叉项 JZT×KZ 的符号为负)。考虑到政府行政干预的顺序和时滞短的情况,金字塔层数影响不显著就易于理解了。前面讲述了考虑金字塔层数这个变量的原因,即在公司遇到危机,需要"tunnel back"时,层数过多会影响其"tunnel back"的速度,从而影响公司绩效的恢复。然而政府行政干预市场在中国十分常见。若政府控制的企业遇到危机,需要"tunnel back",如果采取行政干预手段话(由于政府控制企业在国民经济中的特殊性质,往往激发行政干预),那么其时滞之短,金字塔结构层数多少也就没多大所谓了。另外,从表 7-23 中还可以看出固定资产比重越大对控制权私利影响公司绩效的过程也有负向加重作用(交叉项 GD/ZZ×KZ 系数为负)。

表 7-23　政府控制企业子样本以 ROA 为因变量的回归结果

C	−7.097 2 (−1.123 683)	−6.808 413 (−1.129 993)	−7.261 414 (−1.207 924)	−6.856 599 (−1.186 838)	−6.803 446 (−1.167 903)
KZ	−0.023 115 ↑ (−1.652 914)				
HJY×KZ		0.084 021 (1.288 138)	0.067 642 (0.980 066)	0.120 476* (1.683 556)	0.120 444* (1.673 377)
JZT×CS× KZ			−0.004 27** (−2.129 06)	0.001 213 (0.446 927)	0.001 235 (0.451 561)
GD/ZZ× KZ				−0.159 771** (−2.528 405)	−0.158 954** (−2.512 603)
WX/ZZ× KZ					−0.010 446 (−0.125 664)
JZT×KZ		−0.034 138** (−2.118 614)			
LOG(ZZ)	0.036 404** (2.424 012)	0.035 362** (2.434 688)	0.034 147** (2.305 437)	0.016 342 (1.269 774)	0.016 57 (1.317 118)
DS	0.015 086 (0.972 727)	0.011 989 (0.822 612)	0.012 869 (0.842 433)	0.016 174 (1.146 471)	0.016 167 (1.141 904)
CW	0.018 586 (0.471 407)	0.011 338 (0.316 537)	0.013 494 (0.359 608)	0.031 483 (0.909 802)	0.031 58 (0.907 21)
SJ	0.003 310 (1.060 630)	0.003 171 (1.059 638)	0.003 4 (1.139 907)	0.003 307 (1.158 331)	0.003 279 (1.139 294)
Adjusted R-squared	0.250 467	0.303 875	0.280 085	0.377 273	0.372 325
F-statistic	9.755 094***	10.53 078***	9.494 311***	12.33 787***	10.71 333***
Observations	132	132	132	132	132

3.家族控制企业子样本分析

在对家族控制企业子样本进行回归时,我们发现,由于样本容量较小,若将所有控制变量都纳入模型将导致 F 统计量不理想,所以只保留了公司规模一个控制变量。从表 7-24 中我们可以看到,行业竞争度依然对其控制权私利影响公司绩效的过程有着负向加强作用,但金字塔结构层数没有显著影响。从表 7-24 的描述性统计中也可以看到,家族控制企业的金字塔结构层数的均值、最大值、标准差是最小的。因此,其本身波动极小,不能明显体现出其对影响过程的调节作用。虽然家族控制企业的行业竞争度的差异也较小,但回归结果表明,行业竞争度对影响过程的负向加强是显著的。另外,从 GD/ZZ×KZ 和 WX/ZZ×KZ 的符号和大小来看,两者都显著为负,且后者系数绝对值比前者更大。这说明固定资产和无形资产都能负向加强控制权私利影响公司绩效的过程,但就程度上来讲,无形资产影响程度更大。

表 7-24 家族控制企业子样本以 ROA 为因变量的回归结果

C	1.322 917** (2.170 528)	1.222 192** (2.217 266)	1.087 288* (2.074 34)
KZ	−0.181 497* (−1.888 032)	−0.174 641* (−1.871 176)	−0.039 749 (−0.692 92)
HJY	−2.601 882* (−1.856 168)		
HJY×KZ	2.553 923** (2.247 203)	0.476 219* (1.761 066)	
JZT×CS×KZ		0.015 282 (0.978 29)	
GD/ZZ×KZ			−0.540 313* (−1.876 852)
WX/ZZ×KZ			−1.701 655* (−1.828 966)
LOG(ZZ)	−0.088 794* (−1.956 076)	−0.084 257* (−2.004 964)	−0.068 654* (−1.820 853)
Adjusted R-squared	0.343 595	0.329 188	0.364 898
F-statistic	3.748 113**	3.453 65**	4.016 391**
Observations	22	21	22

4. 其他控制子样本分析

除了上述的政府最终控制和家族最终控制,我们对其他类型的最终控制企业也做了回归分析,结果如表 7-25 所示。行业竞争度依然负向加重控制权私利影响公司绩效的过程。且金字塔结构和金字塔结构层数对其过程也有显著的负面影响(交叉项 JZT×KZ 和 JZT×CS×KZ 系数均为负)。无形资产比重对影响过程也有显著的负向加强作用。

表 7-25 其他类型控制企业子样本以 ROA 为因变量的回归结果

C	2.300 631 (0.189 027)	4.327 359 (0.385 383)	8.252 2 (0.746 865)	9.335 078 (0.908 069)
KZ	−0.076 615** (−2.222 481)			
HJY×KZ	0.498 956** (2.597 412)	0.478 735*** (2.736 978)	0.506 356*** (2.924 562)	0.497 05*** (2.998 64)
JZT×CS×KZ			−0.018 898*** (−3.215 626)	−0.011 168** (−2.258 129)
GD/ZZ×KZ				0.067 372 (0.862 118)
WX/ZZ×KZ				−0.568 668*** (−2.663 809)
JZT×KZ		−0.073 135*** (−2.897 621)		
LOG(ZZ)	−0.071 308* (−1.829 407)	−0.058 556 (−1.605 334)	−0.056 529↑ (−1.638 294)	−0.071 781** (−2.148 914)
DS	−0.066 705*** (−3.029 035)	−0.059 779*** (−3.084 72)	−0.061 456*** (−3.264 637)	−0.065 433*** (−3.499 323)
CW	0.243 775 (1.605 47)	0.215 011 (1.505 741)	0.215 943 (1.566 218)	0.285 142** (2.039 686)
SJ	−0.000 566 (−0.096 374)	−0.001 676 (−0.309 737)	−0.003 643 (−0.683 645)	−0.004 116 (−0.829 915)
Adjusted R-squared	0.540 828	0.568 695	0.590 813	0.617 931
F-statistic	35.549 73***	39.677 25***	43.353 51***	36.581 24***
Observations	177	177	177	177

5. 资产种类齐全的公司子样本分析

由于很多公司资产种类并不齐全,往往缺失商誉和开发支出两类,所以无法比较它们对控制权私利影响公司绩效过程的作用大小。本章筛选了那些资产种类齐全的公司子样本,进行了回归分析,回归结果如表 7-2b 所示。从 GD/ZZ×KZ、WX/ZZ×KZ、SY/ZZ×KZ、KF/ZZ×KZ 系数的符号和大小看,它们都对影响过程产生了负向加强作用,且影响程度依次增大,只是其中无形资产的影响不显著。由于各种形态资产比重之和为 1,将上述 4 个交叉项都放入一个方程会产生共线性,所以笔者未做此操作。

表 7-26　资产种类齐全的企业子样本以 ROA 为因变量的回归结果

C	0.192 209*** (5.861 355)	0.189 17*** (5.662 758)	0.197 465*** (5.767 337)	0.190 38*** (6.199 798)
KZ	−0.055 566*** (−3.220 137)	−0.053 854*** (−2.836 776)	−0.059 629*** (−3.354 524)	−0.050 025*** (−3.389 247)
GD/ZZ×KZ	−0.015 044** (−2.763 064)			
WX/ZZ×KZ		−0.039 641 (−0.722 353)		
SY/ZZ×KZ			−0.120 704* (−1.781 887)	
KF/ZZ×KZ				−0.672 196↑ (−1.556 26)
Adjusted R-squared	0.264 625	0.243 22	0.271 057	0.281 411
F-statistic	6.217 821***	5.660 118***	6.391 824***	6.678 422***
Observations	30	30	30	30

综上,我们对全样本、按终极控制人类型划分的子样本,及资产类型齐全的公司子样本分别进行了回归。发现对于总样本而言,行业竞争度、金字塔结构层数对控制权私利影响公司绩效的过程有负向加强作用,即竞争度愈大、金字塔结构层数愈多,控制权私利对公司绩效的负面影响愈严重。从政府控制企业子样本的回归结果可得知,行业竞争度与金字塔结构层数对控制权私利影响公司绩效的过程有负向加强作用,但不明显。但是金字塔结构对其影响过程是明显加强的。从家族控制企业子样本的回归结果可得知,行业竞争度对控制权私利影响公司绩效的过程有负向加强作用,但金字塔结构层数对其过程的影响不显著。从其他控制类型企业子样本的回归结果可得知,行业竞争度、金字塔结构和金字塔结构层数对控制权私利影响公司绩效的过程有负向加强作用。

三、结论及启示

为了给出控制权私利来源的清晰脉络,本章从理论渊源开始进行介绍。以 1937 年 Coase 的《企业的性质》发表、新制度经济学兴起、完全契约理论、不完全契约理论、剩余控制权、控制权私利的思路讲述了控制权私利的来源。随后的文献综述部分我们对学者们在控制权私利的度量方法、影响因素,及对其他方面的影响上的研究成果进行了汇总归纳。从而引出本章的研究思路:在借鉴前人研究成果的基础上,本章考虑了不同行业竞争度环境对控制权私利影响公司绩效过程的影响。在不同行业竞争度环境下,控制权私利这一公司资金的漏损造成公司在行业内竞争失败的概率不同,行业竞争越强的行业,每一分漏损可能导致企业竞争失败的概率要大于行业竞争度低的行业。因此,本书将行业竞争度纳为调节变量。另外,参考 Bai et al.(2002)的"tunnel back"的思想,即在公司面临危机时(这里笔者将危机概念放宽,不仅指 ST 危机),实际控制人会通过其获取控制权私利的隧道往回输送回之前获取的控制权私利,从而提高公司绩效,帮助公司渡过难关。我们认为金字塔结构层数会影响"tunnel back"的速度,从而影响公司绩效的恢复。金字塔结构层数越多越会减慢"tunnel back"的速度,从而减慢公司绩效恢复的速度。所以,我们又将金字塔结构的层数纳入调节变量之列。最后,根据郝颖等(2009)对不同形态投资(其文中采用资产结构体现)影响控制权私利的影响机制和差别的研究,受到其展望部分的启发,本章思考资产结构是否对控制权私利影响公司绩效的过程有影响。公司的绩效的实现是要靠公司各种资产的运营来实现的,控制权私利相当于企业资金的一种漏损,这种漏损要对公司绩效产生影响,也必须经过各种资产的运营这个环节。所以不同的资产结构下,控制权私利所造成的每一分漏损给公司绩效带来的影响可能有差异。因此,本章基于上述考虑又加入了资产结构变量来考虑对控制权私利影响公司绩效过程的调节作用。

本章的数据全部是手工整理得来,对 2012 年 7 月 12 号显示的沪深两市股票进行了随机抽样。考虑到要计算行业竞争度,所以采用了按不同行业的分层抽样(不抽取金融保险行业的样本),抽样的比例为八分之一。如此一来,我们可以假定行业整体的行业竞争度是样本计算的行业竞争度的一个固定比例,这个比例和抽样比例有关。所以在各行业相互比较的情况下,就可以用样本行业竞争度大小去体现行业总体的竞争度大小。另外,本章的随机抽样采用了 SAS 程序中的随机种子数生成的随机数,确保了抽样的纯随机。我们对不同行业设置了不同的随机种子数,以防相同随机种子数生产的随机数相同,从而造成行业间的抽样结果有某种对应关系。在生产随机数后,我们对各行业上市公司代码根据随机数升序排列。由于要抽取八分之一的样本,所以抽取了排序后序号除以八还余一的上市公司代码,从而汇总这些代码组成了研究样本,共 331 家上市公司。由于本章不是对沪深两市全部上市公司进行研究,所以尽量保证抽样过程的纯随机性,使得样本具有代表性。在回归过程中,还根据前人的研究成果,考虑了一些控制变量,如公司规模、董事人数、财务杠杆系数、公司上市时间。在对一些样本容量小的子样本进行回归分析时,由于加入太多控制变量会降低其自由度,影响回归结果,所以本章适时对控制变量进行了删减,只保留最常用的公司规模变量。

实证结果表明:对所有行业组成的研究样本来说,控制权私利对公司绩效有负面影响,而行业竞争度和金字塔结构层数会对这种影响程度产生影响。行业竞争越大、金字塔结构层数越多控制权私利对公司绩效的负面影响就越严重。固定资产、无形资产比重越大也会加重控制权私利对公司绩效的负面影响。对终极控制人为政府的企业子样本的回归分析发现,行业竞争度、金字塔结构层数对控制权私利影响公司绩效的过程加强作用,但是此作用不很明显。对终极控制人为家族的企业子样本进行回归分析时,为了提高自由度,我们对控制变量进行了删减,只保留了常用的公司规模。回归结果发现,行业竞争度对控制权私利影响公司绩效的过程有加强作用,但金字塔结构层数对其过程的影响不显著。固定资产、无形资产比重越大也会加重控制权私利对公司绩效的负面影响,且无形资产的影响要比固定资产大。对终极控制人为其他类型的企业子样本的回归分析发现,行业竞争度、金字塔结构和金字塔结构层数和无形资产比重对控制权私利影响公司绩效的过程有加强作用。为了比较不同形态资产对控制权私利影响公司绩效过程影响程度的不同,我们还筛选出资产种类齐全的企业共 30 家,对不同类型资产对上述过程的影响程度进行了对比。从结果中可知,固定资产、无形资产、商誉和开发支出都对影响过程产生了加强作用,且影响程度依次增大,但是其中无形资产的影响不显著。

将行业竞争度、金字塔结构层数、资产结构纳入控制权私利影响公司绩效过程的调节变量是本章的创新,但依然有一些不足之处。如果以沪深两市所有 2 989 家上市公司为样本进行研究,那么其结果更贴近实际情况。在行业分类上面,若采用 2012 年颁布的《上市公司行业分类指引》为依据进行划分则更具科学性。另外,本章采用的是截面数据,若采用面板数据进行分析是否能反映更多的信息?本章采用两权分离系数代表控制权私利,使用控制权私利的其他度量方法是否会有不同的发现?而究竟何种控制权私利的度量方法是最贴近中国实际的?是否对于不同类型的企业,其控制权私利的表现之处会不同,因而应该采用的方法也会不同?还有,控制权私利影响公司绩效的具体机制是什么样子的?还有哪些因素可能对此影响过程产生影响?这些都是我们的疑问和下一步研究可以考虑的方向。

第八章 伦理决策视角下中国上市公司控制权私利行为模式研究

实证检验中没有证得控制权私利与企业绩效之间呈现的负向反"S"形相关关系，只检验了控制权私利与企业绩效之间存在显著的正"U"形关系，可以意会存在(高控制权私利,高绩效)的携手并进型和(高控制权私利,低绩效)的掏空型，以及奉献型的(低控制权私利,高绩效)和风雨同舟型的(低控制权私利,低绩效)等4种状态，但具体区间则无法检验，也没有检验股权制衡度与董事会制度的调节作用。很主要的原因在于实证研究中存在了一个隐形的假定，即大股东之间的同质性。一方面，大股东控制权私利的刚性边界使得大股东控制权私利行为具有一定的内在合理性。另一方面，大股东控制权私利的弹性边界则使得大股东控制权私利行为有了很大的变通空间。因此，大股东控制权私利行为不仅是基于大股东自身的主体特征，而且与外部治理环境密切相关，具有多样性和灵活性。相应地，我们对于大股东控制权私利行为的判断和治理也就不能简单地基于是否违反相应的治理法规，因制度视角下忽视了大股东的异质性，而应该基于更加广泛的伦理分析和价值判断。这应该成为我们对于大股东控制权私利行为的认知和价值判断以及治理规则的基础。

刚性边界与弹性边界并存是大股东控制私利行为复杂性的制度根源。在中国的公司治理实践中，如何认识大股东控制权的共享收益和私人收益两者之间的关系将直接决定我们在制度设计上对大股东控制权私利是杜绝还是纵容，以及纵容的底线如何确立。尽管就本质而言，大股东控制权私利都是基于大股东凭借剩余控制权私对共享收益的一种挤压，也就是对于其他利益主体的利益侵占，具有伦理上的不合理性。但是立足共享收益与私人收益之间存在的刚性边界与弹性边界，就让大股东控制权私利行为存在复杂性，毕竟大股东通过适当地增加弹性收益而弥补被低估的刚性收益，实现自身人力资本的合理定价是具有逻辑合理性的。

正是基于这种复杂的制度基础,尽管现有相关的公司治理法规集中在关联交易、对外担保、内幕交易、信息披露、大股东行为限制(大小非解禁)等方面的行为规范,试图通过对大股东的违规关联交易、违规担保、内幕交易、违规信息披露、违规减持等行为的限制来保护中小股东及其他利益相关者的利益,但我们的治理规则又不选择禁止关联交易和对大股东担保等类似规定的原因:类似关联交易和对外担保等行为并不一定都是对于其他利益主体的利益侵占。现行的公司治理又实际上隐含了可以把大股东控制权私利行为区分为合乎法规的行为与违法违规的行为,没能在形式上保持逻辑关系的一致。这样,现行的公司治理一方面聚焦于大股东的违法违规的控制权私利行为,另一方面又对其合乎法规但不合情理的控制权私利行为缺少必要的解释和有效的治理。

第一节　大股东控制权私利行为策略: 主体特征与情境因素适配

一、大股东控制权私利行为导致的 4 种典型结果

鉴于控制权私利界定的复杂性(货币的或者非货币的,可转移的或者不可转移的),以及大股东控制权私利的弹性边界,大股东控制权私利行为具有多样性的特点。表现在形式上,大股东控制权私利既包括大股东通过构建私人"帝国"、关联交易或资产转移等(Hart,2001)隧道行为,掏空上市公司进而获取的货币收益,也包括大股东利用高管身份而获取的在职消费,如公司飞机、豪华的办公室等非货币性收益(Ehrhardt et al. 2003),以及社会地位、成就感和声誉等难以用货币度量的收益。不考虑大股东主体的行为特征,单纯从制度层面分析控制权私利与企业共享收益之间的边界位置和形态,大股东获取刚性收益和弹性收益后,对照共享收益,就会出现 4 种典型的收益分布结果。

(高私人收益,高共享收益)体现在大股东拥有高薪酬、高福利,企业高绩效。此时企业往往处于快速增长期,大股东被充分激励,刚性收益得到满足,私人收益与共享收益之间的边界清晰且富有弹性,在追求自身收

益最大化的同时,大股东也提升了企业绩效,渡得其他利益相关者得到实惠。与此对应,(低私人收益,低共享收益)往往是面临生存危机,大股东自身刚性收益得不到满足,企业还具有严格的制度约束大股东掏空行为,大股东缺乏热忱,企业绩效差。(高私人收益,低共享收益)往往是大股东采用掏空的手段形成"自肥",此时企业面临困境,但制度缺乏对大股东的约束。(低私人收益,高共享收益)是较为特殊的情况,一种情况出现在大股东没有将显性的货币性收益作为核心的价值诉求,往往追求"奉献"与"成就感";另一种可能则表现为私人收益与共享收益的边界位置不合理,并且边界严重缺乏弹性。这 4 种收益分布结果与第三章分析时所提出的携手并进型的(高控制权私利,高绩效)、奉献型的(低控制权私利,高绩效)、风雨同舟型的(低控制权私利,低绩效)和掏空型的(高控制权私利,低绩效)一致。不难发现,上述 4 种典型的控制权收益分布背后体现的是大股东主观行为与外部环境之间的规律性。立足两者之间的适配关系,将形成大股东控制私利行为的可行策略。

二、主体特征与环境适配下的大股东行为策略

大股东表现出什么样的控制权私利行为特征,或者选择什么样的控制权私利行为策略,既和自身的主体特征相关,也受到情境因素的影响,本质上是一个主体特征与情境因素相互适配的复杂过程。主体特征主要表现在对自身异质性人力资本的认知水平以及面对共享收益的"掏空"渴望,而客观环境则主要集中表现在经营环境与监管环境。

在中国的公司治理环境之下,国有控股公司和家族控股公司的大股东在股东会、董事会、经理层乃至关联公司都可能建立起了自己的控制权地位,这种地方就体现大股东对自身价值的预期,这种预期是否得到市场的检验,但这只是大股东追求控制权私利的客观基础。与大股东自身相关的股权特征、素质特征、经历特征、伦理认知等主体特征不同,在面对不同的制度环境、市场压力、利益诱惑时会产生不同程度的控制权私利冲动,并选择不同的控制权私利行为策略。另一方面,公司内部的董事会特征(特别是其独立性程度)以及公司外部的制度环境也会对大股东追求控制权私利的冲动产生一定的压力。正是在这样的大股东特征与情境特征的相互适配下,大股东追求控制权私利的冲动及其行为表现出不同的行

为策略。

作为策略分析的起点,本章首先分析当大股东自身的"欲求"水平较高并且外部经济环境较为理想时,大股东控制权私利行为的可行策略。此时大股东的私人收益水平符合大股东的心理预期,并且与共享收益建立明确的联动机制,大股东往往倾向于立足企业控制权初次配置的基本规则,尽职尽责,力求获得双高的理想结果,即"尽责"策略。此时如果大股东自身"欲求"水平下降,不再以利益作为行为的准则,以高共享收益为己任,就会形成"奉献"策略,回归苹果的乔布斯,仅拿一元年薪就是力证。当大股东自身的"欲求"水平不高并且外部经济环境不够理想时,大股东可能采用"用脚投票"的方式离开企业寻求发展。最后当大股东自身的"欲求"水平很高并且外部经济环境不够理想时,大股东的伦理水平就起到至关重要的作用:伦理水平高的大股东会采取"克制"自己欲求的方式,努力提高企业绩效,度过难关;相反,伦理水平低的大股东可能会利用自身的控制权进行"掏空",获得自身的收益。①

三、"掏空"策略下大股东行为的"法—理—情"特征

需要特别指出的是"尽责""奉献""克制""掏空"4 种策略是大股东个体特征与管理情境适配形成的,是法律、企业制度与个人伦理共同作用的结果,其中"掏空"是当前控制权私利获取的主要手段。事实上大股东"掏空"策略涉及的对象、影响的范围以及最终形成的后果存在较大的差异,因此我们可以立足"外部法制环境、企业治理环境、社会伦理氛围"三个维度,提炼出"法—理—情"三个层面的行为甄别,更为全面审视当前的控制权私利行为。例如,在成熟的市场经济体制下,面对比较规范的公司治理环境,一些欧美公司大股东为了获得控制权私利而在企业中设立"合法但不合理"的"过度金色降落伞条款"。有的大股东借助对公司的控制权,无视企业长远发展以及中小股东权益和公众利益,利用相关法规和制度的漏洞、信息的不对称,通过一些"合法、合理"但是有悖商业伦理的"不合

---

① 张学洪,章仁俊(2010)的研究发现大股东控制权私利行为会受以下 4 个因素影响:股权相对集中条件下控制性股东持股比例、控制权与现金流权偏离度、法律保护程度、惩罚力度。

情"行为,例如无序减持、频繁派发高额的现金红利等,获取控制权私利。还有的控股股东通过盈余管理来掩盖资金占用对上市公司业绩造成的不利影响,从而长期占用公司资金(高雷等,2009;林大庞等,2011);非公开发行资产注入行为存在着将"支撑行为"变成变相的"隧道挖掘"行为的可能,从而侵占中小股东利益(尹筑嘉等,2010);定向增发中存在利益输送行为,(王志强等,2010)通过操控重大信息披露、披露虚假信息或操纵财务掏空中小股东利益(吴育辉等,2010);通过关联交易进行掏空(李姝等,2009)等。因此,在许多情况下,大股东控制权私利行为不仅面对社会法律的"底线"约束,还对公司的内部制度与社会伦理造成了冲击,实际上表现为一种在特定制度环境下大股东挑战法规权威和自身道德底线的伦理决策过程。

第二节　大股东控制权私利行为决策：伦理困境与行为模式

如前分析,大股东控制权私利形成是主体特征与情境因素相互适配的复杂过程。国有控股公司和家族控股公司的大股东在股东会、董事会、经理层乃至关联公司的控制权只是大股东追求控制权私利的客观基础;大股东感知到的控制权私利机会和收益状况是其存在的主观基础;大股东控制权私利与企业绩效间正负相关系的模糊性及动态关联性更增加了大股东控制权私利感知的认知难度与复杂性,使大股东在面临是否追求控制权私利伦理困境时,容易产生认知偏差和非伦理行为;中国转型经济的特殊治理环境又给了大股东较大的行为空间和选择余地,使他们有可能以各种非法或者合法但不合情理的方式追求控制权私利。这既给公司治理实践带来困难,也要求我们进一步拓展相关问题的研究思路。

实际上,当我们注意到大股东控制权私利行为是主体特征与情境因素动态适配的结果时,就应该意识到大股东所面临的是否是追求控制权私利的伦理困境。他们感知到这种伦理困境,并会根据自身特点和情境因素做出权变,这是一种典型的伦理决策问题。基于行为伦理视角,大股东控制权私利行为遵循一般的决策过程,是决策者、伦理问题自身特征和情境因素共同作用的结果(Gino et al. 2010)。是否追求控制权私利是大股东面临的伦理困境,对伦理困境的认知和判断,对情境因素和侦查概率的感知等会直接影响控制权私利非伦理行为的发生。Trevino(1986)提出的个体—情境互动模型能较好地解释大股东控制权私利行为,她认为伦理决策始于伦理两难困境,进而在认知道德发展水平的影响下产生伦理认知和进行伦理判断,伦理判断又会受个体和情境因素缓冲。个体因素包括控制源、场依赖等,情境因素包括工作背景、组织文化等,而伦理判断会导致伦理或非伦理行为(Bandura,2002)。Reynolds(2006)等进一步从行为伦理理论出发,综合考虑了决策者认知偏差与侥幸心理,大股东私利等伦理问题自身特征,特别是伦理困境所蕴含的道德强度,监管机制和侦查概率等情境因素对伦理决策过程的共同影响,明确了伦理决策问题自身特征、个体因素与情境变量共同决定和影响伦理决策过程的思路,有助于我们较好地把握住大股东伦理决策的特征。

首先,大股东侵占其他利益相关者权益必然面临一个伦理决策困境,也就是要面对个体伦理意识与社会伦理规范的冲突和博弈,此时影响大股东伦理决策的因素就会成为影响控制权私利形成的外部因素。Rest(1986)提出伦理决策分为伦理意识、伦理判断、伦理意识和伦理行为4个阶段,其中前3个阶段是个体心理的伦理决策过程,在学术界中得到了广泛的认可。具体而言,大股东掏空的行为可分为:大股东是否意识到掏空行为存在伦理问题;大股东对掏空行为进行道义评价;作为决策主体的大股东结合其他因素,比如对掏空所能带来的收益进行衡量等,主观上选择什么样的行为,以及最终大股东是否做出掏空行为的4个阶段。需要指出的是,这4个阶段描述了大股东做出掏空行为前的心理过程,在实际决策中4个环节并非依次出现,但整体上表现为这几个阶段并相互影响。尽管如此,这对解决涉及微观行为主体层面的研究困难注入了新的生机。另外根据Jones(1991)的问题—权变模型,伦理决策是涉及问题感知、伦理判断、行为倾向和伦理行为的过程,大股东根据控制权私利行为所产生的后果严重程度、外部反应、危害集中性等道德强度特征,在自身伦理素质的约束下进行伦理决策。

其次,大股东控制权私利行为是与外部情境模式紧密联系的,即使大股东具有较高的伦理素质,但是由于内部股权结构、董事会构成、外部监管体系以及市场压力等因素的影响,也会对大股东控制权私利行为带来巨大的诱惑或压力。

再次,大股东控制权私利行为不仅涉及影响因素与情境变量相互适配,还要经历大股东伦理决策的心理过程,这个过程的核心在于伦理因素对大股东个体特征和行为方式的影响,最终形成不同的大股东控制权私利行为模式。实际上,大股东控制权私利与企业绩效之间的复杂关系在很大程度上是由于控制权私利可能是介于"法—理—情"之间的复杂行为,因此,伦理决策问题本身的特征、个体因素与情境变量共同决定和影响伦理决策过程的思路。立足伦理视角能够更为清晰地甄别控制权私利行为模式。

借鉴伦理决策的问题—权变模型,结合中国公司治理的特殊情境,大股东获取控制权私利的伦理决策实际上是一种"法、理、情"的纠结,并因此表现为3种不同的行为模式。一种极端的情况是大股东伦理意识淡漠,利用经济转型中的制度漏洞以及监管不力的情境,无视相关法规和伦理困境,以身试法,严重损害了包括内部利益相关者以及外部非决策类的利益相关者,产生了严重的社会危害,表现为明显的违法违规行为。另一种情况是大股东感知到了伦理困境,但环境因素和道德强度对他们并没有产生较大的决策压力,他们可以比较从容地利用内外部的制度漏洞和经营活动中的信息不对称,通过多样的手段对中小股东进行利益侵害,但是并不一定对非决策的外部利益相关者带来直接危害,因此不会突破法律的边界,表现为利用公司治理制度漏洞形成的"合法但可能不合理"的掏空行为。还有一种情况是大股东感知到了伦理困境,并且意识到环境因素和道德强度对他们产生了较大的决策压力,但在追求控制权私利的动机激励下,他们充分利用制定游戏规则的特权,选择有利于自己的决策行为,通过合理合法的手段"掏空"企业,获得超额的独享收益,表现为形式上合乎法规但可能有悖社会伦理的"不合情"行为。我们把大股东获取控制权私利的这3种行为模式分别称之为"闯红灯模式""擦边球模式""蚕食者模式",它们各具特点,在现实中屡有表现,我们选取了一些典型案例加以解析和说明。

第三节　大股东控制权私利行为模式：多案例解析

一、违法违规的"闯红灯模式"

在这种行为模式下，大股东利用控制权地位，无视相关法规和伦理困境，通过合同诈骗、违规对外担保、违规资金占用、内幕交易、财务造假，以及隐瞒重大信息和延迟信息披露掩护下的减持等违法违规行为，疯狂攫取控制权私利。

（一）绿大地欺诈股东触犯"高压线"。

2012 年 5 月 5 日，＊ST 大地（002200）发布了一则停牌公告，公告称："公司涉嫌欺诈发行股票罪、违规披露重要信息罪、伪造金融票证罪、故意销毁会计凭证罪一案在 5 月 7 日由云南省昆明市中级人民法院开庭审理，为避免公司股价异动，＊ST 大地从 5 月 7 日开始停牌。"作为中国股市鲜有的特大欺诈案件，绿大地欺诈发行事件再掀风波。2005 年至 2007 年，绿大地前董事长何学葵等共同策划转让绿大地发行股票并上市，由赵海丽、赵海艳登记注册一批由上市公司直接掌握或掌握银行账户的关联公司，采用伪造合同、发票、工商登记资料等手段，少付多列，将款项支付给其控制的公司组成员，虚构交易业务、虚增资产、虚增收入超 9 亿元。

在绿大地户均持股数下降，股价却直升的怪象背后，隐藏着各个大股东的掏空行为。绿大地隐藏或延迟重大利空报告，就是为了便于持股数量较多的机构投资者以及大股东减持股票。大股东一般不会在股价低估时进行减持，而是由于掌握了绿大地真实的财务情况，并在董事长及其团队财务欺诈、隐瞒重大信息时得以顺利抽离资金，将损失转移给中小股东,攫取他们的利益。① 上市 3 年内,绿大地就更换了 3 家审计机构,且每次都是在年报披露前夕,又利用其关联公司进行银行账户的操作,虚增资产、收入,进行盈余管理,以便于大股东在转移资金的同时仍然保持上市公司的财务公告能够吸引更多的投资者,进一步掏空上市公司。②

伴随着大股东大幅度减持、公司财务造假的是绿大地的多次信息披露违规。绿大地未及时发布 2009 年业绩预亏公告,之后又对 2009 年业绩情况进行了多次修正,并且修正前后业绩发生了盈亏性质的重大变化,修正时间严重滞后。同时,2009 年业绩预告和业绩快报与 2009 年年度报告披露的业绩数据之间存在重大差异,误差率在 100% 以上。绿大地在大股东减持、高管频换、业绩变脸等乱象背后隐藏的大股东的掏空行为,就是在财务造假和信息披露违规的掩盖下进行的。由于大股东的信息优势造成大股东与中小股东的信息不对称,使其能够借此欺瞒中小投资者,通过 A 股市场筹集资金,利用控制权侵占中小投资者的利益。③

(二)亚星化学沦为"提款机"。

2013 年 2 月,亚星化学发布关于公司可能被实施退市风险警示的第二次提示性公告。而公司落到如此地步,与大股东亚星集团有很大的关系。在 2011 年证券日报公布的十大违规事件中,亚星化学被称为大股东的"摇钱树"。之后,大股东亚星集团仍然大量占用上市公司的资金。2012 年 6 月 19 日,亚星化学公告,因亚星化学与大股东亚星集团存在大额直接非经营性资金往来未入账导致信息披露违法、亚星化学与亚星集团存在间接非经营性资金往来未入账导致信息披露违法、亚星化学未及时披露重大担保事项等原因于 2012 年 6 月 15 日收到证监会下发的《行

---

① 吴育辉等(2010)曾对上市公司大股东减持过程中的掏空行为进行研究,证明了大股东,特别是控股股东通过操控上市公司的重大信息披露来掏空中小股东利益的事实。柴亚军等(2012)认为中国 A 股市场股票价格的高估为大股东提供了减持动机。

② 肖迪(2010)对超额现金流、关联交易和盈余管理三者之间的关系进行了实证检验,证实大股东利用关联交易转移公司资金,并利用盈余管理来掩盖自己的掏空行为。

③ 屈文洲等(2007)对上市公司信息披露违规的动因进行实证研究,发现大股东对上市公司的掏空程度越高,上市公司的盈余管理程度越高,都会增大信息披露违规的可能性,主要原因在于大股东为了掩盖其掏空行为,通过信息披露不及时、不完整、不真实来肆意误导和欺骗中小投资者。

政处罚决定书》。时隔不到一年,2013年2月8日,亚星化学公告,存在包括未按规定披露关联方关系、未按规定披露关联交易、未按规定披露与亚星集团的非经营性资金往来、2011年半年度报告虚假记载等4项违法事实而于2013年2月6日收到证监会下发的《行政处罚决定书》。更糟糕的是,亚星化学在2013年初被判决在未履行相应审批程序和信息披露义务的情况下,违规提供给大股东亚星集团1亿元的借款担保,发生需要承担连带担保责任的重大法律后果。面临再三的风波,2013年董事会改选后,"亚星系"渐渐退去,山盐集团势力上升。

显而易见,当大股东亚星集团一而再,再而三地利用对亚星化学的资金占用和担保,亚星化学就成了其有利的圈钱机器。而每次亚星化学被查出大股东经营性或非经营性占用资金时,公司管理层就会出现大震荡,频频换血。例如,2010年11月,董事会秘书因"工作原因"辞去工作,并表明辞职后不在公司担任任何职务。随后,董事长、财务总监也双双辞职了。亚星化学信息透明度比较低,常常出现信息披露违规,导致亚星集团屡次对其进行资金占用。[①] 另外,大股东亚星集团还利用制作虚假财务报表、关联交易等盈余管理手段来掩盖资金占用对亚星化学的不利影响。在亚星化学上市之初,亚星集团将其内部优质资产注入公司,表面看来,该公司在技术、市场占有率等具有绝对优势,但是,所谓的"分拆上市"实则为"拆而不分",上市公司与母公司有很大的关联。因此,亚星化学沦落到现在的境地,问题的关键就在于大股东利用控制权对其进行掏空。

总结上述两个案例我们可以发现,无论是绿大地的合同诈骗、财务造假、信息披露违规等形式,还是亚星化学的信息披露违规、违规对外担保、违规资金占用、违规关联交易、财务造假等形式,都表现为大股东无视相关法律法规,丝毫没有感知到控制权私利的伦理困境以及道德强度的压力,存在认知偏差与侥幸心理,利用经济转型中的制度漏洞以及监管不力的情境,以身试法,以明显违法违规的形式疯狂攫取控制权私利,损害了其他利益相关者的利益,产生了严重的社会危害,是一种典型的"闯红灯模式"。

---

① 王克敏等(2009)通过对2002—2006年上市公司数据的实证研究,以收益激进度、收益平滑度和总收益不透明度为解释变量,回归分析大股东资金占用程度,发现在控制其他影响因素下,公司信息透明度越低,大股东资金占用情况越严重。

二、可能并不违规的"擦边球模式"

在这种行为模式下,大股东利用内外部的制度漏洞和经营活动中的信息不对称,通过关联交易、盈余管理、不完全信息披露、代持减持、间接减持和捐赠减持等"合法但可能不合理"的行为,侵害中小股东利益,获取控制权私利。

(一)重庆啤酒信息披露打"擦边球"

重庆啤酒股份有限公司是 1993 年 12 月 23 日经重庆市经济体制改革委员会渝改委批准,由重庆啤酒集团有限责任公司作为独家发起人将重庆啤酒厂进行改组,采用定向募集方式设立的公司。1997 年 10 月 30 日,重庆啤酒正式登陆上交所,经中国证监会批准,公司发行人民币普通股 4 000 万股,并于同月在上交所上市交易。1998 年,重啤集团与重庆大学、第三军医大学等科研机构联手成立佳辰生物工程有限公司,研制开发具有自主知识产权的国家一类新药 DD 乙肝治疗性多肽疫苗。同年 10 月,公司公告将斥资 1 435.2 万元收购大股东重庆啤酒集团持有的佳辰生物 52% 股权。而佳辰生物当时正"全力以赴进行治疗乙肝新药等重大项目的开发",重庆啤酒正式笼罩上了乙肝疫苗概念股的光环。乙肝疫苗概念股对重庆啤酒股价的刺激立竿见影,在 1998 年 10 月 27 日公布公告后的 8 个月里,重庆啤酒迎来了上市之后的第一波大行情,股价累计上涨 148.82%,股价最高时曾达 31.48 元。2001 年 1 月 19 日,重庆啤酒将佳辰生物股权比例增至 93.15%,从此,公司被视作乙肝疫苗概念股并被反复炒作。2010 年 6 月开始,重庆啤酒按每月一次的频率对乙肝疫苗的进展进行了披露,股价随之扶摇直上。2011 年 12 月 8 日,重庆啤酒公告:疫苗二期临床实验疗效相当于安慰剂。至此,备受追捧,历时十多年的乙肝疫苗研制,一夜间成为一出闹剧,被机构捧上天的"神仙药"其疗效与安慰剂没太大区别。

重庆啤酒在长达 13 年的时间里一直没有公布佳辰生物乙肝疫苗试验数据,仅仅只是说明临床试验的进展状况,使其成了 A 股市场十多年来信息最不对等的投资标的。其董事会秘书指出,重庆啤酒在信息披露上没有可以参照的模板,在现行的证券法律法规及制度上也找不到有关上市公司披露研发流程的内容和相关信息披露的规范。尽管所谓的完善信息披露的参照模板并不存在，但是重庆啤酒在信息披露方面的不完整性是显而易见的。资本市场是一个信息流动的市场，充分的信息披露是资本市场有效运行的根本保障。而对财务报告和信息披露的需求源于管理者和外部投资者之间的信息不对称和代理冲突（Healy et al. 2001）。屈文洲等（2007）对公司信息披露违规的动因进行实证研究表明，大股东掏空程度、内幕交易程度以及盈余管理程度与公司信息披露违规行为显著正相关。

（二）南国置业大股东钻制度漏洞减持掏空

大股东减持是监管部门和投资者所面临的棘手问题。为规范大股东与高管减持行为，证监会和交易所出台了一系列法律法规。但所谓上有政策，下有对策，一些公司的大股东与高管绞尽脑汁来规避，钻制度的漏洞，其中南国置业为典型案例。

2009年，南国置业上市，当时裴笑筝是唯一一位放弃入股的高管，但其父裴兴辅未在公司任职，却是公司的第三大股东。2010年11月8日，裴兴辅在所持股份解禁之后开始了疯狂的减持，两年时间内通过大宗交易平台累计减持9次，超4 000万股。如此"代持"操作，合理地规避了《公司法》有关"公司董监高应当向公司申报所持有的本公司的股份及其变动情况，在任职期间每年转让的股份不得超过其所持有本公司股份总数的25％"的规定，既可以在上市公司安排董监高作为内线，又可以享受控制的权力不至于违规。

2012年11月21日，南国置业发布董事长许晓明及兄弟许贤明与中国水电地产于11月20日签订了股权转让意向书，拟向中国水电地产整体转让所持有的新天地投资100％的股权，并且许晓明拟向中国水电地产转让其所持有的不超过南国置业总股本8％的股权。这样，许晓明实际上将转让其总持股数的34％，远超过了"25％减持"的红线。但公司回应，新天地投资所持的南国置业股份属于董事长间接持有，非直接持有，不存在违规现象，因为按《管理规则》规定，上市公司董监高转让其间接持有的股票不受限制约束。同一时期，许晓明还通过捐赠"减持"股份，捐赠了1 000万股给武汉闻一多公益基金会，但未及时公告，涉及信息披露违规。而根据《企业所得税法》规定,许晓明通过捐赠公益性资产,在缴纳个人所得税时可以减免相当于捐赠额部分甚至全部的所得税。更值得一提的是,许晓明竟然是该基金会的副理事长。因此,这其中另藏玄机。通过间接和捐赠减持,南国置业大股东、董事长许晓明持股比例减少至49.52%,兑现了大量的资金。类似行为虽然没有触犯法律,但钻制度漏洞,属"合规但不合理"的掏空方式。[①]

总结上述两个案例我们可以发现,无论是重庆啤酒的不完全信息披露,还是南国置业的代持减持、间接减持和捐赠减持等形式,都表现为大股东感知到了控制权私利的伦理困境,但环境因素和道德强度对他们并没有产生较大的决策压力,因此,他们可以比较从容地利用内外部的制度漏洞,获取控制权私利,但是并不一定对非决策的外部利益相关者带来直接危害,不会突破法律的边界,表现为"合法但可能不合理"的掏空行为,是一种典型的"擦边球模式"。

三、形式上并不违规的"蚕食者模式"

在这种行为模式下,大股东利用制定游戏规则的特权,选择有利于自己的决策行为,通过关联交易、战略选择、网络关系重组等合乎法规但可能有悖社会伦理的"不合情"行为,蚕食公司利益,获取控制权私利。

(一)洞庭水殖大股东独裁掏空上市公司

洞庭水殖,中国淡水养殖的第一股,是典型的地方政府主导的国有上市公司,因此,公司控制权的分布与股权并不相符。作为大股东的国资委既没有能力也缺乏激励措施去监管上市公司。由于国资委没有直接派代表进入董事会因而不拥有实际控制权,第二大股东泓鑫公司就实际控制

---

① 曹国华等(2012)基于单个和多个股东侵占模型对大股东减持行为进行了研究,发现大股东持股比例、大股东属性、减持价格、股权制衡程度、投资收益率分离度、外部法律保护程度等都影响着大股东的减持行为;同时实证得大股东持股比例越高,其减持力度就越大;而股权制衡度较高的公司,其减持力度就相应较低。为规范大股东和高管的减持行为,保护中小股东的利益,应加强监管大股东减持行为的各环节,加强信息披露及违规惩罚力度,防止大股东通过操纵信息披露而进行内幕交易。同时完善法律法规,减少甚至避免钻制度空子的行为。

了上市公司。身兼董事长和总经理的罗祖亮曾是德海集团的创始人,而德海集团与洞庭水殖第二大股东泓鑫公司有着亲密的血缘关系。2002年9月,财政部批准常德国资局与泓鑫公司签署《股份转让协议》,将其持有的1 590.6万股国有股转让1 245.8万股给泓鑫公司。随后,泓鑫控股有限公司发布《关于受让常德市国有资产管理局持有的湖南洞庭水殖股份有限公司部分国家股的公告》,至此,印证了泓鑫公司的大股东罗祖亮是洞庭水殖的实际控制人。自2000年6月上市以来,第二大股东长期占用资金,并发生频繁的关联交易,关联交易成了第二大股东泓鑫公司掏空公司、输送利益的首要手段。另外,第二大股东泓鑫控股在2007年4月25日股改期满一年后,便开始抛售。与此同时,洞庭水殖定向增发的议案也开始浮出水面。人们不禁怀疑,若公司大有前景,大股东为何在二级市场抛售?是否存在高价减持,低价增发的情况?通过分析发现上市公司在定向增发后存在通过关联交易转移财富的情形。例如,定向增发投入的项目之一,上海泓鑫置业收购阳澄湖大闸蟹公司57%股权,其中洞庭水殖大股东湖南泓鑫公司持有泓鑫置业51.02%股份,而洞庭水殖仅持有剩余股权。王志强等(2010)通过对定向增发前后关联交易量的对比发现,关联交易总规模、平均单笔交易规模等在定向增发后呈现上升趋势,验证了在定向增发后上市公司可能通过关联交易进行财富转移。

在该案例中,第二大股东泓鑫控股董事长罗祖亮通过一系列的资本市场运作,逐步获取上市公司洞庭水殖的控制权,并通过一系列的关联交易,疯狂地掠夺上市公司资产。例如,通过将水禽开发公司95%的股份所占净资产额1 752万元与泓鑫控股所拥有的所谓精养鱼池资产进行置换,将优良的上市公司资产转移出去。又通过购买湖南洞庭水殖置业公司"泓鑫城市花园"第一栋1—3层商业房产,建筑面积为9 192.1 m²,收购价格为7 799.71万元的大手笔,完成了一笔亏损的交易。从表面上看,洞庭水殖交易劣质资产投资进军房地产是迎合市场发展潮流,符合公司利益的举措,合情合理,但透过实际投资回报率,可以看出这一举措的本质,即大股东利用上市公司的控制权谋取控制权私利的恶劣行为。

(二)贵州百灵贷款分红,大股东变相套现

贵州百灵自2010年6月上市以来,一直使用高成本贷款维持货币资

金运行,进行现金分红,但高额的财务费用却由上市公司承担。2012 年末公司短期贷款余额 7.59 亿元,长期借款 2 亿元,除首发的募集资金外,公司账面上的货币资金仅有 2.7 亿元。截至 2012 年,公司连续 3 年的分红总额达 4.97 亿元,其中大股东和第二、三大股东(公司前三大股东为一致行动人)得到 3.72 亿元。根据 2013 年 3 月 1 日公司所披露的年报显示,公司 2012 年度拟以每 10 股派发现金股利 4 元。公司总股本合计 4.7 亿股,分红总额高达 1.88 亿元,占当期净利润的 84.85%。而公司 2010 年、2011 年的分红总额分别占当年净利润的 135.67% 和 45.15%。如此分红方式带来的高额财务费用给上市公司产生了很大的负担。贵州百灵的分红背后是否是大股东资金链紧张相关? 截至 2012 年,大股东持有公司 2.48 亿股票,但是质押股票数却高达 2.46 亿股,占 99.19%。若大股东需要资金,就只能靠分红来变相套现。国内大部分学者研究得出,现金分红不仅不能缓解大股东与中小股东之间的代理问题,相反是大股东掏空的一种常用手段。高派分红使得大量的现金流向少数股东,不利于公司的长远健康发展。

当然,适当合理的分红有利于市场的长期健康稳定发展,它是投资者投资回报的体现之一,有利于培养长期投资的理念。自 2008 年实施《关于修改上市公司现金分红若干规定的决定》以来,我国上市公司现金分红状况已得到了改善。《上市公司证券发行管理办法》中规定:最近 3 年以现金方式累计分配的利润不少于最近 3 年实现的年均可分配利润的 30%。上市公司需要披露本次利润分配预案或资本公积金转增股本预案。在贵州百灵的案例中,大股东利用现金分红"掏空"上市公司,侵害中小股东的利益,而将上市公司置于"贷款"的地步,尽管这些行为在形式上并没有触犯法律法规,也没有违背公司的规章制度,但是有悖社会伦理,或者不合情理。①

总结上述两个案例我们可以发现,无论是洞庭水殖的关联交易、高价减持和低价增发,还是贵州百灵的与现金流不符的高派现金的分红方式,都表现为大股东感知到了伦理困境,并且意识到环境因素和道德强度对

---

① 对于此类社会现象,我们经常会听到各个方面的呼吁——他们应该流着道德的血液,或者谴责他们太不道德了。

他们产生了较大的决策压力,但在追求控制权私利的动机激励下,他们还是充分利用制定游戏规则的特权,选择有利于自己的决策行为,通过合理合法的手段"掏空"企业,获得超额的独享收益,表现为形式上合乎法规但可能有悖社会伦理的"不合情"的掏空行为,是一种典型的"蚕食者模式"。

四、不同案例的启示

在上述 6 个案例中,表现出不同的大股东控制权私利行为模式和伦理决策特点。绿大地和亚星化学的大股东无视相关法规,丝毫没有感知到控制权私利的伦理困境以及道德强度的压力,通过一些违法行为包括合同欺诈、财务造假、信息披露违规、违规对外担保、违规资金占用、违规关联交易等形式获取控制权私利,严重侵犯了其他利益相关者的利益,属于"闯红灯模式"。重庆啤酒依靠不完全信息披露打"擦边球",在长达 13 年来的时间里一直没有公布佳辰生物乙肝疫苗试验数据,仅仅只是说明临床试验的进展状况;南国置业大股东则钻制度漏洞减持掏空,通过代持减持、间接减持和捐赠减持,兑现了大量的资金。类似行为表明大股东感知到了控制权私利的伦理困境,但环境因素和道德强度对他们并没有产生较大的决策压力,因此,他们可以利用内外部的制度漏洞,选择并不直接触犯法律的"合规但不合理"的掏空方式,属于"擦边球模式"。在洞庭水殖案例中,拥有控制权的第二大股东通过一系列资本市场运作及关联交易,疯狂蚕食上市公司资产,贵州百灵大股东通过使用高成本贷款维持现金分红、变相套现,这类案例中,大股东感知到了伦理困境,并且意识到环境因素和道德强度对他们产生了较大的决策压力,但是作为游戏规则的制定者,他们还是可以利用一些看起来并不违规的形式掏空企业,属于"蚕食者模式"。

其实,即便是利用同样的行为获取大股东控制权私利,也可以具有不同的伦理决策特点,表现为不同的行为模式。比如说,在上述案例中,绿大地、亚星化学和重庆啤酒都涉及信息披露行为,但绿大地和亚星化学是明显的信息披露违规,而重庆啤酒则是不完全信息披露(可能不合理,但并不明显违规)。再比如说备受各方面关注的关联交易行为,同样可以表现为不同的控制权私利行为模式:一种情况是无视伦理困境和道德强度的压力,只在意自己的私利,因而罔顾关联交易和信息披露的相关规定,不按规定披露关联方关系、不按规定披露关联交易（比如亚星化学、佛山照明）、不经过合规的程序实施关联交易，都是明显的违法违规行为，属于"闯红灯模式"；另一种情况是感受到伦理决策困境，并承担较大的道德强度压力，完全按照关联交易和信息披露的相关规定，如实、及时地披露关联交易，并在程序上保证关联交易的合规合理，这样，关联交易一样发生了，其中也可能伴随着利益输送，但却不违法违规，合乎公司治理要求，属于"蚕食者模式"；介乎于两者之间的是感受到伦理决策困境，并承担一定的道德强度压力，希望通过合适的方法逃避道德压力，因而利用信息披露的时间差和交易额限制，调整交易的时间或者额度，规避信息披露的要求，在某种程度上隐瞒关联交易的真相，但这种行为并不违规，属于"擦边球模式"。

第四节　结论与进一步讨论

大股东控制权私利行为既是全球公认的公司治理难题，也是当前中国公司治理实践的焦点问题。国有控股公司和家族控股公司的大股东在股东会、董事会、经理层乃至关联公司的控制权只是大股东追求控制权私利的客观基础；大股东感知到的控制权私利机会和收益状况是其存在的主观基础；大股东控制权私利与企业绩效间正负相关系的模糊性及动态关联性更增加了大股东控制权私利感知的认知难度与复杂性，使大股东在面临是否追求控制权私利伦理困境时，容易产生认知偏差和非伦理行为；中国转型经济的特殊治理环境又给了大股东较大的行为空间和选择余地，使他们有可能以各种非法或者合法但不合情理的方式追求控制权私利。本章聚焦于大股东控制权私利行为模式，注意到大股东控制权私利的弹性边界，其行为实际上是主体特征与情境因素动态适配的结果，是典型的伦理决策问题。是否追求控制权私利是大股东面临的伦理困境，对伦理困境的认知和判断，对情境因素和侦查概率的感知等会直接影响控制权私利非伦理行为的发生。在此基础上，本章归纳出大股东控制权私利行为的 3 种基本模式：违法违规的"闯红灯模式"、可能并不违规（合法但可能不合理）的"擦边球模式"和形式上并不违规（合乎法律规范和公司治理程序但可能有悖社会伦理"不合情")的"蚕食者模式",并通过多个案例加以解析。

推进大股东控制权私利行为治理,需要我们注意大股东控制权私利行为中的"法、理、情"的纠结,强化公司治理相关法规的刚性约束,严惩各种违法违规的"闯红灯模式"的大股东掏空行为;完善公司治理的法律法规,规范相关行为边界,积极引导大股东遵纪守法,提高大股东伦理决策的道德强度,挤压其机会主义选择的空间,抑制各种合法但可能不合理的"擦边球模式"的大股东控制权私利行为;完善公司法人制度,尊重利益相关者合法权益,强化董事会行为的独立性,提高相关决策的透明度,激励大股东控制权私利与企业绩效的兼容和共享,减少那些合乎法律规范和公司治理程序但可能有悖社会伦理"不合情"的"蚕食者模式"的大股东控制权私利行为。

从根本上说,完善大股东控制权私利行为治理,还需要我们注意现行公司治理框架隐含的股东所有权与公司法人所有权的复合和冲突,合理解读股东权利导向,尊重公司法人所有权的治理逻辑,确立公司是相对独立而又特殊的社会组织的理念,与多方面的利益相关者密切关联,承担广泛的社会责任。以此为基础,强化董事会行为的独立性,构筑董事会与大股东之间的"防火墙",确保董事会以公司利益为重,坚持公司法人所有权导向的治理逻辑和战略决策。而在具体的公司治理规范方面,还可以适当引导股权结构调整,弱化大股东(特别是私人大代表股东)的控股权,形成相对集中但又适当竞争的股权结构,在抑制大股东掠夺的同时又保持股东会的重大决策权以及对于董事会的有效制约;进一步加大外部董事的比例和代表性,强化独立董事的职责,适当控制大股东的直接代理人在董事会的数量,努力使公众公司的董事会真正成为"公众组织";重视董事会伦理决策问题,关注董事会决策的治理成本与社会责任,充分履行说明责任的义务。

第九章 中国上市公司控制权私利治理机制研究结论与展望

第一节 控制权私利治理机制研究结论及政策建议

通过对中国上市公司控制权私利影响因素的 3 个实证分析和对中国上市公司控制权私利对企业绩效影响的 2 个实证研究,再结合伦理决策视角下中国上市公司控制权私利行为模式研究,对中国上市公司控制权私利治理机制进行了探索研究。

一、内部治理与控制权私利

在内部治理与控制权私利的实证研究当中,通过对 1999—2006 年沪深两市 A 股市场发生非流通股控股转让与非控股转让的上市公司的实证研究,认为大股东持股比例、股权性质、受制衡程度以及两职兼任情况决定了大股东攫取控制权私利的能力,并得出了以下结论:(1)大股东持股比例与控制权私利呈现一种倒"U"形非线性曲线关系,即随着第一大股东持股比例的增加,控制权私利呈现先升后降的趋势;(2)大股东国有股权性质与控制权私利正相关但不显著;(3)大股东股权制衡度与控制权私利负相关但不显著;(4)董事长、总经理两职合一与控制权私利显著性正相关;(5)独立董事比例与控制权私利负相关但不显著。

针对上述研究结论,我们认为从内部治理视角出发,对控制权私利治理机制的构建可得出以下几点启示:第一,通过引进机构投资者和法人股东,优化股权结构安排,充分发挥大股东之间的相互制衡效应,弱化第一大股东的控制权;第二,加大对国有控股上市公司的监察力度,抑制大股东的"隧道"行为,以保障中小股东的利益;第三,合理安排公司治理结构,避免两职合一;第四,完善上市公司独立董事制度,真正发挥其监督治理作用。

二、政治关联与控制权私利

在政治关联与控制权私利的实证研究当中,我们以我国 A 股民营上市公司的高管政治关联会对公司控制权私利水平产生何种影响以及如何产生影响为研究主体,同时对国有上市公司进行了相应的对比分析,并得出如下结论:第一,民营企业与国有企业的高管政治信仰对公司控制权私利水平都会产生显著影响,但所属企业性质不同,产生的影响也不同。在民营企业中,高管的政治信仰会造成上市公司的控制权私利水平的增加;而国有企业高管的政治信仰则会约束其攫取的控制权私人收益;第二,民营企业中高管的人大代表、政协委员身份会对公司的控制权私利水平产生显著影响,并且当董事长拥有的人大代表、政协委员身份级别越高时,上市公司的控制权私人收益越低。国有企业中高管的人大代表、政协委员身份也会在一定程度上约束其攫取私利的行为,但两者关系并不显著;第三,无论是在民营企业还是国有企业中,高管政治级别对公司控制权私利水平的影响都不显著。但民营企业与国有企业仍然存在区别,民营企业高管的政治级别对控制权私人收益的影响更多的是约束作用,而国有企业高管的政治级别却会促进其自利行为。同时,值得注意的是本研究所得出的结论都说明在高管政治关联对控制权私利的影响中,董事长的作用要比总经理的作用显著得多。

针对研究结论,我们进行了进一步的讨论。从对民营企业的实证研究中可以发现,民营企业高管政治信仰和人大代表、政协委员身份与控制权私利水平的显著相关关系说明了民营企业家倾向于通过入党或是人大代表、政协会议来提高自身的政治地位,以获取更多的资源。而通过聘用曾经任职于政府的人员作为企业的高管的聘用途径有限,并且通过这一方式来提高企业政治地位从而获取的资源也会受到多方面的影响,如高管曾任职的地域、级别、拥有的政治影响力以及所属单位与行业的相关性等。民营企业家通过不同方式来提高自身的政治地位所带来的影响又是不同的。民营企业家通过成为共产党员或民主党派人士即可以提高自身政治地位又能够发展新的社会网络从而获取更多资源,增强了其攫取私人收益的动机。而目前中国共产党的人数已近 8 600 万人,各民主党派也蓬勃发展,民营企业家成为党员所获得的监督却是有限的,在此情况下进行掏空的风险相对能够获得的收益较小,民营企业的高管完全有动机利用自身掌握的控制权与更多的资源为自己带来更多的利益。如果民营企业的股权较为集中,则高管的控制权越大,其能够获得的收益越多,但较高的、符合高管预期的薪酬则会在一定程度上减弱其掏空的动机。成为人大代表、政协委员则不同,一方面人大代表、政协委员的选举具有民主性,民营企业家的声誉决定了其能够被选举为代表,一般来说民营企业家的声誉越好其自身的道德感与社会责任感越强,其进行攫取私利的动机就较弱。另一方面级别越高的人大代表、政协委员接受的角度范围越广,越受广大民众关注,这就使得民营企业家自利行为的成本增加,反而会约束公司控制权私利水平的增长,同时企业的股权集中度越高股东与高管之间的约束越大,股权制衡度越高则股东之间的制衡越强,高管的薪酬越高则掏空的动机越弱,这就使得高管人大代表、政协委员的身份能够更好地发挥对控制权私人收益的约束作用。

对国有企业的样本数据进行实证研究所得的结果则截然不同,高管政治关联对控制权私利水平总体上并没有显著影响。由于国有企业的特殊性,其高管具有党员身份和政治级别的现象较为普遍,高管的党员身份相比较而言更代表着其自身的廉洁性以及更多的社会责任,削弱了其攫取私利的动机,同时国有资产监督管理结构作为大股东时对高管的约束力更大,增加了掏空成本,从而制约了高管的自利行为。另一方面,国有企业高管的政治信仰主要通过股权制衡度对公司控制权私人收益起作用,而民营企业的高管政治信仰则通过股权集中度和高管薪酬这两个中介变量作用于公司的控制权私利水平。国有企业与民营企业不同的原因归根结底是国有企业的性质造成的。我国国有企业普遍存在的问题就是产权不清晰,造成这一问题的原因主要是国有资产的所有者层次模糊,国有资产首先由国务院或者地方政府委托给本级政府国有资产监督管理机构,再由国有资产监督管理机构委托给企业经营,这就在一般股东委托于经理层的委托代理关系之前又加置了一层产权的委托,使得股东与股东之间、股东与经理层之间的制衡机制变得更为复杂。同时,所有企业的发展都处于社会主义市场经济的大背景下,政府干预是必然存在的,而政府又作为国有企业的实际产权人,必然会使得国有企业对政策的感知度更强甚至政府制定的政策将更有利于国有企业的发展,这也是越来越多的民营企业家通过提高自身的政治地位、加强与政府之间的联系而获得更好发展的原因。

目前许多研究都证明了拥有政治关系能够为企业带来更多的资源,促进企业绩效的增长,但同时政治关系也会使得企业承担更多的社会责任。针对上述研究结论,本书认为在控制权私利治理机制的形成过程中应当注意以下几个方面的问题。当高管拥有政治关联时,作为外部利益相关者政府与企业的联系人,给企业带来的积极影响的同时也要考虑其负面作用,民营企业不应该盲目行动,而应理智地建立与政府的联系。鼓励高管成为人大代表、政协委员是一种可取的方法,既能够提高民营企业的政治地位,又能够在社会大众面前树立企业良好的形象和声誉。在考虑获取外部资源来支持企业发展的同时,企业更应该把重点放在改善公司的内部治理结构上,并且合理设计高管薪酬,只有在良好的公司治理水平和合理的高管薪酬前提下,才能使高管建立的企业与政府之间的联系更好地发挥对企业发展的积极作用,也只有改善了当前民营上市公司的治理结构与完善高管薪酬制度,才能约束高管的自利行为,从而使政治关联带来的弊端最小化。另外,企业应全面考虑各个利益相关者会对自身发展产生的,而不是仅仅通过加强与政府的联系这一渠道来获取更多资源,必要时可以将外部利益相关者纳入公司的内部治理结构,更好地发挥各个部门之间的制衡作用。

政府也应当看到政治关联对市场经济的作用也是双面的,考虑企业在实际发展中存在的各种可能性,减少企业的政治关联可能会给市场带来的负面影响,发挥其带来的积极影响,一方面对于拥有政治关联的民营企业要考虑他们手中的政治关系是否会导致行业竞争的不公平现象,另一方面可以鼓励企业参与到政府举办的各项公益中来建立良好的社会形象甚至争取政府的优惠政策。政府还应该加强对上市公司的监管,完善证券市场的法律体系,尤其是对于可能带来不公平现象的企业政治关联,要求这些上市公司建立更为严格的财务制度和信息披露制度并完善自身的内部治理结构,只有在更为严格的制度环境下,上市公司财务信息透明,高管和企业无漏洞可钻,无法获取具有隐蔽性的私人收益,才能使证券市场获得健康稳定的发展。同时,政府还应解决的一个重要问题是,作为国有企业的实际产权人在目前无法对国有企业的股权结构做出实质改变的情况下,如何构建更为有效的委托代理关系和完善的公司治理结构,如何合理地安排国企高管的薪酬,使得股东大会、董事会、监事会以及总经理之间形成强有力的制衡机制,以真正达到这些机构设置的目的。并且针对国有上市公司,政府应建立一套比民营企业严格的财务检查与信息披露制度,从外部来弥补国有企业内部制衡机制的不足。

在中国证券市场上还存在着许多的中小投资者,这一部分的中小投资者通过投资于上市公司股票来获取利益,但他们对股票的选择仍局限于一些众所周知的财务指标如每股收益等等,但这些财务指标并不能很好地说明上市公司的发展。首先本书建议投资者应更为全面地阅读上市公司的年报来获取企业发展趋势的信息,同时基于本书的实证结果,我们认为投资者应加强维护自身利益的意识,在选择股票时还应挖掘除上市公司财务数据以外的一些隐藏信息,例如公司所处的行业背景、公司的治理水平、高管的薪酬水平以及该公司所拥有的政治关联,综合判断企业的发展前景、社会声誉以及高管的个人声誉,考虑企业大股东、高管是否有攫取控制权私利、掠夺中小投资者利益的可能性,排除那些信誉差、公司的控制权私利水平过高的上市公司作为投资对象,从而维护自身的利益。

三、两权分离与控制权私利

在两权分离与控制权私利的研究当中,本书以 2008—2010 年我国沪深两市 A 股上市公司中的 1 117 家作为研究样本,基于控股股东终极现金流权与终极控制权分离的视角,对终极现金流权以及公司股权结构、董事会结构、代理成本等公司治理因素对大股东利益侵占的影响做了实证检验分析。研究结果表明:(1)大股东利益侵占与其持有的终极现金流权显著负相关,而与其持有的终极现金流权比例的平方显著正相关,因此可以得出结论,大股东利益侵占与其终极现金流权比例呈现一种"U"形关系;(2)公司股权集中度和股权制衡度均能有效地制约大股东利益侵占。公司的股权集中度可以使大股东有效地监督和激励管理层能,减弱股东间相互搭便车的问题,从而降低大股东利益侵占;公司的股权制衡度对大股东利益侵占的影响则反映了后九大股东集中度在抑制控股股东进行利益侵占方面发挥了积极的制衡作用;(3)独立董事比例与大股东利益侵占的相关关系并不显著。这说明在我国上市公司治理中独立董事制度还没有发挥较好的监督作用,对大股东利益侵占行为并没有产生显著影响,独立董事在一定程度上还属于形式;(4)代理成本与大股东利益侵占的关系也不显著。大股东可能更多地通过关联交易、交叉持股等方式进行利益侵占。

针对上述研究的发现,我们认为在控制权私利治理机制的形成过程中,应当注意以下几个方面:(1)对控制性股东过于膨胀的控制权力进行限制,实现权力的合理分配与相互制衡,即公司的股东大会、董事会、经理层这三级架构应当严格的各司其职、相互制衡;(2)还应充分重视和发挥独立董事制度的制衡作用。可以从社会学的角度切入,研究独立董事行为的影响因素,从心理学、行为学角度分析,作为公司内控机制设计的一个方面,健全完善内部监督控制体制;(3)大股东与中小股东之间的代理问题是与生俱来的,我们只能尽量减小,而不能消除。大股东利用各种合法或非法的手段侵占中小股东的利益的一个原因就是信息不对称问题的普遍存在。因此,在信息披露方面,要加强对财务信息之外的信息披露,如高管和控股股东的诚信记录、其他管理信息等。

四、控制权私利与企业绩效:内部治理视角

在中国上市公司控制权私利对企业绩效影响的实证研究:内部治理视角中,本书通过对我国上市公司面板数据的研究,用两权分离度对控制权私利进行了量化,在此基础上研究了股权结果、公司治理水平与控制权私利的关系,股权结构、公司治理水平与控制权私利的关系以及控制权私利对企业绩效的关系。分析表明大股东与中小股东之间确实存在比较严重的利益冲突问题,大股东可能利用中小股东无法享受的控制权优势来获取私利,追求自身利益最大化。但对于"一股独大"现象,我们应采取辩证的态度看待。大股东控股确实会存在"隧道效应"进行掏空,但在一定程度下,其对企业绩效也有激励作用。

对于中国上市公司控制权私利治理机制的建设,本书认为应当从以下4方面进行改进。

(一)改善公司内部治理机制

股权结构问题同时存在堑壕效应与利益协同效应,由此引发我们对公司治理环境的思考,创造环境尽可能地发挥大股东的正面作用,加强保护中小投资者及其他利益相关者的利益,防止大股东通过盈余管理、关联交易、资金占用等行为掏空公司利益。因此,我国上市公司首先因保持一定程度的股权集中度,提倡股东多元化和股权相互制衡;改善公司治理结构,适当降低大股东的控制权,减少大股东现金流权和控制权的分离度,尽可能使大股东和中小股东的利益相一致;发挥中小股东参事的作用,合理利用新闻媒体、网络、社会公众等信息载体,建立全方位的监控机制,鼓励中小股东对大股东及公司运作的监督。另一方面,在实证研究中,没有验证独立董事制度与大股东控制权私利的抑制作用。但董事会作为上市公司治理的核心,是股东大会和总经理间传递信息的枢纽,应完善董事会的职能。由于独立董事制度是上市公司的一项内部约束机制,在完善的内部治理机制中,独立董事能够获得公司的完备信息,主动积极地发挥监督作用,提高资本的运作能力和效率。因而要充分发挥独立董事的作用,尝试构建企业绩效与独立董事的激励和约束相一致的机制。引进上市公司高级管理人员的聘任制度,对一些任职资格、工作要求等做出合理的规定,提高董事会和独立董事的独立性。进一步,提倡引入市场禁入机制,若独立董事不能诚实履行职责,则强制规定其在一定时间内不得再担任独立董事的职位。同时,加强管理层的股权激励政策。改善公司的资本结构水平,适当地引入债权人的约束机制,鼓励机构投资者参与公司治理,从多方面制衡大股东的短期侵害行为。

(二)完善法律法规,加强监管力度

La Porta et al.(1999)认为由于缺乏法律上的投资保护,会导致公司拥有较高的所有权集中度。在我国当前的资本市场,中小股东得不到充分的保护,大股东利用关联交易、对外担保、内幕交易、盈余管理等侵害中小股东的违法违规行为层出不穷,都说明了我国现有的相关法律法规相对滞后,不够健全,至今不能有效地遏制大股东的掏空行为。而且上市公司受处罚的成本较低。我国上市公司治理的关键在于缺乏相应的约束机

制,首先我们可以借鉴发达国家的成熟经验和成功案例,制定有关中小股东权益保护法,有效限制大股东的掏空,促进上市公司持续健康发展。建立并完善保护中小股东的民事赔偿制度,当中小股东受到利益侵害时能够得到合理及时的补偿。完善信息披露制度,规范获取上市公司信息的渠道,提高审计的质量,减少因信息不对称所带来的问题。

(三)完善独立董事制度

从制度的设计上讲,独立董事制度是为了防范公司的风险,保护投资者的利益,独立董事的作用是监督和咨询,不对企业绩效直接负责。Johnson et al.(1996)研究指出,即使是最积极的董事会,也不会参与公司的日常经营决策。同时本书实证结果显示独立董事并不能有效地制约大股东对上市公司的掏空。2012年5月5日,人民日报海外版刊登了一篇名为《上市公司独立董事已沦为特权阶层福利》的文章,其中对上市公司独立董事的角色和功能提出了质疑,尖锐地指出制度建设的缺失导致独立董事沦为"花瓶",甚至认为独立董事对于某些特权阶层而言是一种福利,其职能已完全异化。显然,已违背了初衷,因此我们需完善及改进独立董事制度,使其真正发挥应有的职能。

(四)加强市场的监管力度

减少大股东之间的勾结、联盟行为,鼓励大股东间的相互监督、制衡,从而约束大股东的掏空,规范上市公司的行为,加强执法力度,严格按照法律法规执行,加强对违规大股东的惩罚力度,促使其健康正常发展。随着股权分置改革的初步完成,全流通时代的到来,有效防范大股东利用信息优势、控制权优势等进行内部交易活动,将是监管机构所面临的主要挑战。

构建有效的控制权市场,提升公司盈利能力。在股权趋于全流通的背景下,有效的控制权市场,将对大股东形成约束,提高公司绩效。控制权作为企业内部核心的治理机制,其目标不仅仅是从内部监管的角度,减少大股东控制权私利,更是在一定范围内,强化控制权配置的激励效应,使大股东和高层管理者明确控制权私利的刚性边界和弹性边界,强化大股东的刚性收益。通过提升控制权配置的效率,推进市场化进程和监督的独立性,从而有效激励和约束大股东的行为。

La Porta et al.(2002)强调了加强法律制度与建设证券监管体系的重要性,并且指出每一制度的建设和完善需要较长时间,不能在短期内实现。因此,通过整顿内部和外部机制外,公司还要致力于提高公司的盈利能力,只有公司的盈利提高了,大股东获取私利的动机才会降低,要提高公司的盈利能力,需要从具体方面和环节逐步着手,如在企业文化、科技创新、产业结构、专业技能等方面改善,提高市场竞争力,加强企业的核心竞争力。同时,公司需完善薪酬管理,使其与企业真实的业绩挂钩,从而有效避免高管利用权力影响收益,规避薪酬与业绩倒挂的现象。拓宽管理层的激励渠道,引入激励措施,并发挥各个措施的激励作用。另外,公司的适度规模有利于抑制控制权私利。当公司规模适度增大时,内部管理机制不断完善,外部监督、舆论压力和关注加强,使得大股东利用控制权获取控制权私利的难度增加,从而减少了控制权私利,因此可以适当鼓励我国上市公司间的并购行为。

五、控制权私利与企业绩效:外部环境视角

在中国上市公司控制权私利对企业绩效影响的实证研究:外部环境视角中,实证结果表明,对所有行业组成的研究样本来说,控制权私利对公司绩效有负面影响,而行业竞争度和金字塔结构层数会对这种影响程度产生影响。行业竞争越大、金字塔结构层数越多控制权私利对公司绩效的负面影响就越严重。固定资产、无形资产比重越大也会加重控制权私利对公司绩效的负面影响。对终极控制人为政府的企业子样本的回归分析发现,行业竞争度、金字塔结构层数对控制权私利影响公司绩效的过程加强作用,但是此作用不很明显。对终极控制人为家族的企业子样本进行回归分析时,为了提高自由度,对控制变量进行了删减,只保留了常用的公司规模。回归结果发现,行业竞争度对控制权私利影响公司绩效的过程有加强作用,但金字塔结构层数对其过程的影响不显著。固定资产、无形资产比重越大也会加重控制权私利对公司绩效的负面影响,且无形资产的影响要比固定资产大。对终极控制人为其他类型的企业子样本的回归分析发现,行业竞争度、金字塔结构和金字塔结构层数和无形资产比重对控制权私利影响公司绩效的过程有加强作用。为了比较不同形态

资产对控制权私利影响公司绩效过程影响程度的不同,本书还筛选出资产种类齐全的企业共 30 家,对不同类型资产对上述过程的影响程度进行了对比。从结果中可知,固定资产、无形资产、商誉和开发支出都对影响过程产生了加强作用,且影响程度依次增大,但是其中无形资产的影响不显著。

大股东控制权私利行为既是全球公认的公司治理难题,也是当前中国公司治理实践的焦点问题。国有控股公司和家族控股公司的大股东在股东会、董事会、经理层乃至关联公司的控制权只是大股东追求控制权私利的客观基础;大股东感知到的控制权私利机会和收益状况是其存在的主观基础;大股东控制权私利与企业绩效间正负相关系的模糊性及动态关联性更增加了大股东控制权私利感知的认知难度与复杂性,使大股东在面临是否追求控制权私利伦理困境时,容易产生认知偏差和非伦理行为;中国转型经济的特殊治理环境又给了大股东较大的行为空间和选择余地,使他们有可能以各种非法或者合法但不合情理的方式追求控制权私利。聚焦于大股东控制权私利行为模式,我们注意到大股东控制权私利的弹性边界,其行为实际上是主体特征与情境因素动态适配的结果,是典型的伦理决策问题。是否追求控制权私利是大股东面临的伦理困境,对伦理困境的认知和判断,对情境因素和侦查概率的感知等会直接影响控制权私利非伦理行为的发生。在此基础上,本书归纳出大股东控制权私利行为的 3 种基本模式:违法违规的"闯红灯模式"、可能并不违规(合法但可能不合理)的"擦边球模式"和形式上并不违规(合乎法律规范和公司治理程序但可能有悖社会伦理"不合情")的"蚕食者模式",并通过多个案例加以解析。

推进大股东控制权私利行为治理,需要我们注意大股东控制权私利行为中的"法、理、情"的纠结,强化公司治理相关法规的刚性约束,严惩各种违法违规的"闯红灯模式"的大股东掏空行为;完善公司治理的法律法规,规范相关行为边界,积极引导大股东遵纪守法,提高大股东伦理决策的道德强度,挤压其机会主义选择的空间,抑制各种合法但可能不合理的"擦边球模式"的大股东控制权私利行为;完善公司法人制度,尊重利益相关者合法权益,强化董事会行为的独立性,提高相关决策的透明度,激励大股东控制权私利与企业绩效的兼容和共享,减少那些合乎法律规范和公司治理程序但可能有悖社会伦理"不合情"的"蚕食者模式"的大股东控制权私利行为。

从根本上说,完善大股东控制权私利行为治理,还需要我们注意现行公司治理框架隐含的股东所有权与公司法人所有权的复合和冲突,合理解读股东权利导向,尊重公司法人所有权的治理逻辑,确立公司是相对独立而又特殊的社会组织的理念,与多方面的利益相关者密切关联,承担广泛的社会责任。以此为基础,强化董事会行为的独立性,构筑董事会与大股东之间的"防火墙",确保董事会以公司利益为重,坚持公司法人所有权导向的治理逻辑和战略决策。而在具体的公司治理规范方面,还可以适当引导股权结构调整,弱化大股东(特别是私人大代表股东)的控股权,形成相对集中但又适当竞争的股权结构,在抑制大股东掠夺的同时又保持股东会的重大决策权以及对于董事会的有效制约;进一步加大外部董事的比例和代表性,强化独立董事的职责,适当控制大股东的直接代理人在董事会的数量,努力使公众公司的董事会真正成为"公众组织";重视董事会伦理决策问题,关注董事会决策的治理成本与社会责任,充分履行说明责任的义务。

第二节 研究不足与展望

控制权私利问题是现代公司金融和公司治理实证研究的核心和重点,而我国对于该领域的研究起步不久,研究内容、视角、方法等方面需要进一步的拓展与改进。由于资料收集的难度的限制,尽管本书对中国上市公司控制权私利的形成机理和影响因素进行了较为详尽的分析,得到了具有一定参考价值的研究结论和政策建议,但本书还存在着较为明显的局限和不足,尚待今后进行深入的探索和研究。

一、控制权私利的度量

在控制权私人收益的度量部分,本书通过梳理已有文献、对比各种度量方法之间的优缺点,选择了一种较为新颖且对研究样本筛选程度低的测量方法,即利用上市公司的两权分离度从侧面反映企业的控制权私利水平。虽然相比常用的测量方法而言,选择的数据样本有所扩大,但由于控制权私人收益的隐蔽性,本书仍然是选择了较为简单且好操作的间接度量方式,并不能具体测量出每家上市公司的控制权私人收益的数值,只能说明上市公司之间相对的控制权私利水平的高低。就相关的学术研究来说,以往研究出现较大分歧的原因可能主要在于制度分析视角下的计量指标难以揭示大股东获取控制权私利的主体行为。在大股东控制权私利行为研究中,对控制权私利的度量是这一研究领域的关键问题。但鉴于大股东掏空行为的难以识别性,攫取控制权私利的隐蔽性,尤其是获取非货币收益的隐蔽性(吴冬梅等,2010),对控制权私利运用直接测量的方法是非常困难的,因而当前大股东掏空行为度量的研究大都是利用间接的方法对其进行度量。本书采取的是以现金流权与控制权的分离度来衡量控制权私利,因为控制权和现金流权的分离是形成掏空的直接动因。未来的一个研究方向可以是,用不同的方法测量大股东控制权私利,分别采用大宗股权转让溢价法、投票权溢价法和大小宗股权配对交易差异法来测量,然后比较其对企业绩效的不同影响,从而角逐出最适合的测量方法。或者也许可以从构建数学模型方面来考虑,探究能够控制权私利的直接度量方法。

二、高管对控制权私利水平的影响

本书选取了高管的政治关联这一特征来说明,探讨了政府作为上市公司的利益相关者之一,会对企业的外部环境以及内部治理结构带来的变化,当高管作为政府和企业的连接人时,能够为企业甚至自身带来的资源,直接将高管政治关联与控制权私人收益联系起来,并且利用实证结果说明了两者之间的关系。但从利益相关者理论出发来研究高管对控制权私人收益的影响,仅对高管的政治关联这一方面进行分析仍然具有一定的局限性,上市公司的发展所处的大环境不仅包括政策环境、制度环境还有行业环境等,供应商、客户和同行业的企业都作为企业的利益相关者而存在,能够为企业以及高管自身带来资源的应该是包括了政治关联在内的高管的整个社会网络,例如,企业高管通过参加各种商会来扩展自己的社会网络而获取更多的资源。同时,本书所提出的衡量政治关联的 3 个变量高管政协信仰、代表身份和政治级别并不能完全代表高管所有的政治关联，高管还能够通过许多其他的方式来加强企业与政府的联系，比如通过参加政府举办的社会公益活动来提高自身在政府的信誉度，这些也都会影响公司的控制权私利水平。

三、内部治理视角和伦理决策视角下控制权私利行为模式研究

这部分研究立足于制度和伦理二维视角，基于机理分析、实证检验和多案例分析，分析了大股东控制权私利的行为模式，虽然在一些方面取得了比较重要的研究结论，但是同时也存在缺陷，是未来进一步研究的主要方向。

第一，在实证研究方面，本书采用的是以股权集中度、股权制衡度、独立董事比例和董事会持股数为调节变量，做调节效应。未来研究可以选择其他的变量来衡量股权结构和公司治理水平做调节或中介效应，或将大股东类型分为国家股、国有法人股、法人股和个人持股，或研究大股东自身特征对控制权私利和企业绩效的影响，比较其中的影响差异。另外，投资者的法律保护环境也是制约大股东掏空的重要因素，未来研究可以考虑加入投资者的法律保护环境的潜在影响。

第二，本书对主体特征与环境适配下的大股东控制权私利行为策略进行了初步的分析，未来研究可以通过实证，以股权特征、素质特征、经历特征等衡量大股东的特征，以董事会特征、委托代理特征、市场压力特征等衡量情境特征，选择样本，通过跨案例分析，对大股东行为进行二次编码，进而归纳处理，对控制权私利行为进行结构化分析，解析大股东控制权私利行为背后的变量结构。

第三，在伦理决策视角下，普通的实证研究不能深入分析，本书采用的是多案例方法进行验证。未来可取的研究方法是实验研究方法。徐细雄等（2006）指出实验研究方法的优势在于外界环境得到控制的情况下，研究特定变量之间的关系。Dyck et al.（2004b）认为只有当控股股东攫取公司资源来获得个人收益的行为非常困难或者不可能度量时，控制性股东才会这么做，如果控制权私利很容易度量，那么这些收益就不是私人的，因为外部股东可以通过法律手段来要求补偿这部分损失。这样的研究结论实际上也印证了我们的研究，是否追求控制权私利是大股东面临的伦理困境，对伦理困境的认知和判断、对情境因素和侦查概率的感知等

会直接影响控制权私利非伦理行为的发生。因此,我们可以基于伦理决策的视角去研究大股东控制权私利行为模式。进一步,我们还应该注意到,解析大股东控制权私利行为的核心问题在于描述大股东控制权私利伦理决策的心理过程以及由此形成的行为策略,因而可以借鉴策略性实验(Camerer,2003)的方法。这种方法受到中国管理情境的限制,缺乏具有中国本土特征的实验方案以及研究参照。本书的后续研究将继续关注大股东控制权私利行为,借鉴策略性实验方法,设计符合中国管理情境的实验方案并进行多维实证,推进大股东控制权私利行为的伦理决策过程研究。我们期望这样的研究思路得到更多同行的关注,产生更有针对性的研究成果,特别是能够结合不同政策工具和治理手段的预警机制和对策建议。

后　记

　　本书稿的完成可以说是我们研究团队磨合的产物,团队的磨合赋予这本书生命,而这本书的形成同样见证了研究团队的成长,成长实属不易。本研究最初的灵感来源于对全球金融危机下,高管依然获得丰厚的私人收益,并且这种收益大多是在合法的制度框架下的思考。在随后的深入研究中,作者进一步意识到控制权私人收益的影响并不全是负面的,它也体现出激励效应,在经济发展中表现出"两面性",并且在当时,关于控制权私人收益对企业绩效的影响机理的研究还是过于表面,亟待深入,因此,这种两面性和表面性让我们开始重新审视对控制权私人收益这一领域的研究。

　　基于上述背景,在选取典型企业调研之后,我们拟定了研究的基本框架、基本路径、理论视角和具体内容,即解析影响控制权私人收益的内外部因素、说明控制权私人收益形成机制的合理边界、剖析控制权私人收益对企业绩效和公司治理绩效的传导机制,并且在和团队其他老师及同学的沟通讨论后,又加入对我国上市公司的实证研究,进一步揭示控制权结构、控制权配置与控制权效率的关系。

　　随着研究的不断深入,团队成员之间的配合也越来越默契,每一次的团队讨论都会出现一些新颖的想法和构思,虽然这些想法和构思不一定都是成熟的,最终也不一定能够作为研究成果体现出来,但不可否认,其在一定程度上对研究思路的拓宽起到了很大的推动作用,研究也在否定之否定的过程中得到不断的锤炼和提升。不管是作者个人还是研究团队的成员,自身的学术能力和素质也都在不断提升。

　　感谢我的学生曲亮、林仙云、陈东华、朱炎娟、甘甜、李红梅、萧艺、王路、吴芳颖,他们为本书稿的完成付出了很大的心血及努力,最后要感谢我的研究团队,以及在调研过程中给予友好配合和帮助的所有朋友,是你们的付出与帮助才能让本书稿顺利完成,希望本书能为我国控制权私人收益领域研究的发展略尽绵薄之力。

郝云宏

2014 年 11 月

参 考 文 献

[1] 安烨,钟廷勇.2011.股权集中度、股权制衡与公司绩效关联性研究——基于中国制造业上市公司的实证分析[J].东北师大学报,(6):46—52.

[2] 白重恩,刘俏,陆洲,等.2005.中国上市公司治理结构的实证研究[J].经济研究,(2):81—91.

[3] 曹国华,林川.2012.基于股东侵占模型的大股东减持行为研究[J].审计与经济研究,27(5):97—104.

[4] 曹廷求,王倩,钱先航.2009.完善公司治理确实能抑制大股东的控制私利吗[J].南开管理评论,12(1):18—26.

[5] 曹裕,陈晓红,万光羽.2010.控制权,现金流权与公司价值——基于企业生命周期的视角[J].中国管理科学,18(3):185—192.

[6] 柴亚军,王志刚.2012.股权分置改革后 IPO 抑价与大股东减持行为研究[J].管理学报,9(2):309—314.

[7] 陈德萍,陈永圣.2011.股权集中度、股权制衡度与公司绩效关系研究——2007—2009 年中小企业板块的实证检验[J].会计研究,(1):38—43.

[8] 陈冬华,陈信元,万华林.2005.国有企业中的薪酬管制与在职消费[J].经济研究,(2):92—101.

[9] 陈海声,梁喜.2010.投资者法律保护、两权分离与资金占用——来自中国 2006 年度公司法调整前后的并购公司数据[J].南开管理评论,13(5):53—60.

[10] 陈红,杨凌霄.2012.金字塔股权结构、股权制衡与终极股东侵占

[J].投资研究,31(3):101—113.

[11] 陈小悦,徐晓东.2001.股权结构、企业绩效与投资者利益保护[J].经济研究,(11):3—11.

[12] 丛春霞.2004.我国上市公司董事会设置与公司经营业绩的实证研究[J].管理世界,(11):142—143.

[13] 邓德强,谭婕.2007.控制权私人收益计量模型:剖析与应用[J].上海立信会计学院学报,21(1):48—55.

[14] 邓建平,曾勇.2004.大股东控制和控制权私人利益研究[J].中国软科学,(10):50—58.

[15] 邓建平,曾勇.2009.政治关联能改善民营企业的经营绩效吗?[J].中国工业经济,(2):98—108.

[16] 窦炜,刘星.2010.基于控制权私有收益视角的大股东控制与公司治理理论研究综述[J].经济与管理研究,(2):119—128.

[17] 杜莹,刘立国.2002.股权结构与公司治理效率:中国上市公司的实证分析[J].管理世界,(11):124—133.

[18] 段云,王福胜,王正位.2011.多个大股东存在下的董事会结构模型及其实证检验[J].南开管理评论,14(1):54—64.

[19] 冯根福,赵珏航.2012.管理者薪酬、在职消费与公司绩效——基于合作博弈的分析视角[J].中国工业经济,(6):147—158.

[20] 高雷,何少华,黄志忠.2006.公司治理与掏空[J].经济学:季刊,5(4):1157—1178.

[21] 高雷,宋顺林.2007.掏空、财富效应与投资者保护——基于上市公司关联担保的经验证据[J].中国会计评论,5(1):21—42.

[22] 高雷,张杰.2009.公司治理、资金占用与盈余管理[J].金融研究,(5):121—140.

[23] 高明华,马守莉.2002.独立董事制度与公司绩效关系的实证分析——兼论中国独立董事有效行权的制度环境[J].南开经济研究,(2):64—68.

[24] 高楠,马连福.2011.股权制衡、两权特征与公司价值——基于中国民营上市公司的实证研究[J].经济与管理研究,(11):24—29.

[25] 高友才,刘孟晖.2012.终极控制人股权特征与公司投融资策略研

究——来就中国制造业上市公司的经验证据[J].中国工业经济,
(7):96—108.

[26] 谷祺,邓德强,路倩.2006.现金流权与控制权分离下的公司价
值——基于我国家族上市公司的实证研究[J].会计研究,(4):
30—36.

[27] 郭剑花.2012.薪酬安排在高管政治关联发挥作用中的治理功能考
察——基于政治关联"双刃剑"效应的研究[J].现代财经,(7):
86—95.

[28] 韩德宗,叶春华.2004.控制权收益的理论与实证研究[J].统计研
究,(2):42—46.

[29] 郝颖,刘星,林朝南.2009.大股东控制下的资本投资与利益攫取研
究[J].南开管理评论,12(2):98—106.

[30] 郝颖,刘星,林朝南.2009.基于不同形态投资的控制权私利攫取研
究前沿探析[J],外国经济与管理,31(6):52—57.

[31] 郝云宏,林仙云,曲亮.2012.控制权私利研究演进脉络分析:制度、
行为与伦理决策[J].社会科学战线,(12):42—46.

[32] 何大安.2008.我国公司的组织治理与市场治理[J].经济学家,(4):
65—72.

[33] 何大安.2010.公司治理结构与制度安排约束——从委托代理和契
约联结之两层面的理论解说[J].浙江学刊,(3):165—172.

[34] 何苦,邵鹏斐.2011.基于博弈论分析国有企业隧道效应[J].财会月
刊,(8):12—14.

[35] 洪功翔.2001.不同体制下企业经理人员控制权收益比较[J].经济
问题,(6):34—36.

[36] 侯晓红.2008.掏空、支持与上市公司经营业绩关系研究[J].商业研
究,(6):15—21.

[37] 侯晓红,李琦,罗炜.2008.大股东占款与上市公司盈利能力关系研
究[J].会计研究,(6):77—96.

[38] 胡旭阳.2004.上市公司控制权私人收益及计量——以我国国有股
权转让为例[J].财经论丛,(3):46—50.

[39] 胡旭阳.2006.民营企业家的政治身份与民营企业的融资便利——

以浙江省民营百强企业为例[J].管理世界,(5):107—113.

[40] 胡永平,张宗益.2009.高管的政治关联与公司绩效:基于国有电力生产上市公司的经验研究[J].中国软科学,(6):128—137.

[41] 黄本多,干胜道.2009.股权制衡、自由现金流量与过度投资研究[J].商业研究,(9):132—134.

[42] 黄木花.2009.金字塔结构下控制权、现金流权与公司绩效——基于我国民营上市公司面板数据的实证分析[D].北京:中国人民大学.

[43] 黄志忠.2006.股权比例、大股东"掏空"策略与全流通[J].南开管理评论,9(1):58—65.

[44] 贾明,张喆,万迪.2007.控制权私人收益相关研究综述[J].会计研究,(6):86—96.

[45] 贾明,张喆,万迪.2008.终极控制权结构下上市公司实际控制人治理行为[J].系统工程理论与实践,(12):1—18.

[46] 姜国华,岳衡.2005.大股东占用上市公司资金与上市公司股票回报率关系的研究[J].管理世界,(9):119—126.

[47] 姜锡明,刘西友.2009.治理环境、股权特征与控制权私有收益——来自我国上市公司的经验证据[J].经济管理,31(4):70—76.

[48] 蒋神州.2011.关系差序偏好、董事会羊群行为与掏空[J].南方经济,(9):3—16.

[49] 角雪岭.2007.金字塔持股、终极控制权配置与公司绩效——基于中国上市公司的实证研究[D].广州:暨南大学.

[50] 金煜,梁捷.2003.行为的经济学实验:个人、市场和组织的观点[J].世界经济文汇,(5):66—81.

[51] 雷星晖,王寅.2011.我国家族上市公司控制权私人收益的影响因素研究[J].经济与金融,23(4):11—17.

[52] 李常青,赖建清.2004.董事会特征影响公司绩效吗?[J].金融研究,(5):64—77.

[53] 李传宪,何益闯.2012.大股东制衡机制与定向增发隧道效应研究[J].商业研究,(3):132—138.

[54] 李建标,巨龙,李政,等.2009.董事会里的"战争"——序贯与惩罚机制下董事会决策行为的实验分析[J].南开管理评论,12(5):

70—76.

[55] 李明辉.2009.股权结构、公司治理对股权代理成本的影响——基于中国上市公司 2001—2006 年数据的研究[J].金融研究,(2):149—168.

[56] 李善民,王德友,朱滔.2006.控制权和现金流权的分离与上市公司绩效[J].中山大学学报,46(6):83—91.

[57] 李善民,张媛春.2007.控制权利益与专有管理才能:基于交易视角的分析[J].中国工业经济,(5):48—55.

[58] 李姝,叶陈刚,瞿睿.2009.重大资产收购关联交易中的大股东"掏空"行为研究[J].管理学报,6(4):513—519.

[59] 李维安,孙文.2007a.董事会治理对公司绩效累积效应的实证研究——基于中国上市公司的数据[J].中国工业经济,(2):77—84.

[60] 李维安,王世权.2007b.利益相关者治理理论研究脉络及其进展探析[J].外国经济与管理,29(4):10—17.

[61] 李维安,徐业坤.2012.政治关联形式、制度环境与民营企业生产率[J].管理科学,25(2):1—12.

[62] 李延坤.2011.终极控股股东控制权、现金流权分离与公司价值关系的实证研究[D].济南:山东大学.

[63] 李增泉,孙铮,王志伟.2004."掏空"与所有权安排——来自我国上市公司大股东资金占用的经验证据[J].会计研究,(12):3—14.

[64] 连燕玲,贺小刚,张远飞,等.2012.危机冲击、大股东"管家角色"与企业绩效[J].管理世界,(9):142—155.

[65] 梁莱歆,冯延超.2010.民营企业政治关联、雇员规模与薪酬成本[J].中国工业经济,(10):127—137.

[66] 林朝南,刘星,郝颖.2006.行业特征与控制权私利:来自中国上市公司的经验证据[J].经济科学,2006(3):61— 72.

[67] 林大庞,苏东蔚.2011.股权激励与公司业绩——基于盈余管理视角的新研究[J].金融研究,(9):162—177.

[68] 刘峰,贺建刚.2004.股权结构和大股东利益实现方式的选择——中国资本市场利益输送的初步研究[J].中国会计评论,2(1):141—158.

[69] 刘慧龙,张敏,王亚平,等.2010.政治关联、薪酬激励与员工配置效率[J].经济研究,(9):109—121.

[70] 刘建民,刘星.2005.上市公司关联交易与盈余管理实证研究[J].当代财经,(9):12—35.

[71] 刘睿智,王向阳.2003.我国上市公司控制权私有收益的规模研究[J].华中科技大学学报,(3):86—90.

[72] 刘少波.2007.控制权收益悖论与超控制权收益——对大股东侵害小股东的一个新的理论解释[J].经济研究,(2):85—96.

[73] 刘星,刘理,豆中强.2010.控股股东现金流权、控制权与企业资本配置决策研究[J].中国管理科学,18(12):147—154.

[74] 刘星,徐光伟.2012.政府管制、管理层权力与国企高管薪酬刚性[J].经济科学,(1):86—102.

[75] 刘亚莉,李静静.2010.大股东减持、股权转让溢价与控制权私利[J].经济问题探索,(8):92—98.

[76] 柳建华,魏明海,郑国坚.2008.大股东控制下的关联投资:"效率促进"抑或"转移资源"[J].管理世界,(3):133—187.

[77] 卢锐,魏明海,黎文靖.2008.管理层权力、在职消费与产权效率——来自中国上市公司的证据[J].南开管理评论,11(5):85—92.

[78] 罗党论,黄琼宇.2008.民营企业的政治关系与企业价值[J].管理科学,21(6):21—28.

[79] 罗党论,刘晓龙.2009.政治关系、进入壁垒与企业绩效——来自中国民营上市公司的经验证据[J].管理世界,(5):97—106.

[80] 罗进辉,万迪昉.2010.大股东持股对公司价值影响的区间特征[J].数理统计与管理,29(6):1084—1094.

[81] 罗进辉,万迪昉.2011.控股股东的控制权私人收益:理论模型与经验证据[J].系统工程理论与实践,31(2):229—238.

[82] 马磊,徐向艺.2007.中国上市公司控制权私有收益实证研究[J].中国工业经济,(5):56—63.

[83] 马曙光,黄治忠,薛云奎.2005.股权分置、资金侵占与上市公司现金股利政策[J].会计研究,(9):44—50.

[84] 马晓维,苏忠秦,曾琰,等.2010.政治关联、企业绩效与企业行为的

研究综述[J].管理评论,22(2):3—10.

[85] 潘红波,夏新平,余明桂.2008.政府干预、政治关联与地方国有企业并购[J].经济研究,4(4):41—52.

[86] 潘红波,余明桂.2010.政治关系、控股股东利益输送与民营企业绩效[J].南开管理评论,13(4):14—27.

[87] 潘越,戴亦一,李财喜.2009.政治关联与财务困境公司的政府补助——来自中国 ST 公司的经验证据[J].南开管理评论,12(5):6—17.

[88] 彭白颖.2011.控制权、现金流权与公司价值——基于中国民营上市公司的证据[J].财会通讯:综合,(1):91—93.

[89] 秦晓.2003.组织控制、市场控制:公司治理结构的模式选择和制度安排[J].管理世界,(4):1—8.

[90] 青木昌彦.1994.对内部人控制的控制:转轨经济中公司治理的若干问题[J].改革,(6):11—24.

[91] 曲亮,任国良.2012.高管政治关系对国有企业绩效的影响——兼论国有企业去行政化改革[J].经济管理,34(1):50—59.

[92] 屈文洲,蔡志岳.2007.我国上市公司信息披露违规的动因实证研究[J].中国工业经济,(4):96—103.

[93] 权小峰,吴世农,文芳.2010.管理层权力、私有收益与薪酬操纵[J].经济研究,(11):73—87.

[94] 饶育蕾,张媛,彭叠峰.2008.股权比例、过度担保与隐蔽掏空——来自我国上市公司对子公司担保的证据[J].南开管理评论,11(1):31—38.

[95] 申尊焕.2005.大股东合作与竞争关系的一个博弈分析[J].商业经济与管理,160(2):75—79.

[96] 沈艺峰,况学文,聂亚娟.2008.终极控股股东超额控制与现金持有量价值的实证研究[J].南开管理评论,11(1):15—23.

[97] 施东晖.2003.上市公司控制权价值的实证研究[J].经济科学,(6):83—89.

[98] 石水平.2010.控制权转移、超控制权与大股东利益侵占——来自上市公司高管变更的检验证据[J].金融研究,(4):160—176.

［99］苏启林,朱文.2003.上市公司家族控制与企业价值［J］.经济研究,
　　　　(8):36—45.

［100］覃家琦.2010.法人独立、公司价值分离与大股东隧道挖掘［J］.管
　　　　理评论,22(4):87—95.

［101］谭劲松.2003.控制权收益与股利政策［J］.会计之友,(12):
　　　　14—15.

［102］唐清泉,罗党论,王莉.2005.大股东的隧道挖掘与制衡力量:来自
　　　　中国市场的经验证据［J］.中国会计评论,3(1):63—84.

［103］唐跃军,李维安.2009.大股东对治理机制的选择偏好研究——基
　　　　于中国公司治理指数(CCGI^{NK})［J］.金融研究,(6):72—85.

［104］唐跃军,宋渊洋,金立印,等.2012.控股股东卷入、两权偏离与营销
　　　　战略风格——基于第二类代理问题和终极控制权理论的视角［J］.
　　　　管理世界,(2):82—95.

［105］唐跃军,谢仍明.2006.股份流动性、股权制衡机制与现金股利的隧
　　　　道效应——来自 1999—2003 年中国上市公司的证据［J］.中国工
　　　　业经济,(2):120—128.

［106］唐宗明,蒋位.2002.中国上市公司大股东侵害度实证分析［J］.经
　　　　济研究,(4):44—52.

［107］唐宗明,余颖,俞乐.2005.我国上市公司控制权私人收益的经验研
　　　　究［J］.系统工程理论方法应用,14(6):509—513.

［108］田立军,宋献中.2011.产权性质、控制权和现金流权分离与企业投
　　　　资行为［J］.经济与管理研究,(11):68—76.

［109］佟岩.2010.控股股东影响关联交易的博弈分析［J］.经济与管理研
　　　　究,(2):25—30.

［110］佟岩,陈莎莎.2010.企业生命周期视角下的股权制衡与企业价值
　　　　［J］.南开管理评论,13(1):108—115.

［111］王克敏,姬美光,李薇.2009.公司信息透明度与大股东资金占用研
　　　　究［J］.南开管理评论,12(4):83—91.

［112］王雷,党兴华,杨敏利.2010.两权分离度、剩余控制权、剩余索取权
　　　　与公司绩效——基于两类国有上市公司的实证研究［J］.管理评
　　　　论,22(9):24—35.

[113] 王力军,童盼.2008.民营上市公司控制类型、多元化经营与企业绩效[J].南开管理评论,11(5):31—39.

[114] 王亮,姚益龙.2011.后股权分置时期大股东会减少"掏空"行为吗?[J].财贸研究,(1):110—118.

[115] 王良成,陈汉文,向锐.2010.我国上市公司配股业绩下滑之谜:盈余管理还是掏空?[J].金融研究,(10):172—186.

[116] 王鹏,周黎安.2006.控股股东的控制权、所有权与公司绩效:基于中国上市公司的证据[J].金融研究,(2):88—98.

[117] 王维钢,谭晓雨.2010.大股东控制权争夺的利益博弈分析[J].开放导报,(3):93—96.

[118] 王志强,张玮婷,林丽芳.2010.上市公司定向增发中的利益输送行为研究[J].南开管理评论,13(3):109—116.

[119] 翁健英.2011.大股东资金占用、业绩困境与盈余管理[J].上海立信会计学院学报,(3):25—33.

[120] 吴冬梅,庄新田.2010.所有权性质、公司治理与控制权私人收益[J].管理评论,22(7):53—60.

[121] 吴红军,吴世农.2009.股权制衡、大股东掏空与企业价值[J].经济管理,31(3):44—52.

[122] 吴红梅.2011.提升商业人员伦理决策能力的理论与实践:中美比较[J].企业活力,(2):48—51.

[123] 吴敬琏.2001.控股股东行为与公司治理[J].中国审计,(8):23—24.

[124] 吴淑琨.2002.股权结构与公司绩效的"U"形关系研究——1997—2000年上市公司的实证研究[J].中国工业经济,(1):80—87.

[125] 吴文峰,吴冲锋,刘晓薇.2008.中国民营上市公司高管的政府背景与公司价值[J].经济研究,(7):130—141.

[126] 吴文峰,吴冲锋,芮萌.2009.中国上市公司高管的政府背景与税收优惠[J].管理世界,(3):134—142.

[127] 吴育辉,吴世农.2010.股票减持过程中的大股东掏空行为研究[J].中国工业经济,(5):121—130.

[128] 夏立军,方轶强.2005.政府控制、治理环境与公司价值——来自中

国证券市场的经验证据[J].经济研究,(5):40—51.

[129] 肖迪.2010.资金转移、关联交易与盈余管理——来自中国上市公司的经验证据[J].经济管理,32(4):118—128.

[130] 谢德仁.2005.独立董事:代理问题之一部分[J].会计研究,(2):39—45.

[131] 谢军.2007.第一大股东持股和公司价值:激励效应和防御效应[J].南开管理评论,10(1):21—25.

[132] 徐菁,黄珺.2009.大股东控制权收益的分享与控制机制研究[J].会计研究,(8):49—53.

[133] 徐莉萍,辛宇,陈工孟.2006.股权集中度和股权制衡及其对公司经营绩效的影响[J].经济研究,(1):90—100.

[134] 徐细雄,淦未宇,万迪昉.2008.控制权私人收益研究前沿探析[J].外国经济与管理,30(6):1—7.

[135] 徐细雄,万迪昉.2006.行为公司治理:基于行为理论的公司治理研究新思路[J].经济问题探索,(8):130—135.

[136] 徐向艺,张立达.2008.上市公司股权结构与公司价值关系研究——一个分组检验的结果[J].中国工业经济,(4):102—109.

[137] 颜爱民,马箭.2013.股权集中度、股权制衡对企业绩效影响的实证研究——基于企业生命周期的视角[J].系统管理学报,22(3):385—393.

[138] 杨继国,黄丽君.2010.股价溢价、控制权私利与控制性侵害行为[J].黑龙江社会科学,(3):39—43.

[139] 杨淑娥,王映美.2008.大股东控制权私有收益影响因素研究——基于股权特征和董事会特征的实证研究[J].经济与管理研究,(3):30—35.

[140] 叶会,李善民.2011.大股东地位、产权属性与控制权利益获取——基于大宗股权交易视角的分析[J].财经研究,37(9):134—144.

[141] 叶康涛,陆正飞,张志华.2007.独立董事能否抑制大股东的"掏空"[J].经济研究,(4):101—111.

[142] 叶康涛.2003.公司控制权的隐性收益——来自中国非流通股转让市场的研究[J].经济科学,(5):61—65.

[143] 尹筑嘉,文凤华,杨晓光.2010.上市公司非公开发行资产注入行为的股东利益研究[J].管理评论,22(7):17—26.

[144] 余明桂,潘红波.2008.政治关系、制度环境与民营企业银行贷款[J].管理世界,(8):9—21.

[145] 余明桂,夏新平,潘红波.2006.控制权私有收益的实证分析[J].管理科学,19(3):27—33.

[146] 俞红海,徐龙炳,陈百助.2010.终极控股股东控制权与自由现金流过度投资[J].经济研究,(8):103—114.

[147] 岳衡.2006.大股东资金占用与审计师的监督[J].中国会计评论,4(1):23—24.

[148] 张光荣,曾勇.2006.大股东的支撑行为与隧道行为——基于托普软件的案例研究[J].管理世界,(8):126—135.

[149] 张维迎.2011.博弈论与信息经济学[M].上海:格致出版社.

[150] 张祥建,徐晋.2007.大股东控制的微观结构、激励效应与堑壕效应——国外公司治理前沿研究的新趋势[J].证券市场导报,(10):33—41.

[151] 张祥建,徐晋.2005.股权再融资与大股东控制的"隧道效应"——对上市公司股权再融资偏好的再解释[J]. 管理世界,(11):127—136.

[152] 张学洪,章仁俊.2010.金字塔结构下控制权、现金流权偏离与隧道行为[J].经济经纬,(4):98—102.

[153] 张学洪,章仁俊.2011.大股东持股比例、投资者保护与掏空行为——来自我国沪市民营上市公司的实证研究[J].经济经纬,(2):76—81.

[154] 张兆国,闫炳乾,何威风.2009.资本结构治理效应:中国上市公司的实证研究[J].南开管理评论,9(5):22—27.

[155] 章新蓉,杨璐.2009.基于多个大股东博弈的最优股权结构分析[J].上海经济研究,(4):73—76.

[156] 赵玉芳,余志勇,夏新平,等.2011.定向增发、现金分红与利益输送——来自我国上市公司的经验证据[J].金融研究,(11):153—166.

[157] 郑国坚.2009.基于效率观和掏空观的关联交易与盈余质量关系研究[J].会计研究,(10):68—76.

[158] 郑建明,范黎波,朱媚.2007.关联担保、隧道效应与公司价值[J].中国工业经济,(5):64—70.

[159] 周建,李小青,金媛媛,等.2011.基于多理论视角的董事会——CEO关系与公司绩效研究述评[J].外国经济与管理,33(7):49—57.

[160] 周龙杰.2005.论公司相互持股与公司治理结构[J].长春理工大学学报,18(2):41—43.

[161] 朱红军,汪辉.2004."股权制衡"可以改善公司治理吗?——宏智科技股份有限公司控制权之争的案例研究[J].管理世界,(10):114—123.

[162] ADAMS R, FERREIRA D. 2008. One share-one vote: the empirical evidence [J]. Review of Finance, 12(1):51—91.

[163] ADHIKARI A, DERASHID C, ZHANG H. 2006. Public policy, political connections, and effective tax rates: longitudinal evidence from Malaysia [J]. Journal of Accounting and Public Policy, 25(5):574—595.

[164] AGHION P, BOLTON P. 1992. An incomplete contract approach to financial contracting [J]. Review of Economic Studies, 59(3):473—494.

[165] ALBANESE R, DACIN M T, HARRIS I C. 1997. Agents as stewards [J]. The Academy of Management Review, 22(3):609—611.

[166] ALEXANDER D, LUIGI Z. 2004. Private benefits of control: an international comparison [J]. The Journal of Finance, 59(2):537—600.

[167] ALI B. 2010. Ownership structure and financial performance: an ISE case [J]. Ekonomi Bilimleri Dergisi, 2(2):11—20.

[168] ALMEIDA H, CAMPELLO M, WEISBACH M S. 2004. The cash flow sensitivity of cash [J]. Journal of Finance, 59(4):

1777—1804.

[169] ATANASOV V. 2005. How much value can blockholders tunnel? Evidence from the Bulgarian mass privatization auctions [J]. Journal of Financial Economics, 76(1):191—234.

[170] BAE K H, KANG J K, KIM J M. 2002. Tunneling or value added? Evidence from mergers by Korean business groups [J]. Journal of Finance, 57(6):2695—2740.

[171] BAI C, LIU Q, SONG F. 2002. The value of corporate control: evidence from China's distressed firms[R]. University of Hong Kong, Working Paper.

[172] BANDURA A. 2002. Selective moral disengagement in the exercise of moral agency [J]. Journal of Moral Education, 31(2): 101—119.

[173] BARCLAY M J, HOLDERNESS C G. 1989. Private benefits of control of public corporations [J]. Journal of Financial Economics, 25(2): 371—395.

[174] BENNEDSEN M, WOLFENZON D. 2000. The balance of power in closely held corporations [J]. Journal of Financial Economics, 58(1—2):113—139.

[175] BERLE A J, MEANS G C. 1932. The modern corporation and private property [M]. New York: MacMillan.

[176] BLAIR M. 1995. Ownership and control: rethinking corporate governance for the twenty—first century [M]. Challenge:62—64.

[177] CAMERER C. 2003. Behavioral game theory: experiments on strategic interaction [M]. Princeton: Princeton University Press, NJ.

[178] CLAESSENS S, DJANKOV S, FAN J, LANG L. 2002. Disentangling the incentive and entrenchment effects of large shareholders [J]. Journal of Finance, 57(6):2741—2771.

[179] CLAESSENS S, DJANKOV S, LANG L. 2000. The separation of ownership and control in East Asian corporations [J]. Journal

of Financial Economics，58(1—2)：81—112.

[180] COASE R H. 1937. The nature of the firm [J]. Economics，4 (16)：386—405.

[181] DACIN M T，ALBANESE R，HARRIS I C. 1997. Agents as stewards[J]. Academy of Management Review，22(3)：609—611

[182] DEMSETZ H，LEHN K. 1985. The structure of corporate ownership：causes and consequences [J]. Journal of Political Economy，93(6)：1155—1177.

[183] DEWATRIPONT M，TIROLE J. 1994. A theory of debt and equity：diversity of securities and manager—shareholder congruence [J]，The Quarterly Journal of Economics，109(4)：1027—1054.

[184] DIANE K，DENIS，MCCONNELL J. 2003. International corporate governance [J]. Journal of Financial and Quantitative Analysis，38(1)：1—36.

[185] DOIDGE C. 2004. U.S. cross-listings and the private benefits of control：evidence from dual-class firms [J]. Journal of Financial Economics，72(3)：519—553.

[186] DURNEV A，KIM E H. 2005. To steal or not to steal：firm attributes，legal environment，and valuation [J]. The Journal of Finance，60(3)：1461—1493.

[187] DYCK A，ZINGALES L. 2004a. Control premiums and the effectiveness of corporate governance systems [J]. Journal of Applied Corporate Finance，16(2— 3)：51—72.

[188] DYCK A，ZINGALES L. 2004b. Private benefits of control：an international comparison [J]. Journal of Finance，59(2)：537—600.

[189] EHRHARDT O，NOWAK E. 2003. Private benefits and minority shareholder expropriation[R]，Humboldt University，Working Paper.

[190] FAMA E F，JENSEN M C. 1983. Separation of ownership and

control [J]. Journal of Law and Economics, 26(2): 301—325.

[191] FISMAN R. 2001. Estimating the value of political connections [J]. The American Economic Review, 91(4), 1095—1102.

[192] FREEMAN E. 1984. Strategic management: a stakeholder approach [M]. Boston: Pitman.

[193] FRIEDMAN E, JOHNSON S, MITTON T. 2003. Propping and tunneling [J]. Journal of Comparative Economics, 31 (4): 732—750.

[194] GINO F, SHU L, BAZERMAN M H. 2010. Nameless + harmless = blameless: when seemingly irrelevant factors influence judgment of (un)ethical behavior [J]. Organizational Behavior and Human Decision Processes, 111(2):93—101.

[195] GIOVANNA N, ALESSANDRO S. 2000. Private benefits, block transaction premia, and ownership structure [R]. University of Turin, Working Paper.

[196] GIOVANNA N, ALESSANDRO S. 2004. Private benefits, block transaction premiums and ownership structure [J]. International Review of Financial Analysis, 13(2):227—244.

[197] GOMES A, NOVAES W. 2002. Multiple large shareholders and corporate governance [R]. University of Hong Kong, Working Paper.

[198] GROSSMAN S J, HART O D. 1980. Takeover bids, the free rider problem, and the theory of the corporation [J]. Bell Journal of Economics, 11 (1):42—64.

[199] GROSSMAN S J, HART O D. 1988. One share-one vote and the market for corporate control [J]. Journal of Financial Economics, 20(1—2):175—202.

[200] GROSSMAN S J, SANFORD J, HART O D. 1986. The costs and benefits of ownership: a theory of vertical and lateral integration [J]. Journal of Political Economy, 94(4):691—719.

[201] HANOUNA P, SARIN A, SHAPIRO A C. 2001. Value of

corporate control: some international evidence [R]. USC Finance & Business Economics. Working paper.

[202] HANOUNA P, SARIN A, SHAPIRO A C. 2002. Value of corporate control: some international evidences [R]. Marshall School, Working Paper.

[203] HANOUNA P, ATULYA S, SHAPIRO A C. 2013. Value of corporate control: some international evidences [J]. Journal of Investment Management, 11(3):78—99.

[204] HART O. 2001. Financial contracting [J]. Journal of Economic Literature, 39 (4):1079—1100.

[205] HART O, MOORE J. 1990. Property rights and nature of the firm [J]. Journal of Political Economy. 98(6):1119—1158.

[206] HEALY P M, PALEPU K G. 2001. Information asymmetry, corporate disclosure, and the capital markets: a review of the empirical disclosure literature [J]. Journal of Accounting and Economics, 31(1—3):405—440.

[207] HEITOR A, MURILLO C, MICHAEL S W. 2004. The cash flow sensitivity of cash [J]. Journal of Finance, 59 (4): 1777—1804.

[208] HOLDERNESS C G. 2003. A survey of blockholders and corporate control [J]. Economic Policy Review, 9(1): 51—64.

[209] HYUN C L. 2004. The hidden costs of private benefits of control: value shift and efficiency [J]. The Journal of Corporation Law, 29(4):719—734.

[210] JENSEN M C, MECKLING W H. 1976. Theory of the firm: managerial behavior, agency costs and ownership structure [J]. Journal of Financial Economics, 3(4):305—360.

[211] JOHNSON J L, DAILY C M, ELLATRAND A E. 1996. Boards of directors: a review and research agenda [J]. Journal of Management, 22(3):409—438.

[212] JOHNSON S, LA PORTA R, SHLEIFER A, et al. 2000. Tunneling

[J]. The American Economic Review, 90 (2): 22—27.

[213] JONES T M. 1991. Ethical decision making by Individuals in organizations: an issue-contingent model [J]. Academy of Management Review, 16(2):366—395.

[214] KARL V L. 2003. Equity ownership and firm value in emerging markets [J]. Journal of Financial and Quantitative Analysis, 38 (1):159—184.

[215] KLEIN B, GRAEFORD R G, ALICHIAN A A. 1978. Vertical integration, appropriate rents, and the competitive contracting process [J]. Journal of Law and Economics, 21(2):297—326.

[216] KLIEN P. 1999. New institutional economics [M]. Bouckeart B, GEEST G D (eds.), Encyclopedia of Law and Economics, Cheltenham: Edward Elgar.

[217] KNIGHT, JACK. 1992. Institutions and social conflicts [M]. New York: Cambridge University Press.

[218] LA PORTA R, LOPESZ-DE-SLANES F. 1999. The benefits of privatization: evidence from Mexico [J]. The Quarterly Journal of Economics, 114(4):1193—1242.

[219] LA PORTA R, LOPEZ-DE-SILANES F, SHLEIFER A. 1999. Corporate ownership around the world [J]. Journal of Finance, 54 (2):471—517.

[220] LA PORTA R, LOPES-DE-SILANES F, SHLEIFER A, et al. 1997. Legal determinants of external finance [J]. Journal of Finance, 52(3):1131—1150.

[221] LA PORTA R, LOPES-DE-SILANES F, SHLEIFER A, et al. 1998. Law and finance [J]. Journal of Political Economy, 106 (6): 1113—1155.

[222] LA PORTA R, LOPES-DE-SILANES F, SHLEIFER A, et al. 1999a. Investor protection and corporate governance [J]. Journal of Financial Economics, 58(1—2):3—27.

[223] LA PORTA R, LOPEZ-DE-SLILANES F, SHLEIFER A, et al.

1999b. The quality of government [J]. Journal of Law，15(1)：222—279.

[224] LA PORTA R，LOPES-DE-SILANES F，SHLEIFER A，et al. 2000. Agency problems and dividend policies around the world [J]. Journal of Finance，55(1)：1—33.

[225] LA PORTA R，LOPES-DE-SILANES F，SHLEIFER A，et al. 2002. Investor protection and corporate valuation [J]. Journal of Finance，57 (3)：1147—1170.

[226] LEASE R C，MCCONNELL J J，MIKKELSON W H. 1983. The market value of control in publicly traded corporations [J]. Journal of Financial Economics，11(1—4)：439—471.

[227] LEASE R C，MCCONNELL J J，MIKKELSON W H. 1984. The market value of differential voting rights in closely held corporations [J]. Journal of Business，57(4)：443—467.

[228] LI H Y，ZHANG Y. 2007. The role of managers' political networking and functional experience in new venture performance：evidence from China's transition economy [J]. Strategic Management Journal，28(8)：791—804.

[229] LOE T W，FERRELL L，MANSFIELD P. 2000. A review of empirical studies assessing ethical decision making in business [J]. Journal of Business Ethics，25(3)：185—204.

[230] MCCONNELL J J，SERVAES H. 1990. Additional evidence on equity ownership and corporate value [J]. Journal of Financial Economics，27(2)：595—612.

[231] MCLAUGHIN R，SAFIEDDINE A，VASUDEVAN G K. 1998. The information content of corporate offerings of seasoned securities：an empirical analysis [J]. Journal of the Financial Management Association，27(2)：31—45.

[232] MICHAEL B，HOLDRNESS C G. 1989. Private benefits of control of public corporations [J]. Journal of Financial Economics，25(2)：371—395.

[233] MIKKELSON W H, REGASSA H. 1991. Premiums paid in block transactions [J]. Managerial &.Decision Economics, 12 (6): 511—517.

[234] MIRRLEES J, JAMES. 1974 . Notes on welfare economics, information and uncertainty [J]. in M. S. Balch, D. L. McFadden and S. Y. Wu, eds. , Contribution is to Economic Analysis. Oxford and Amsterdam: North-Holland.

[235] MITCHELL R K, AGLE B R, WOOD D J. 1997. Toward a theory of stakeholder identification and salience: defining the principle of who and what really counts [J]. Academy of Management Review, 22(4): 853—886.

[236] MOORE A. HOPE VI AND ST. THOMAS. 2008. A case study public housing programs [M]. VDM Publishing.

[237] MORCK R, SHLEIFER A, VISHNY R W. 1988. Management ownership and market valuation: an empirical analysis [J]. Journal of Financial Economics, 20: 293—315

[238] NENOVA T. 2003. The value of corporate voting rights and control: a cross-country analysis [J]. Journal of Financial Economics, 68(3): 325—351.

[239] NICODANO G, SEMBENELLI A. 2004. Private benefits, block transaction premiums and ownership structure [J]. International Review of Financial Analysis, 13(2):227—244.

[240] North D C. 1990. Institutions, institutional change and economic performance [M]. Cambridge University Press.

[241] PAGANO M, ROELL A. 1998. The choice of stock ownership structure:agency costs, monitoring and the decision to go public [J]. Quarterly Journal of Economics, 113(1):187—225.

[242] REST J R. 1986. Moral development, advances in research and theory [M]. New York: Praeger.

[243] REYNOLDS S J. 2006. A neurocognitive model of the ethical decision-making process: implications for study and practice [J].

Journal of Applied Psychology, 91(4):737—748.

[244] RONALD C L, MCCONNELL J J, MIKKELSON, W H. 1984. The market value of differential voting rights in closely held corporations[J]. The Journal of Business, 57(4):443—467.

[245] SHLEIFER A, VISHNY R. 1986. Large shareholders and corporate control [J]. Journal of Political Economy, 94: 461—488.

[246] SHLEIFER A, VISHNY R. 1994. Politicians and firms [J]. The Quarterly Journal of Economics,109(4):995—1025.

[247] SHLEIFER A, VISHNY R. 1997. A survey of corporate governance[J]. Journal of Finance,52(2):737—783.

[248] SHLEIFER A, VISHNY R. 1998. A model of investor sentiment [J]. Journal of Financial Economics, 49:307—343.

[249] TIROLE J. 1999. Incomplete contracts: where do we stand [J]. Econometrical, 67(4):741—781.

[250] TOWNSEND R M. 1979. Optional contracts and competitive markets with costly state verification [J]. Journal of Economic Theory, 21 (2): 265—293.

[251] TREVINO L K. 1986. Ethical decision making in organizations: a person-situation interactionist model [J]. The Academy of Management Review, 11(3): 601—617.

[252] WILLIAMSON, OLIVER E. 1975. Markets and hierarchies: Analysis and antitrust implications [M]. New York: The Free Press.

[253] WILLIAMSON, OLIVER E. 1985. The economic institutions of capitalism:Firms,markets,relational contracting [M]. New York: The Free Press.

[254] WU X P, WANG Z. 2005. Equity financing in a Myers-Majluf Framework with private benefit of control [J]. Journal of Corporate Finance, 11(5):915—945.

[255] XU X N, WANG Y. 1999. Ownership structure, corporate

governance, and firm's performance: the case of Chinese stock company [R]. World Bank Working Paper.

[256] ZINGALES L. 1994. The value of the voting right: a study of the Milan stock exchange experience [J]. Review of Financial Studies, 7(1): 125—148.

[257] ZINGALES L. 1995. What determines the value of corporate votes? [J]. Quarterly Journal of Economics. 110(4):1047—1073.